Wolfgang Schmidbauer

«Ich wußte nie, was mit Vater ist»
Das Trauma des Krieges

Rowohlt

1. Auflage September 1998
Copyright © 1998 by Rowohlt Verlag GmbH,
Reinbek bei Hamburg
Alle Rechte vorbehalten
Umschlaggestaltung Werner Rebhuhn
(Foto: Bilderdienst Süddeutscher Verlag)
Satz aus der Bembo PostScript (PageOne)
Gesamtherstellung Clausen & Bosse, Leck
Printed in Germany
ISBN 3 498 06331 6

Für Gudrun

Inhalt

1 **Einleitung** 9
2 **Nachkriegskindheiten** 26
   Der Pelzkragen 26
   Die Depression 33
3 **Der leere Platz des Vaters** 43
4 **Ansätze zum Verständnis der Traumatisierung** 49
   1. Zum Begriff der Zentralisation 49
   2. «Man entwickelt eine gewisse Roheit» 59
   3. Die Folgen seelischer Wunden 64
   4. Trauma und Regression 76
   5. Unterschiede in der Belastbarkeit von Kindern und Erwachsenen 82
   6. «Der Starke ist am mächtigsten allein» 84
   7. Die Vorbereitung auf das Trauma als traumatische Erfahrung 86
   8. Ein Familientreffen (Der Sohn des Fallschirmjägers) 95
   9. Das posttraumatische Syndrom 97
5 **Die Wiederkehr des Traumas** 103
   Die Untergegangenen und die Geretteten 107
   Unterliegen ist am leichtesten ... 111
   Die Kinder der Überlebenden 128
6 **Zur Sozialgeschichte der Kriegsneurose** 140
   Die Idealisierung des Traumas 144

7 **Eine kurze Geschichte der psychischen Belastungen im Krieg** 158

8 **Die Psychoanalyse im Krieg** 173

9 **Entwicklungshindernisse in den Familien** 189
Depressive und aggressive Muster der Bewältigung 193
Unbezahlte Rechnungen 209
Ein Waschzwang 215

10 **Diffuse Verwundbarkeit** 219
«Frühstörung», Trauma und Borderline-Persönlichkeit 226

11 **Die Folgen der Vaterdeprivation für die Töchter** 233
Die Tochter einer Vertriebenen 244

12 **Das Not-Matriarchat** 253
«Ich wollte immer nur weg...» 260
Die Identifizierung mit dem verachteten Vater 265
Versteckte Kinder 272

13 **Das Trauma in der Gegenübertragung** 288
Das Rothschild-Phänomen 296

14 **Das Sprechen mit Soldaten** 306
Wie sind Gespräche mit Traumatisierten zu führen? 325

Literatur 331

Register 340

1 Einleitung: Traumatisierte Eltern und die «zweite Generation»

> Der Krieg ist der Vater aller Dinge.
>
> Heraklit (550–480)

Als Gymnasiast lernte ich einen griechischen Satz kennen, ein Beispiel für die Aussagen der Vorsokratiker, die nach der Wurzel des Seins suchten und Ur-Elemente beschrieben: das Wasser, die Erde, das Feuer. Heraklit nannte den Krieg. Es schien mir übertrieben und doch eindrucksvoll, die Kraft der Zerstörung als Zeugungsmacht anzusehen, und es ist ein Zeichen für die Beharrlichkeit dieser früh erworbenen Fragmente, daß ich jetzt diesen Satz einer Untersuchung voranstelle, die sich mit der Verarbeitung von Geschichte im Alltag befaßt.

Vielleicht prägte sich mir die Verbindung von Vater und Krieg ein, weil mein eigener Vater als Soldat gefallen war. Ich nahm das als kleines Kind ohne bewußte Trauer zur Kenntnis, mit jenem Respekt vor Tatsachen, den Kinder haben. Die Fotografie eines lächelnden Mannes mit schmalen Lippen und Achselstücken stand immer auf dem Schrank im Wohnzimmer. Das war mein Vater, und ich bemühte mich manchmal, durch angestrengtes Starren auf das Bild eine mimische Reaktion zu erhalten, wie mein Bruder und ich es vor dem Einschlafen bei der Goethebüste auf dem Bücherschrank versucht hatten, die bald grämlich, bald heiter auf uns herabzublicken schien.

Wir waren in München ausgebombt worden. Seit 1944 standen unsere Gitterbetten – meines und das eines zwei Jahre älteren, 1939 geborenen Bruders – in der Bibliothek des Großvaters in Passau. Die Goethebüste aus weißem Alabaster hob sich von den bronzenen Nachgüssen etruskischer Krüge ab, die auf einem schwarzen Schrank gruppiert waren.

Wir sagten «He, Kröte-Goethe», und er verzog voller Vorwurf den Mund. Solches Sakrileg hätten wir bei unserem Vater nicht gewagt. Es gab keinen Schatten, der auf ihn fiel. Mit einer verworrenen Klugheit überlegte ich öfter, daß ein wirklicher Vater, gemessen an diesem idealen, doch auch Nachteile gehabt hätte, denn es war gewiß schwerer, mit zweien dieser uneinsichtigen Erwachsenen umzugehen als mit nur einer, meiner Mutter, die ich rasch als letzte Instanz in allen Dingen erkannt hatte.

Meine eigene Erfahrung mit den Folgen des Krieges auf die nächste Generation ist eine des Verlustes, der Idealisierung und einer heftigen Angst vor Entwertung. Sie mag typisch sein für die Gruppe der Kriegs(halb)waisen. Sicherlich habe ich als kaum Zweijähriger in einer vorbewußten Weise mitbekommen, daß mein Vater gefallen, die Familie unvollständig geworden war. Als ich zu meiner Ausbildung selbst eine Psychoanalyse absolvieren sollte, suchte ich mir einen Mann, der vom Alter mein Vater hätte sein können und den Krieg in Rußland ebenso wie dieser kennengelernt, aber überlebt hatte. Wir dachten darüber nach, inwieweit eine heftige Trauerreaktion meiner Mutter verantwortlich sein könnte für Angstzustände, die bei mir im Zusammenhang mit Situationen auftraten, in denen ich mich zugleich ohnmächtig und verantwortlich fühlte, mich weder entziehen noch das Chaos um mich ordnen konnte. Später vermutete ich noch, daß meine schon früh bemerkbare Leidenschaft für das Schreiben damit zusammenhing, daß auf diese Weise, wenn schon nicht die Dinge, so doch die Wörter geordnet werden können.

Damit hörten die Folgen des Krieges auf, mich zu beschäftigen. Ich nahm sie zur Kenntnis, wenn ich davon hörte. Zuhören wurde schließlich neben dem Schreiben mein Beruf. Aber ich fragte nicht weiter nach und erschloß mir keine Zusammenhänge, wie ich es bei den Themen tat, die mich fesselten, den narzißtischen Störungen der beruflichen Helfer etwa oder der Nähe-Angst. Ich erinnere mich noch an einen Klienten, einen Arzt, der wegen seiner Depressionen und Kontaktprobleme in die Therapie kam. Er litte sehr darunter und konnte doch nicht anders, als sich tagelang gekränkt aus seiner Ehe zurückzuziehen, wenn seine Frau ein falsches Wort sagte. Immer noch schien er mit seinem Vater zu hadern, der – wie er berichtete – «verroht aus dem Kriege zurückkam». Das Wort «verroht» fiel mir auf, aber es dauerte noch einige Jahre, ehe sich solche Eindrücke allmählich zu einem Bild kondensierten.

Andere Eindrücke kamen hinzu. Einer war das Gespräch mit einem Landarbeiter, der den Olivenhain meines Nachbarn in der Toscana pflegte. Er faßte sein Leben in den melancholischen Satz: «La guerra mi ha rubato la gioventù.» Der Krieg in Abessinien, Libyen und vor allem die Gefangenschaft hatten ihm die Jugend gestohlen. Er war als Achtzehnjähriger ausgezogen, kam als Fünfundzwanzigjähriger zurück, von Verwundungen gezeichnet, erschöpft. Er hatte nichts gelernt, als zu überleben. Das Leben sollte jetzt beginnen, aber es schien ihm immer schwer, sich zu freuen. «Im Krieg habe ich das Lachen verlernt», pflegte ein anderer dieser Heimkehrer zu sagen, den ich nicht persönlich, sondern aus den Berichten seines Sohnes kennenlernte, in denen sich Furcht, Haß und eine verschüttete Verehrung mischten.

In einer der Fallgeschichten zur Nähe-Angst griff ich das Thema der psychologischen Folgen solcher Traumatisierungen der Väter für die Töchter auf. Ich beschrieb unter dem Titel «Kriegskind und Friedensschwester» Zweitgeborene, die von Heimkehrern gezeugt worden waren.* Die Mutter hatte sich während der Trennung vom Ehemann eng an ihre erstgeborene Tochter gebunden. Als der heimgekehrte Vater eine zweite Tochter zeugte, hatte die Mutter dieses scheinbar begünstigte Friedenskind aus Pflichtgefühl angenommen und versorgt. Der Vater aber begegnete ihm in einer brisanten Mischung aus überhitzter Aufmerksamkeit und verborgenem Sadismus.

Das Kind stand anscheinend für die ihm geraubte Jugend. Es verköperte sie, solange es genau so war, wie er es sich wünschte. Aber es wurde zum Räuber, zum Dieb, wenn es anders war, als er es sich vorstellte. Zärtlichkeit und Zynismus, Verführung zu großer Nähe und brutale Kränkung, Bewunderung und bösartige Kritik wechselten in verwirrender, für die Töchter undurchschaubarer Folge. Ich habe solche Beziehungen zwischen Kriegsheimkehrern und ihrer Tochter inzwischen mehrfach untersuchen können. Es gab eine charakteristische Abfolge von früher Verehrung und späterem Haß, der sich manchmal wieder milderte, oft aber bis zur Psychoanalyse oder bis zum Tod des Vaters die Beziehung bestimmte.

Immer tauchte die Begeisterung, mit der sich der Vater dem kleinen Mädchen zuwandte, das auf sei-

---

* Wolfgang Schmidbauer, *Einsame Freiheit. Therapiegespräche mit Frauen*. Reinbek: Rowohlt 1993. Als rororo-Taschenbuch 1995 unter dem Titel *Kein Glück mit Männern. Fallgeschichten zur Nähe-Angst.*

nen Schultern reiten und den Schaum von seinem Bier trinken durfte, in der Analyse erst nach geraumer Zeit auf. Viel prägender war die Roheit geworden, mit der er den autonomen Strebungen des Kindes begegnete. Dieser Vater konnte nicht ertragen, daß ein Kind heranwuchs und seine Lebensaufgabe nicht darin sah, ihn für die verlorene Jugend zu entschädigen, sondern die eigene Jugend auszuleben.

Daher war vom Beginn der Pubertät an bei diesen Töchtern die einst zärtliche Vaterbeziehung in einen Kampf mit sadomasochistischen Zügen entgleist; der Vater strafte eine Tochter, deren Lebenslust ihn provozierte; die Tochter verknüpfte in ihren Provokationen den Wunsch nach Eigenständigkeit mit einem geheimen Schuldgefühl. Es schien, als könne sie sich nur von dem bösen, nicht aber von dem guten Vater lösen. Dahinter stand eine instabile Identifizierung mit der Mutter, die wohl den frühen Störungen dieser Beziehung geschuldet war.

Weil sich das kleine Mädchen geweigert hatte, den stummen Vorbehalt der Mutter gegen den roh aus dem Krieg heimgekehrten Mann zu unterstützen, konnte die heranwachsende Frau jetzt in ihr keine Vertraute finden, die ihr half, sich vom Vater abzulösen. Sie stürzte sich in eine verfrühte Selbständigkeit. Die Identität, die sie aufbaute, war eher intellektuell, den eigenen Gefühlen entfremdet, von einer Überanpassung an Leistungsforderungen gestützt. Das ebnete ihre berufliche Karriere, erschwerte jedoch Liebesbeziehungen. Es schien, als ob diese Frauen mit den Partnern ihrer intimen Beziehungen immer neu inszenieren würden, was sie von ihren Vätern erlitten hatten. Sie bewunderten kurz und kritisierten bald erbarmungslos, was sie bewundert hatten.

Der Krieg wird vor allem von den Männern in den Frieden getragen. In der Kindheitssituation der meisten Menschen spielen Frauen aber eine größere Rolle. Der traumatisierte Soldat prägt das Familienklima nicht allein. Die Mutter kann seine Wirkungen neutralisieren, auffangen, zumindest eine Gegenposition beziehen. Sein Einfluß bleibt groß, denn eine vom Vater im Stich gelassene oder gar mißhandelte Mutter kann den Kindern nur noch wenig Halt geben, selbst wenn sie sich darum bemüht und sich nicht ihrerseits an sie als Ersatzpartner und narzißtische Stützen klammert. Darüber hinaus können Kriegsfolgen wie Vertreibung, Vergewaltigung, Verlust naher Angehöriger auch die Mütter in einer Weise belasten, die unter den sicheren Lebensumständen der letzten fünfzig Jahre kaum mehr denkbar erscheint.

Erst als ich viele einschlägige Szenen aus der Kindheit meiner Analysandinnen und Analysanden gesammelt hatte, entdeckte ich, daß auch ich als Kind Zeuge einer Familiengeschichte wurde, die von einem Kriegstrauma bestimmt war. Es verwirrte mich, das Naheliegende übersehen zu haben, und erschien mir doch vertraut, denn auch meinen Patienten war es kaum je spontan eingefallen, Merkwürdigkeiten ihrer Väter mit deren Kriegserlebnissen zu verbinden.

Als meine Mutter mit ihren beiden Söhnen ausgebombt wurde und in den Haushalt der Passauer Großeltern zurückzog, kam ich in eine Familie, die unter den Traumatisierungen des Ersten Weltkriegs litt. Meine Großmutter war eine energische, in einem Lyzeum erzogene Dame, die französisch sprach und nach jedem Hochamt kritische Bemerkungen über die Qualität der Predigt fallenließ. Sie hatte kurz nach der Jahrhundertwende einen ehrgeizigen, lustigen Amtsrichter geheiratet, «nur» einen Beamten, zum Ärger ihrer großbürgerlichen Familie, in der Kaufleute oder Unternehmer mehr galten als Federfuchser. Mein Großvater, einer von vielen Kindern des Besitzers einer kleinen Klavierbaufabrik, war ein schwungvoller Tänzer, ein fanatischer Leser, ein gutaussehender Mann. Es muß eine hartnäckige Verliebtheit gewesen sein, die beide zusammenschweißte gegen ihre Eltern, die von der Mesalliance – zu allem Überfluß auch noch einer Katholikin mit einem Protestanten – nichts wissen wollten.

Wenn ich meine eigene Beziehung zu meinem Großvater betrachte, finde ich eine Brücke, um die Kinder traumatisierter Eltern besser zu verstehen. Vor allem wird mir begreiflich, wie wenig Kinder in der Lage sind, solche Veränderungen zu verstehen, ihnen Einfühlung, Rücksicht oder Mitleid entgegenzubringen. Ich fand schon sehr früh, daß der Opa merkwürdig war. Nach einigen unangenehmen Erlebnissen entschloß ich mich, ihm aus dem Weg zu gehen und nur in Notfällen Kontakt aufzunehmen. Diese Haltung behielt ich bei, als ich herangewachsen und im Prinzip durchaus zu einer intellektuellen Klärung von Situationen fähig war.

Es interessierte mich nicht, warum er so war, wie er war, und er drängte sich nicht auf. So gesehen, war er einer der verstummten, zugemauerten Traumatisierten, und da ich ihn innerlich in weiten Abstand gerückt hatte, versuchte ich auch nie, mit ihm in ein Gespräch zu kommen, was ich heute bedauere.

Mein Großvater konnte keinen Lärm ertragen, was deshalb merkwürdig schien, weil er schwerhörig war. Er fürchtete sich vor Aufregungen und war lächerlich besorgt um seine Verdauung. Beim Stöbern im großelterlichen Schlafzimmer fand ich viele leere Flaschen, die einst Sanddorn und Knoblauchextrakte enthalten hatten und nun, zwanghaft gereiht, eine Gesundheit bewachen sollten, die wiederherzustellen ihnen nicht gelungen war. Zugleich geistesabwesend und jähzornig beteiligte er sich an Gesprächen nur da, wo es darum ging, etwas Schlechtes vorauszusehen oder eine Anklage gegen die Verwandtschaft der Großmutter vorzubringen, die versucht habe, sie um ihr Erbe zu betrügen. Manchmal brach etwas von einer Burschenherrlichkeit aus ihm, er rollte den Hemdsärmel hoch und zeigte seinen Bizeps, der erstaunlich kräftig schien unter der schlaffen, weißen Haut.

Während die Großmutter mit uns schwimmen oder wandern ging, kam der Großvater nie mit. Er verließ das Haus nur zweimal jede Woche, immer an denselben Tagen, um in die Apotheke und in die Buchhandlung zu gehen. Dazu trug er eine Schirmmütze, eine Gletscherbrille, um seine Augen zu schützen, und auch im Sommer Mantel und Schal.

Der Erste Weltkrieg, das waren für meine 1913 geborene Mutter friedliche Jahre mit ihrer Mutter und ihrer großen Schwester; nur das Brot wurde immer schlechter. Dann kam der Vater aus dem Krieg, und der Familienhimmel verdüsterte sich.

Der Mann war gebrochen, er tanzte nicht mehr, er hatte seinen Sinn für Humor verloren, alles war ernst, bedrohlich, der Kampf hörte nie auf, es gab keine Ruhe. Er war in eine so unerträgliche Spannung geraten, daß ein quälendes Ohrgeräusch einsetzte. Dieses bildete später den Mittelpunkt einer kreisförmigen Argumentation, in der die Hörstörung für die Nervosität und die Nervosität für die Hörstörung verantwortlich gemacht wurden. Der Krieg war damit als Ursache ausgeschlossen, es war nicht nötig, über ihn zu sprechen.

Menschliches Leid kann nie aufgerechnet werden. Wer sich einfühlend mit dem Trauma und seinen Folgen beschäftigt, ist – ganz gleich, um wessen Trauma es geht – in jedem Fall ein Antipode bedenkenloser Täter. Eine psychoanalytische Untersuchung, in der es um das nicht normierte, nicht von kriegerischen Forderungen unterdrückte Ich geht, schafft immer einen Gegensatz zu jeder Ideologiebildung. Wer versucht, das ihm Fremde nicht abzuwerten, sondern es zu erforschen und sich in es hineinzuversetzen, widersteht dem Faschismus nach meiner Überzeugung in jedem Fall wirksamer als jemand, der ihn durch Abwertung und moralischen Imperativ bekämpft.

Manchmal habe ich mich gefragt, ob die Qualität der «Verrohung» als zentrale Folge des Traumas nicht zu vordergründig ist. Vielleicht sind andere Störungsbilder bedeutsamer, die darauf hinauslaufen, daß Menschen «schwinden»*, wie das Bild des Muselmanns aus den KZ-Erfahrungen lehrt (vergleiche S. 103 f.). In diesen Fällen ist die Spur, die der traumatisierte Vater in der Familie hinterläßt, nur durch Erlebnisse aufzufinden, daß etwas fehlt. Die faßbaren Störungen scheinen eher in der Unzufriedenheit, Klagsamkeit, Erbitterung, Überforderung der Mutter auf. Sie hat in diesen Familien eine überlastete Omnipotenz. Der Vater ist nur

---

* J. R. R. Tolkien, der viele Fronterfahrungen in seinem Werk *Der Herr der Ringe* verarbeitet hat, beschreibt das «Schwinden» als eine Folge der Morgul-Waffen und des «schwarzen Atems» der Abgesandten des Bösen. Sie zerstören den vitalen Mut und die geistige Unabhängigkeit. Die Opfer werden von panischer Angst gelähmt und bewegen sich nur noch mechanisch. Sie sehen die Welt und die anderen Menschen durch einen Nebel, der sich zu Dunkelheit verdichtet, verlieren das Interesse am Leben und sterben.

ruhebedürftig, ihm ist alles zuviel, er liegt auf dem Sofa, ist krank, reagiert nicht, spritzt sich Opiate, trinkt, nimmt Schlafmittel. Er hat keine Meinung, keinen beruflichen Ehrgeiz, kann mit Mühe oder gar nicht seinen Arbeitsplatz behalten. Wenn er einmal etwas sagt oder sich in irgendeiner Weise auf das Kind bezieht, ist dieses verblüfft, als sei es in ein Sterntaler-Märchen geraten.

Opfer und Täter

Angesichts des Traumas der Kriege ist das Einzelschicksal unser wesentlichster Zugang. Aber auch dieser bleibt zu einem großen Teil verschlossen und wird der Gesamtsituation merkwürdig ungerecht, denn alle erzählten Geschichten sind Geschichten über die Geretteten, während die Untergegangenen, die es angesichts des Todes müde wurden weiterzuleben, ohne Geschichte bleiben.* Aber die Tatsache ihrer massenhaften Vernichtung ist es, die uns am meisten erschreckt, weil sie unsere Vorstellungs- und Darstellungskraft übersteigt.

Wer sich als Psychoanalytiker mit dem Schicksal der Familien befaßt, die in den Strudel solcher Be-

---

* In seinem Bericht über sein Schicksal in Auschwitz nennt Primo Levi diese beiden Gruppen (vgl. S. 107) die einzigen Typen, die seither in der Menschheit zählen.

schädigungen geraten, beschäftigt sich vor allem mit der Traumatisierung von Kindern durch traumatisierte Eltern. Das führt zu einer Neigung, Ereignisse gleichzusetzen, die in ihren historischen Grundzügen extrem unterschiedlich sind.

Meine Arbeit mit den Kindern jüdischer KZ-Überlebender hat meine Aufmerksamkeit für die traumatischen Störungen in deutschen Familien geschärft, obwohl ich bei späterer, kritischer Lektüre meiner eigenen Vergleiche unsicher wurde und nun ein neues Verständnis der großen Unterschiede erwarb. Wenn eine vielleicht 1959 geborene Besucherin der Gedenkstätten von Auschwitz oder Buchenwald Tränen vergießt und nachts vor Alpträumen nicht schlafen kann, ist sie wahrscheinlich die Tochter von Opfern. Und wenn die Frau neben ihr die Szene mit touristischem Interesse betrachtet und schließlich einige wohlerwogene Sätze von sich gibt, wie schrecklich, einzigartig und im vereinten Europa unwiederholbar der Holocaust gewesen sei, dann ist sie vielleicht die Tochter oder Enkelin von Tätern.★

Metaphern, welche zum Beispiel die Grabenkämpfer des Ersten Weltkriegs mit den KZ-Häftlingen verglichen (vgl. S. 103 f.), übersahen entschei-

---

★ Es gibt Ausnahmen; in einem Fall konnte ich mit der Tochter eines Paares überzeugter Nationalsozialisten arbeiten, die viele lieblose, latent sadistische Erlebnisse mit beiden Eltern in einer Identifizierung mit den Opfern des Holocaust verarbeitet hatte und nun den Frieden der Familientreffen mit hartnäckigen Erörterungen der deutschen Vergangenheit störte.

dende Qualitäten der Vernichtungslager. Eine militärische Führung, welche die eigenen Leute ausrotten will, ist nirgends historische Realität gewesen. Zwar wurde das Massensterben des «Kanonenfutters» von manchen – gewiß nicht allen – Generälen in Kauf genommen, um den Feind zu zermürben und den eigenen Ehrgeiz zu pflegen. Aber es gab nie soziale Systeme, die ausschließlich zu dem Zweck geschaffen und perfektioniert wurden, Menschen ihrer Würde zu berauben.

Die seelischen Belastungen, die durch das Leid an der Verfolgung entstehen und nach den Angehörigen, den «Kindern des Holocaust»*, greifen, sind schwerer abzuschütteln als die Belastungen für die Kinder der Täter.** Sie führten in Extremfällen zu ebenso extremen Reaktionen – ich denke an die Auseinandersetzung von Niklas Frank mit seinem Vater –, aber insgesamt bestätigt die Beobachtung immer wieder, daß es für den KZ-Mörder, der viele Menschen grausam getötet hat, für den KZ-«Unternehmer», der vom Tod Tausender hilfloser und verlassener Arbeiter profitiert hat («die stellte mir die SS zur Verfügung»), viel leichter ist, Schuld zu verleugnen, Skrupel zu verdrängen, ein normales Familienleben zu führen und ein von seinen Kindern geachteter Vater zu sein.

* Helen Epstein: *Die Kinder des Holocaust*, München: Beck 1987
** Dörte von Westernhagen: *Die Kinder der Täter.* München: Kösel 1987

Die Traumatisierung der Opfer trotzt den normalen Abwehrmechanismen. Während die Täter meist keine Mühe haben, sich nur davor zu fürchten, daß sie ertappt und verurteilt werden, kämpft der Überlebende der Todeslager mit dem Schuldgefühl, davongekommen zu sein, und überträgt es auf seine Kinder, ob er das nun will oder nicht. Denn die Furcht, daß sich das Schreckliche wiederholen könnte, gebietet auch, sich seiner zu erinnern. Diese Erinnerung ist schrecklich und geht über das hinaus, was normalerweise Menschen ertragen können; wird sie aber verdrängt, sind die Kosten ebenfalls schrecklich und gehen über das hinaus, was der Verdrängungsmechanismus normalerweise leisten kann.

Dem Opfer können Verdrängung und Verleugnung weniger Schutz bieten, als sie es beim Täter vermögen. Die Täter sind in ihrem Reizschutz längst nicht so radikal verletzt wie die Opfer. Sie konnten sich in den Schrecken hinein- und aus ihm herausbewegen, sie konnten sich mit einem Sinn des Schreckens identifizieren, immer wieder Ruhepausen einlegen, einen Schein von Normalität aufrechterhalten und alles, was geschah, auf Befehl und Umstand zurückführen.

Der Täter verwirklichte sich in seiner Tat; das Opfer wurde in allem, was es verwirklichen wollte und will, durch diese Tat gestört. Daher ist auch der Bezug des Täters zu seinen Kindern vermutlich weniger gestört als der des Opfers. Denn während das

Opfer sich von seinen Nachkommen wünscht, daß ihnen die Störung ihrer Lebensentwürfe unbedingt erspart bleiben müsse, die er so bitter erfuhr, kann der Täter unbekümmert seinen Kindern vertrauen: Mögen sie eine veränderte Welt so zurichten, wie er es mit der seinen tat, es wird schon weitergehen!

Es scheint ebenso ungerecht wie unvermeidbar, daß die Opfer, die unschuldig sind an dem Geschehen, stärker von seinen Auswirkungen verfolgt werden als die Täter. Unserem Wunsch nach emotionaler Gerechtigkeit würde es entsprechen, wenn die Tochter der Täter Tränen vergösse und sich die Tochter der Opfer über den schlechten Komfort der Gedenkstätte beklagen könnte.

Eine weitere wesentliche Frage ist die nach der Einseitigkeit des klinischen Blicks. Dieser vertieft viele Eindrücke, aber er hat auch die unvermeidbare Tendenz, nur die Verläufe zu erkennen, die irgendwann in Hilfsbedürftigkeit eingemündet sind. Das heißt, daß die gesunden Traumatisierten und ihre gesunden Kinder diesem Blick nicht auffallen. Charakteristisch für den klinischen Beobachter ist auch, «gesund» in Anführungszeichen zu setzen, als würde er davon ausgehen, daß einfach alle Traumatisierten Störungen haben und nur einige so stark (verleugnend, verdrängend) sind, daß sie unauffällig bleiben.

In solchen Fehlleistungen artikuliert sich die von Omnipotenzvorstellungen getragene Welt der therapeutischen Professionen, die mit gutem Gewissen und breitem Rückhalt unter den Kollegen ausgerüstet ist. Nur widerwillig nehmen wir zur Kenntnis, daß zum Beispiel die Angehörigen der «zweiten Generation» sich nicht selten von unseren hilfreich gemeinten Erkenntnissen verfolgt und pathologisiert fühlen. Da die meisten ausgebildeten Therapeuten ihre Methode auch am eigenen Leib erproben müssen, wissen sie im Grunde, wie latent aggressiv jede – auch die wohlmeinende – Deutung eines Sachverhaltes durch eine andere Person sein kann.

2 Nachkriegskindheiten

Der Pelzkragen

Ein Vater reißt seinem vierzehnjährigen Sohn Wilhelm, der mit der Mutter vom Einkaufen zurückkommt und ihm stolz den soeben erworbenen ersten eigenen («erwachsenen») Wintermantel zeigt, erst bleich, dann rot werdend, immer stumm, den Pelzkragen von diesem Mantel, zerknüllt diesen und steckt ihn zum fassungslosen Schrecken der Familie in den Zimmerofen.

Wir vollziehen eine ganz bestimmte Geste, wenn wir versuchen, diese Handlung zu verstehen. Es ist eine Geste der Ohnmacht. Wer mächtig wäre, würde dem Täter in den Arm fallen und den Pelzkragen retten. Auch eine Geste des Versuchs, durch Verständnis Wut und Trauer zu überwinden, die durch diesen sinnlosen Raub ausgelöst worden sind. Dadurch kann die Welt wieder jenen tröstlichen, wenngleich (wie gerade auch dieses Beispiel lehrt) illusionären Anschein gewinnen, sie sei vorhersehbar und in ihren Ursache-Wirkungs-Verbindungen zu berechnen. Der Vater kann später nicht mehr sagen, warum er sich so vergriffen hat. Er behauptet, es nicht zu wissen, es sei ihm eben so eingefallen, er habe das tun müssen. Die restlichen Familienmitglieder dringen nicht weiter in ihn, denn jede Frage mehr gefährdet den kostbaren Seelenfrieden des Vaters um Stunden, ja Tage länger.

Vermutungen:

1. Der Vater findet Pelzkragen weibisch. Einst unterdrückte Wünsche nach einem Tausch der Geschlechtsrollen werden wach. Er muß am Sohn bekämpfen, was er selbst ersehnt, redet sich dabei ein, sein Vorbild energisch handelnder Männlichkeit würde den Jungen davon abbringen, ein Muttersöhnchen zu werden, das sich von der Mama ausstaffieren läßt wie eine Tunte.

2. Der Vater hält die Mutter für eine Verschwenderin. Ein Pelzkragen für einen Buben, das ist abartig, da muß ein Exempel statuiert werden; nicht er ist schuld an dem Eklat, nicht der Sohn ist das Opfer, die Geste gilt der Mutter, die nicht weiß, wo die Grenze sparsamen Wirtschaftens liegt.

3. Der Vater wünscht sich selbst einen Mantel mit Pelzkragen, mit dem er aussieht wie Dürer auf seinem Selbstporträt. Aber niemand kauft ihm einen. Weshalb soll es dem Jungen besser gehen als dem Hausherrn? (Dies ist eine materialistische Variante der Mutmaßungen unter Nummer 1.)

4. Der Vater gehört einer weltanschaulich festgelegten Gruppe an, die es grundsätzlich ablehnt, sich

mit etwas zu ernähren, zu bekleiden, zu schmükken, das durch den Tod eines lebenden Wesens erkauft ist – er ist Pythagoreer, Buddhist, Tierschützer, Vegetarier.

5. Der Vater will erproben, wie weit er bei seinem Sohn gehen kann. Er sucht einen Kampf, sei es eine Prügelei oder ein gemeinsames Besäufnis, nach dem man sich in die Arme sinken kann. Er provoziert den Halbwüchsigen, weil er spürt, wie fern ihm dieser rückt, wieviel mehr er den Kontakt mit seiner Mutter wünscht und ihn, den Vater, außen vor läßt.

6. Irgendwo in einem kalten Land hatte der Vater einmal Zahnschmerzen und Hunger. Er mußte mit den Zähnen Stücke von zu Eisklumpen gefrorenen Kartoffeln abbeißen, um nicht zu verhungern. Er hätte zehn Jahre seines Lebens für einen warmen Pelz zum Schutz der kranken Backe gegeben. Aber nur die Wachsoldaten trugen Pelzkragen.

Für den kleinen Wilhelm war der Vater ein Gerücht, eine Gestalt wie aus den Sagen von Dietrich oder Siegfried, in denen Drachen erschlagen, Ambosse gespalten und Riesen besiegt wurden, um einen goldenen Helm zu gewinnen oder eine Jungfrau. Er war fern und tapfer, er hatte gekämpft und gesiegt, war weit vorgedrungen in das Land der Feinde, das groß war wie ein Drache gegenüber dem kleinen gepanzerten Ritter, so weit, daß er den Rückweg nicht mehr fand und gefangengenommen wurde.

Die Mutter erzählte mit feuchten Augen vom Krieg, von Siegen, von der Erschöpfung des Landes durch ein Übermaß an Fronten. Sie seufzte: «Ob er jemals zurückkommt? Sibirien.» Dann drückte sie Wilhelm an sich, und er wußte, er war wichtig, er als einziger neben den beiden Schwestern konnte nach Sibirien gehen und zurückkommen, wenn die Zeit reif war.

Schließlich kam der Morgen, an dem er den Brief im Kasten fand und der Mutter brachte. Alle schienen sich zu freuen, daß der Vater endlich zurückkam, und auch Wilhelm hätte glücklich sein müssen. Was war nur verkehrt mit ihm? Nichts sah heute aus wie immer, der abgegriffene Teddy schaute stumm aus seinen hellbraunen Knopfaugen, er versuchte ihn zu streicheln, aber es war nichts, er zog das Federwerk der Lokomotive auf und setzte sie auf den Schienenkreis, aber sie schnurrte nichtssagend ihre Runden, bis er sie zum Entgleisen brachte.

Dann weinte er, untröstlich und länger als je zuvor, einen ganzen Nachmittag lang, weil er nun etwas verloren hatte und dem Ungewissen nicht traute, das ihm da entgegenkam, ohne daß er ausweichen konnte. «Es war zuviel für ihn», sagte die Mutter, «er merkt erst jetzt, wie sehr er den Vater entbehrt hat.» Er schluckte und nickte dankbar, daß sie so wohlwollende und zukunftsgläubige Worte fand für seinen Gram, denn in Wahrheit hatte ihm der Vater seines Wissens nie gefehlt, er war manchmal sogar eher erleichtert gewesen, wenn er sah, wie seine Spielkameraden in ihren Vätern etwas ausgeliefert waren, das nicht mit sich reden ließ wie eine Mutter, sondern befahl, ohne daß es Einwände gab.

Als dann die Mutter den Blick von ihm wandte und zu dem Eichenschrank ging, wo neben der Kienzle-Uhr in einem schmalen Silberrahmen das Foto des ernsten Mannes mit den Rangabzeichen stand, wußte er: Sie nahm seine Tränen mit zu ihm, zu dem Fremden, sie war es, die er einbüßen würde, und mit ihr sein Bild des fernen, großen, starken Helden, der in Sibirien war.

Manchmal, wenn sich die anderen Gefangenen in den schmutzigen Schnee legten und nicht wieder aufstanden, war auch dem Vater so elend, daß er alle Kräfte anspannen mußte, um an etwas anderes zu denken als an die Kälte, das nächste Stück Brot, die Frostbeulen und die Wunden im Zahnfleisch, die keinen, der hier überleben wollte, daran hindern durften, von den steinhart gefrorenen Kohlstrünken und Kartoffeln kleine Stücke im Mund aufzutauen und zu essen. Dann erinnerte er sich an Maria, an die beiden Mädchen und an den kleinen Wilhelm, den er noch nie gesehen hatte.

Nur ein Foto hatte in einem der letzten Briefe gelegen, die in den Kessel kamen: ein Säugling, der viel zu ernst blickte, aber sonst gesund aussah. Das Foto war fort, es war in dem Mantel mit dem Pelzkragen geblieben, dem kostbaren Wintermantel eines russischen Offiziers, den er für seine Zigarettenration und zwei Flaschen Schnaps eingetauscht hatte und den sie ihm gleich nach der Gefangennahme vom Leib rissen.

«Das ist also der Wilhelm», sagte der ausgemergelte, hohläugige Mann, auf den die Mutter erst zögernd, dann ganz schnell zugegangen war, als er aus dem Bus stieg. Er hob den Jungen hoch, wollte ihn in die Luft werfen, wie er es mit den Mädchen auf Fronturlauben gemacht hatte – sie jauchzten und kuschelten sich in seine starken Arme, wenn er sie wieder auffing. Aber Wilhelm war zu schwer oder der Heimkehrer zu schwach für dieses Spiel, er rutschte durch Hände, die nicht kraftvoll genug zupacken konnten, plumpste halb auf den Boden und fing an zu weinen. «Mein Gott, bist du schon groß», stammelte der Vater. «Hör auf mit dem Geheule, es gibt wirklich Schlimmeres, dort, wo ich herkomme.»

«Er hat schon den ganzen Nachmittag geweint, es ist einfach zuviel für ihn», sagte die Mutter. Jetzt war der Fremde erst drei Minuten hier, und schon hatte sie ihren Sohn zum ersten Mal verraten. Der Mann sah dem Bild nicht ähnlich, das auf dem Schrank im Wohnzimmer stand, er war weniger als das Foto und hätte doch viel, viel mehr sein müssen, wie es Wilhelm sonst erlebt hatte, wenn er etwas wirklich sah, was er bisher nur von Bildern kannte, den Elefanten im Zoo oder das Flugzeug, das beim letzten Burgfest gelandet war.

Kümmerte sich ein Krieger denn darum, daß seine Kinder Spinat- und Püreereste vom Tellerrand kratzten? Schalt er die Mutter, wenn sie im Flur das Licht brennen ließ, damit die Mädchen den Schimmer durch die Türritze sahen? Ein Held rannte nicht wie ein kleiner, kläffender Köter durchs Haus, der überall bellte, wo nicht genug gespart wurde, und von allen wichtig genommen werden wollte, die doch bisher gut ohne ihn ausgekommen waren.

Der Vater arbeitete jetzt ohne Feierabend und Wochenendausflug, um das Ledergeschäft in der Kleinstadt zu neuem Glanz zu erwecken, das während des Krieges und der Zeit nachher unansehnlich geworden und geschrumpft war. Die Mutter hatte es geführt, solange er als Soldat und Kriegsgefangener ausgefallen war. Das mußte ein Ende haben. Die Frau sollte es gut haben und zu Hause bleiben, wie es sich gehörte, nur manchmal, im Schlußverkauf und zu Weihnachten, durfte sie ein wenig aushelfen.

Wilhelm und seine Schwestern warteten von jetzt an im Wohnzimmer mit dem Essen, bis der Vater aus den Ladenräumen im Erdgeschoß gekommen war. Dort stand der mit Unterdecke, Tischdecke und Häkelwerk behangene Eßtisch neben dem Steinway-Flügel, auf dem der Vater einmal im Jahr «Stille Nacht» und «O Tannenbaum» spielte. Er fuhr nur Mercedes, auch als er ihn sich noch nicht leisten konnte, in diesem Punkt war er eigen.

Die letzte Ohrfeige bekam Wilhelm, als er zwei

Stunden nach Mitternacht diesen Mercedes (den dritten der Familie) vor dem Haus parkte und leise in sein Zimmer gehen wollte. Das waren zwei Stunden Warten und Angst für den Vater gewesen. Damals schlug Wilhelm nicht zurück, aber er sagte, es sei jetzt nicht mehr die Zeit, sich schlagen zu lassen, worauf sein Vater verstummte und sich ins Schlafzimmer zurückzog.

Um diese Zeit hatte sich die Familie schon daran gewöhnt, daß kein Stück altbackenes Brot weggeworfen werden konnte, ohne daß es der Vater im Müll fand und der Mutter drohte, das Haushaltsgeld zu kürzen. Auch daran gewöhnt, daß er in keiner Menschenschlange warten konnte.

Die Depression

Sie wußte nicht, warum ihr das Leben keine Freude machte. Die Tage kamen auf sie zu wie Regenwolken, am Morgen tiefgrau. Sie erstickten fast den Blick in angesammelten Bedrängnissen. Wenn sie dann doch aufgestanden war, doch der Kleinen das Frühstück gemacht und sie in die Schule entlassen hatte, doch angefangen hatte, die Küche aufzuräumen und die Waschmaschine zu füllen, war alles immer noch grau, und es gab keine Hoffnung. Aber die nackte Verzweiflung hatte einem Gefühl Platz gemacht, am Fließband zu stehen, eine Stunde nach der anderen abzuhaken, Pflichten zu erledigen, die allmählich, eine nach der anderen, verschwanden. Am Abend, wenn die Tochter im Bett lag und der Mann vor dem Fernseher döste, waren doch etwas wie ein Aufatmen und eine Erleichterung da, eine entspannte, wohlige Müdigkeit, die sich über Nacht wieder in das Empfinden verwandelte, sie sei inwendig mit Blei ausgegossen und könne sich nicht aufraffen.

Auch die Analysestunde war etwas, das abgehakt wurde, ohne Hoffnung, eine weitere Pflichterfüllung. Sie tat es ihrem Mann zuliebe und ihrer Mutter. Ganz langsam wurde deutlicher, wann das angefangen hatte. Sie erinnerte sich nicht, ob sie jemals ein Kind gewesen war. Es mußte ja sein, aber ihre Mutter wußte alles soviel besser: wie brav und stillvergnügt sie gewesen, wieviel weniger eine Plage als der aufrührerische und anspruchsvolle Bruder, der – obwohl er schon fast alle Aufmerksamkeit der Mutter hatte – nur mit Mühe gehindert werden konnte, die kleine Schwester mitsamt ihrem Wickelkissen in die Backröhre des Küchenofens zu schieben, um sie zu braten. Von nichts wußte sie, alles war schon immer so gewesen, der Vater weit weg, sprachlos und zynisch, die Mutter ganz dicht, ängstlich plappernd, von jeder Kleinigkeit aufgescheucht und nicht mehr zu beruhigen.

Sie sollte sich interessieren? Wie die Eltern so geworden seien, wie sie schon immer waren? Sie wußte nichts. Doch, es gab schon einige Fetzen. Sinnlose Fragmente. Die Mutter konnte heute noch nicht von der Heimat reden. Ihr kamen die Tränen. Sie hatte alles verloren. Im Sudetenland war sie eine reiche Partie gewesen, ihr Vater Fabrikdirektor und ihre Mama die Gauleiterin der NS-Frauenschaft. Im Auffanglager war sie eine armselige Lazarettpflegerin, das Gymnasium abgebrochen, die Mutter verhaftet, der Vater verhungert.

Sie bemühte sich, zu vergessen, daß eine Fabrikantentochter aus dem Sudetenland etwas anderes verdiente als den Sohn eines Landarbeiters. Ihre Mutter war stumm geworden. Sie hatte ihre Ansprüche verloren, denn davon reden hieß von der Vergangenheit sprechen, und das mußte vermieden werden, es gab keine Vergangenheit.

Er sah gut aus. Er verdiente ein wenig mehr als sie während ihrer Ausbildung in einem Modegeschäft. Er wollte die Meisterprüfung anpacken und sich selbständig machen. Er spürte in ihr, wenn sie über eines der Dinge urteilte, nach denen er sich aus einer hilflosen Ferne sehnte, eine Sicherheit, die er für sich haben wollte. Sie sagte ihm, welche Anzüge schick waren und welche spießig, sie wußte, welche Theaterstücke man besuchen durfte und welche trivial waren, sie erklärte ihm, worum es in der Oper ging, in die er gerne mit ihr ging. Er hätte keinem seiner Kollegen sagen können, was gut daran war, und lauschte ihren Erklärungen mit überheblicher Andacht.

Sie heirateten. Er machte sich selbständig: Gas- und Wasserinstallationen. *Sie* arbeitete halbtags in dem kleinen Modeladen, den sie mit einer früheren Kollegin führte. Es gab genug Aufträge, er stellte Gesellen ein, bildete Lehrlinge aus. Nur der Sonntag, der war heilig, den verbrachte die Familie zusammen. Warum hatte sie diese Zeit einer zwangsglücklichen Kindheit vergessen, in der die Familie doch in zäher Mühe den Schutzwall aufgebaut hatte, in dem sich dann – so erinnerte sie es – alle nur gefangen fühlten und keiner beschützt?

Sie hatte keine Bilder davon, es gab keinen Vater, der liebevoll war und mit einem Kind spielte, keine Mutter, die ruhig und friedlich in der Küche saß und Teig rührte oder Gemüse schnitt, es gab nur Streit und Schreie, den zornroten Bruder, den noch röteren, dann aber eiskalten Vater, die aufgeregte Mutter, wie ein gackerndes Huhn, die auf alle einredete und am Ende doch dem Vater steckte, was ihr vorgeblich im Vertrauen gesagt worden war. Seit sie denken konnte, war es so, der Vater war immer jähzornig, zurückgezogen, er polterte, brüllte.

«Du interessierst dich für nichts», sagten die Eltern, wenn sie stumm und brav das Nötigste für die Schule machte, um allen Nachfragen zu entgehen. Und jetzt warf ihr der Analytiker vor, sie interessiere sich nicht einmal für sich selber. Wie sollte sie auch! Der redete leicht daher! Sie lieferte überall ihre Pflichterfüllungen ab, spazierte durch diesen Zoo und warf jedem seinen Brocken in den Käfig, aber sie ließ sich von keinem fassen, keiner sollte wissen, was sie brauchte. Brauchte sie überhaupt etwas? Sie wollte nur ihre Ruhe. Aber gerade die ließ ihr der Vater nicht. Er riß das Lederband ab, an dem das kleine goldene Schloß hing, und las ihr Tagebuch. Dann schrie er sie an, wer diese Männer seien, deren Name da stehe, und sie schrie zurück, daß ihn das nichts angehe, und er schlug sie, und sie schlug zurück, und es war ein rotes Toben, in dem sie aus dem Haus stürzte, in das Polizeipräsidium fuhr, ihn anzeigte und nie wieder zurückkommen wollte.

Man brachte sie in ein Heim, eine Ärztin fotografierte ihre Blutergüsse, am nächsten Tag kam die Mutter und redete der Siebzehnjährigen so lange zu, bis sie wieder nach Hause kam. Der Vater ging stumm aus dem Zimmer, wenn sie nicht schon vorher, ebenso stumm, hinausgegangen war. Er hatte alle seine Gesellen und Lehrlinge entlassen und arbeitete jetzt allein; dann gab er seinen Betrieb auf und half im Geschäft der Mutter, das gerade die zweite Filiale eröffnete. Einmal kam sie zufällig vorbei, als er drinnen gerade eine Kundin in ihrem Alter bediente. Sie sah, wie er die Fremde anlächelte und sich verbeugte und ihr geschickt in eine Kostümjacke half.

Der Analytiker sagte ihr öfter, daß sie nicht nütze, was er ihr anbiete: Zeit und Aufmerksamkeit und Interesse, zu verstehen, warum war, was war. Sie sagte dann trotzig, was biete er denn schon, und wie noch viel weniger habe sie zu bieten, sie sei es eben gewohnt, immer die gute Fee zu spielen und sich selbst hinter das zurückzuziehen, was für andere gut sei, und ihr Vater sei eben ein grausamer Mensch gewesen, kein Wunder, daß sie auch dem Analytiker nicht traue, das nenne man Vaterübertragung, aber damit sage sie ihm gewiß nichts Neues und es sei ihr verständlich, wenn er sich langweile und wolle, daß sie mehr Vertrauen habe und interessantere Dinge erzähle, mit denen etwas anzufangen sei.

Er meinte dann, was sie wie einen Einwand ausdrücke und wohinter er Trotz spüre, das sei doch im Grunde die Bestätigung, daß sie sich ihm zu Diensten gestellt fühle und sich nicht ausmalen könne, wie er ihr zu Diensten sein könne, obwohl es doch ihre Stunden seien. Sie schlichen umeinander herum und quälten sich ein wenig. Sie kam immer pünktlich, und er wartete auf sie und gab der leise Widerstrebenden zur Begrüßung und zum Abschied die Hand, die sie nicht drückte. Sie versuchte nach ihrer Art, ihn abzuwerten und dahin zu bringen, daß die Analysestunden genauso wie Regenwolken auf ihn zukamen, grau und hoffnungslos. Er hielt aus, bis alle Erwartungen unerfüllt waren und sich niemand mehr daran störte, daß nichts weitergegangen war.

So kam sie eines Tages, lag nicht mehr gefaßt da und berichtete einen Traum, zu dem ihr nichts einfiel außer säuberlich Geordnetem, sondern weinte, sie, die noch nie geweint hatte, und erzählte schluchzend, daß der Bruder ihres Vaters am Verhungern sei. Sie wisse nicht, ob ihr Vater es ertrage, und sie würde ihm gerne helfen, aber sie könne es nicht, denn sie wisse nicht, wie er reagieren würde, und wisse weiterhin nicht, wie sie ihn trösten solle, es sei so schrecklich.

Dann erzählte sie von dem Onkel, der schon lange keine Freude am Leben mehr gehabt habe, außer zu trinken und zu rauchen. Als sein Husten gar nicht mehr aufhören wollte, ging er irgendwann doch zum Arzt; der Lungenkrebs war bis zur Speiseröhre vorgedrungen. Es gab die Wahl, operiert zu werden und bald zu sterben oder nicht operiert zu werden und noch früher zu sterben. Der Onkel schloß sich in die Wohnung ein, er wollte in kein Krankenhaus.

Als er das Telefon nicht mehr abhob, alarmierte eine Schwester die Polizei, der Hausmeister schloß die Tür auf, der Kranke wurde, fast zum Skelett abgemagert, in der Intensivstation künstlich ernährt, der Vater besuchte ihn täglich, und die Mutter sagte, er sehe schrecklich aus und ihre Tochter solle es sich ersparen, ihn noch einmal zu sehen.

Der Analytiker sagte nur wenig in dieser Stunde, außer vielleicht, daß sie eine erwachsene Frau sei. Jemanden zu trösten sei eher eine gefühlsbestimmte als eine planbare Aktion. Wenn sie sich etwas wünsche, könne sie entscheiden oder die Entscheidung der Mutter überlassen.

In die nächste Sitzung kam sie nicht mehr depressiv, sondern zugleich heiter und traurig. «Ich habe meinen Onkel gesehen. Er ist gar nicht schlimm, nur sehr mager und schwach. Und mein Vater ist ganz rührend. Er spricht bayerisch mit ihm, ich habe das nie von ihm gehört. Er streichelt ihn und sagt: ‹Jo, jo, jetz genga mia hoam.› Ich war eine Stunde bei ihm, und es war nicht so, daß ich ihn trösten mußte, er hat mich getröstet, ich habe meine Hand auf sein Knie gelegt, und er hat sie festgehalten. Dann sind wir nach Hause gefahren, und wir saßen in der Küche, während meine Mutter mit meiner Tochter im Wohnzimmer spielte. Da hat er mir viel erzählt, wie seine Kindheit war. Auch von Mutter; sie redet ja nie über die Vertreibung. Ich hörte zum ersten Mal, daß ihre Mutter nach dem Krieg in einem Umerziehungslager war. Er war unbefangen, als er bemerkte, daß ich mich für seine Geschichten interessiere. Es ist, als ob er mich nie gehaßt hätte, er war ratlos, wie ich, und glaubte, ich könnte ihn nicht leiden, wie ich.»

Die nächste Zeit der Analyse verbrachten die beiden damit, aufzuklären, was entgleist war. Die Kindheit mit der Sympathie zum Vater und der Sehnsucht nach dem Mann, der selbstbewußter war als die immer ängstliche Mutter, die war klar. Aber während des Heranwachsens hatte sich die Familie zu einem wirren Gemenge aus Brüchen und Reparaturversuchen entwickelt, die womöglich noch schlimmer waren als die Brüche. Auflösen durfte sie sich nicht, obwohl die Partner füreinander fast unerträglich geworden waren: da gab es die Kinder, das Haus, das Geschäft, den Ruf. Schon einmal hatte die Mutter alles verloren. Nicht noch einmal.

Aber der Mann war unerträglich. Unfähig. Er mochte ein guter Handwerksmeister sein. Als Unternehmer war er eine Katastrophe. Keine Menschenführung. Er hätte sich informieren können. Lieber schrie er seine Lehrlinge an und riß ihnen das Werkzeug aus der Hand, um ihnen zu zeigen, daß er es konnte und sie zu dumm waren, es zu begreifen. Kein Wunder, daß er immer mehr arbeiten mußte und die Angestellten herumstanden, krankfeierten. Die guten Leute kündigten. Die schlechten, gegen jeden Wutausbruch abgehärtet, blieben und nützten seine Not aus und sorgten dafür, daß es mit dem Ruf der Firma weiter bergab ging.

Der Vater fand abends Ruhe, wenn er ein Bier nach dem anderen trank, bis er nicht mehr konnte. Dann machte es ihm nichts mehr aus, daß ihm alle aus dem Weg gingen. Hatte er nicht ein Recht, zu wissen, was mit seinen Kindern war? Als seine Frau nach der Prügelei mit der Tochter drohte, sich scheiden zu lassen, hörte er von einem Tag auf den anderen auf zu trinken. Es war genug.

Der Vater hatte der Mutter die verlorene Fabrik ersetzen wollen durch sein Unternehmen, das ihn zermürbte. Die Mutter wollte die Tochter besser auf das Leben vorbereiten, als sie selbst vorbereitet war. Sie war singend mit einem Blumenstrauß inmitten ihrer Klasse aus dem Mädchengymnasium in das Lazarett gefahren, um tapfere junge Soldaten genesen zu sehen. Was sie fand, war so schrecklich, daß sie heute noch jeden Gedanken daran vermied. Die Tochter wäre in der richtigen Stimmung dorthin gegangen: skeptisch, pflichtbewußt, auf das Schlimmste gefaßt.

Als die Kinder in das Alter kamen, in dem sie selbst beinahe gestorben wären, konnten die Eltern ihnen ihr Leben nicht lassen. Der Vater wollte seine Tochter retten. Als er in ihr Tagebuch eindrang, versuchte er sie vor etwas zu schützen, das ihn in Panik versetzte. Sie aber hielt ihn für einen Mörder und kämpfte um ihr Leben. Erst angesichts des Vater-Bruders, der da, ein Skelett-Nachklang seiner selbst, in der Intensivstation erlosch, erkannten Vater und Tochter, daß sie lebendig sein durften ohne Gefahr füreinander.

3 Der leere Platz des Vaters

Die schiere Größenordnung des Ersten und Zweiten Weltkriegs hat dazu geführt, daß wir – sosehr wir auch suchen mögen – noch längst nicht alle Ergebnisse kategorisieren oder ihre Dimensionen abstecken können. Eines aber hält jedem Widerspruch stand: daß der Krieg die Erfahrung des plötzlichen gewaltsamen Todes in viele, vielleicht sogar in die meisten Familien getragen hat, daß die Angst vor dem Leid – dem pauschalen und zufälligen wie dem bewußten und gezielten Leid –, das der Krieg der menschlichen Gesellschaft antun kann, tief verwurzelt und fast weltweit geworden ist und daß die Nützlichkeit des Krieges weithin bezweifelt wird.

John Keegan*

In der Tradition der Kleinfamilie spielt der Vater die Rolle des Vertreters von Struktur, Gesetz, Ordnung; die Mutter steht für Fürsorge und Liebe. Wie fast alle sozialen Klischees wird auch dieses durch viele einzelne Situationen entkräftet. Der liebe, aber schwache Vater und die strenge, dominierende

---

* John Keegan: *Das Antlitz des Krieges. Die Schlachten von Azincourt 1415, Waterloo 1815 und an der Somme 1916*. Frankfurt: Campus 1991, S. 402

Mutter bilden einen Familientypus, der – gerade weil er dem Klischee widerspricht – von vielen Menschen berichtet wird. Es ist hier zu berücksichtigen, daß solche Vorstellungen Gemische aus einer korrekten Wahrnehmung der Realität und ihrer Bearbeitung in der Phantasie sind. Eine mit Über-Ich-Projektionen belegte Mutter wird als «stärker», strenger und mächtiger erlebt als der mit Es-Projektionen behaftete Vater.*

Die allgemeinste Folge einer väterlichen Traumatisierung ist eine Leerstelle in der Familie. Die analytische Untersuchung zeigt in vielen Fällen, daß es wiederholte, ihrerseits traumatische Erfahrungen mit den traumatisierten Vätern sind, die dazu führen, daß sie nicht als gerecht erlebt werden können. Die Erzählung vom Pelzkragen ist ein Beispiel dafür. Eine Über-Ich-Struktur, die zwischen erlaubtem und unerlaubtem Verhalten der Kinder vernünftig differenziert, wirkt bei den traumatisierten Vätern sozusagen durchlöchert, nicht mehr verläßlich. Im Pelzkragen-Fall ist die Zeitstruktur verschwunden. Der Vater behandelt den Sohn mit einem plötzlichen Ausbruch von Haß und Vernichtungswünschen, der in seine Erlebniswelt aus der Zeit seiner Gefangenschaft gehört, dort aber nicht geäußert werden konnte.

Sein Verhalten zeigt, wie unter Erfahrungen,

---

* Aus dieser Dynamik wird verständlich, weshalb viele Frauen ihre Mütter als «stark, aber streng und lieblos», ihre Väter hingegen als «schwach, aber liebevoll» erinnern.

welche jede Ordnung der eigenen Lebensperspektive vernichten, die Persönlichkeitsstruktur verändert wird. Diese Veränderungen führen dazu, daß der Vater einen Teil seiner Fähigkeiten verliert, einfühlend zu reagieren und die Werte des Überlebens mit den Lebenswerten – mit Gefühl, Zärtlichkeit, Zuversicht und Freundlichkeit – zu verbinden. Er hat das Vertrauen in die eigene Struktur verloren und ersetzt diesen Mangel durch Zwanghaftigkeit.

Eine souveräne Idealbildung läßt sich daran erkennen, daß zwischen wesentlichen und unwesentlichen Verfehlungen unterschieden werden kann, daß es möglich ist, zum Beispiel wegen einer augenblicklich guten Stimmung auf Prinzipienreiterei zu verzichten. Die traumatisierte Struktur erkennt ähnlich einem mißtrauischen Diktator in der kleinsten Ungenauigkeit eine letztlich unverzeihliche Verfehlung, die sofort bekämpft werden muß. Vielleicht läßt sich wirklich eine Debatte führen, ob es geschmackvoll ist, einem Jugendlichen einen Mantel mit Pelzkragen zu kaufen. Der Sibirienheimkehrer jedoch verhält sich wie Richter und Henker in einem. Das Urteil wird sofort vollstreckt und kann nicht mehr rückgängig gemacht werden.

Die Pelzkragen-Geschichte hat mich deshalb so bewegt, weil sie an Erzählungen anklang, mit denen meine Mutter ihre «gestohlene Kindheit» beschrieb. Sie hat sich von ihrem früher geliebten Vater abgewandt, als er sie einmal unbarmherzig schlug, weil er im Bad ein Stück Seife zerbrochen aufgefunden hatte und überzeugt war, sie sei die Täterin. Eine andere Verbindungslinie zu dieser Geschichte über Wilhelms Pelzkragen ist meine eigene Phantasie, mein Vater, dessen Bild in seiner Leutnantsuniform immer neben der Kienzle-Uhr auf dem Wohnzimmerschrank stand, könnte zurückkehren – wie würde er sein?

Aufgabe einer analytischen Therapie ist es, das von den Eltern Übernommene ebenso wie das nicht von ihnen Erhaltene zu sehen, das Leid daran zu erleben und sich schließlich von ihm zu lösen. Es ist schwierig und vielleicht manchmal gar nicht wünschenswert, sich mit Eltern zu versöhnen, die ihre Scham verleugnen und von ihrer Schuld nichts wissen wollen. Aber vielleicht ist es auch hilfreich, zu erkennen, daß es einfacher ist, moralische Forderungen zu stellen, als diese unter extremen Bedingungen zu erfüllen. Es gibt keine Entschuldigung dafür, Leben und Glück anderer Menschen zu zerstören; dennoch müssen Bemühungen, etwas wiedergutzumachen, erkannt werden.

Die Kinder der zweiten und dritten Generation nach dem Krieg haben immer Mühe gehabt, in den Bereich des Schweigens einzudringen, mit dem sich ihre Väter und Mütter (oder Großväter und Großmütter) schützend-leugnend umgaben. Sie erlebten das Schweigen als Verweigerung, während die Eltern es als Schonung ausgaben. Sie wuchsen in dem Zwiespalt auf, es besser zu haben, während ihnen das Wesentliche – Gerechtigkeit und Wahrheit – vorenthalten wurde.*

In vielen Berichten der Kriegs- und Nachkriegskinder über ihre Väter werden sadistische Impulse deutlich, die sich gegen die kindlichen Gefühle richten. In einem Fall versprach ein Arzt, der lange Jahre in russischer Gefangenschaft verbracht hatte, seiner ältesten Tochter beim Abendessen, sie dürfe sich heute ausnahmsweise das Stück nehmen, das sie wolle. Sie nahm zuversichtlich das größte, worauf er es ihr von der Gabel riß und ihr den unansehnlichsten Brocken gab. Sie weinte; der Vater drohte Schläge an: «Es gibt im Leben keine Gerechtigkeit, das könnt ihr nicht früh genug lernen!»

Ein anderer Vater beobachtete, wie seine Tochter in der knappen Zeit nach dem Krieg drei Scheiben trockenes Brot aß, um die vierte lustvoll dick mit der wenigen Wurst bestreichen zu können, die ihr zugeteilt war. Da nahm er ihr die aufgesparte Wurst fort und sagte zu dem weinenden Mädchen: «Du

---

* Anita Eckstaedt spricht von «Verläßlichkeit und Aufrichtigkeit», die der «zweiten Generation» vorenthalten wurden.
Anita Eckstaedt: *Nationalsozialismus in der zweiten Generation. Psychoanalyse von Hörigkeitsverhältnissen.* Frankfurt: Suhrkamp 1989, S. 498. Interessant finde ich die von ihr sehr häufig den Fallgeschichten vorangestellte Bemerkung, sie habe die Patientinnen oder Patienten «zu schnell» in Analyse genommen. Sie spiegelt eine ebenfalls «zu schnelle» Gewißheit über die eigenen Deutungen, die – oft extrem spekulativ – als gültig dargestellt werden, weiterhin eine Selbstüberschätzung der Analytikerin, die allen Ernstes behauptet, derartige Erlebnisse ließen sich nur durch eine Analyse verarbeiten.

hast drei Scheiben trocken gegessen, da kannst du die vierte auch noch so essen.»

Ein dritter Vater, der im Krieg als Infanterieoffizier in Griechenland an Partisanenerschießungen beteiligt war, beobachtete in der Nachkriegszeit seine Tochter, die sorgfältig den trockenen Rand vom Brot aß und sich das weiche, mit der einzigen Wurstscheibe belegte Innere aufhob. Als sie fertig war und den Leckerbissen bewunderte, stach er blitzschnell mit der Gabel zu und aß ihn auf. «Ich weinte, alle anderen haben gelacht. Das habe ich ihm bis heute nicht verziehen», sagte die inzwischen vierundfünfzigjährige Tochter.

An dieser Demonstration von Egoismus und Gier (die «pädagogisch» den Kindern unterstellt und an diesen bekämpft wird) läßt sich erkennen, wie naiv die dem Bildungsbürgertum vertraute Formel ist, daß der Weg zu den Sternen durch Leiden führt («per aspera ad astra»). Auch für die Psyche gilt das Naturgesetz der Reizsumme. Nur kleine und mittlere Reize werden angemessen verarbeitet und stärken den Organismus. Überforderungen schwächen ihn. Seelische Extrembelastung schädigt die Möglichkeiten, künftig noch von Einfühlung bestimmte Beziehungen aufrechtzuerhalten, in einem Maß, das sich unbelastete Menschen kaum vorstellen können.

4 Ansätze zum Verständnis der Traumatisierung

1. Zum Begriff der Zentralisation

Aus der Unfallmedizin ist der Begriff der Zentralisation bekannt. Wenn der Kreislauf eines Menschen gefährdet ist, werden nur mehr die Organe durchblutet, welche für ein Fortbestehen des Lebens absolut unentbehrlich sind: Gehirn, Herz und Lunge. Gliedmaßen, Verdauung, Nieren, Genitalien werden nicht mehr ausreichend versorgt. Der Nutzen dieser vom unwillkürlichen Nervensystem eingeleiteten Umschaltung ist es, den Tod aufzuhalten. Der Preis dafür sind Schäden der vernachlässigten Organe, die – je nach Dauer der Zentralisation – behebbar sind oder bestehenbleiben.

Den Begriff «Zentralisation» haben in der Physiologie R. Duesburg und W. Schroeder in den vierziger Jahren vorgeschlagen.* Es gibt zwei große Ursachenkreise für ein Kreislaufversagen: ungenügende Regulation bei Belastung (zum Beispiel durch Fieber, Vergiftung, Herzschwäche) oder an

---

* R. Duesburg, W. Schroeder: *Pathophysiologie und Klinik der Kollapszustände.* Leipzig: Hirzel 1944

sich ausreichende Regulation, die aber so überlastet wird, daß sie zusammenbricht (Hauptbeispiel: Blutverlust). Beide Formen führen in denselben Endzustand. Akuten Blutverlust versucht der Mechanismus der Kreislaufregulation zunächst durch gesteigerte Herzfrequenz und Zusammenziehung der Gefäße auszugleichen.

Wird eine Blutmenge von über einem dreiviertel Liter entzogen, dann wird diese Kompensation allmählich überfordert. Die Zentralisation charakterisiert den Zustand zwischen einer gerade noch ausreichenden Regulation und dem vollständigen Zusammenbruch, der in kurzer Zeit zum Tode führt. Die Durchblutung wird so verändert, daß Atmung und Herztätigkeit erhalten bleiben, während die restlichen Funktionen stark reduziert werden; der Verletzte wird sehr blaß und schließlich bläulich.*

Als *psychische* Zentralisation (im folgenden bedeutet «Zentralisation» immer «psychische Zentralisation») läßt sich eine Reaktion auf extreme Belastungen erwachsener Menschen definieren. Sie tritt ein, wenn über längere Zeit der normale Reizschutz überfordert wird. Es handelt sich um einen Vorgang, der von einer bewußten Konzentration unterschieden werden kann. Die Phantasie- und Gefühlstätigkeit wird eingeschränkt auf das lebensnotwendige

---

* Hermann Rein (hg. von Max Schneider): *Einführung in die Physiologie des Menschen*. Berlin: Springer 1960, S. 173

Minimum. Die Anstrengungsbereitschaft und das Interesse für alles, was nicht mit dem unmittelbaren, physischen Überleben zu tun hat, nehmen ab. Vergangenheit und Zukunft sind belanglos geworden. Die Gegenwart reduziert sich auf wenige, aber überlebenswichtige Fragestellungen.★

Ausdrücke wie nervöses Erschöpfungssyndrom, Erschöpfungsdepression oder posttraumatisches Syndrom (PTSD, s. u.) erfassen die spezifischen Verluste an Empathie, Vertrauen und Phantasietätigkeit der psychisch Traumatisierten nicht.

Erschöpfungsdepressionen werden häufig daran erkannt, daß die Opfer nicht mehr arbeiten können; die Kriegsheimkehrer hingegen waren trotz ausgeprägter psychischer Ausfallerscheinungen sehr leistungsfähig und oft beruflich erfolgreich, aber in ihrem Privatleben und in ihren emotionalen Beziehungen massiv gestört.

Eine charakteristische Qualität der Zentralisation liegt in der Schädigung der Aggressionsverarbeitung. Seelische Strukturen, die einen gezielten und kontrollierten Einsatz von Aggressionen ermög-

---

★ «Erinnerst du dich an das bißchen Kaninchen, Herr Frodo?» fragte er. «Und an unseren Platz unter der warmen Böschung in Heermeister Faramirs Land, an dem Tag, als ich einen Olifant sah?» – «Nein, ich fürchte, nicht, Sam», sagte Frodo. «Ich weiß zwar, daß solche Dinge geschehen sind, aber ich kann sie nicht sehen. Kein Geschmack am Essen, kein Gespür für Wasser, kein Geräusch des Windes, keine Erinnerung an Baum oder Gras oder Blume, keine Vorstellung von Mond oder Stern sind mir geblieben.» J. R. R. Tolkien: *Der Herr der Ringe*. Stuttgart: Klett-Cotta 1984, Bd. III, S. 24

lichen, sind abgebaut worden. Die eigene Aggressivität wird nicht mehr durch Einfühlung in die Verletzung des anderen, sondern durch Angst vor dem gemeinsamen Feind oder vor dem Vorgesetzten reguliert.

Die traumatisierten Männer können sich oft nicht vorstellen, daß ihre Frau oder ihre Kinder verletzt reagieren und sich von ihnen zurückziehen, wenn sie sie mit Grobheiten oder Zynismen behandeln, die unter ihren Kameraden als harmlose Scherze gegolten hätten.

Die Zentralisation läßt sich vielleicht am besten durch einen Vergleich mit dem psychischen Alterungsprozeß begreifen. Die normale seelische Entwicklung führt im Alter zu einer kompensierten Depression, in der eine projektive Verarbeitung der Aggression sozusagen «normal» ist. Für den alternden Menschen ist deutlich, daß die Umwelt – sein eigener Körper mit eingeschlossen – für ihn mehr unangenehme als angenehme Überraschungen parat hat.

Ähnlich ist der Umweltbezug in der Zentralisation. Er verändert sich allerdings in einem Lebensalter, in dem die unbelasteten Menschen unbekümmert auf die Realität zugehen und geistige Haltungen bejahen, die ein Stück Weltverbesserung versprechen. Die eingangs (vgl. Seite 12) zitierte Äußerung über den Krieg, der die Jugend *raubt*, trifft den Kern des Problems. An Soldaten, die den Grabenkrieg überlebten, wird ebenso der greisenhafte Ausdruck des Gesichts beschrieben wie an den KZ-Häftlingen.

Solange der Soldat kämpfen kann, scheint sich seine psychische Belastung im Rahmen des Erträglichen zu bewegen. Erst wenn er unter Bedingungen von Kälte, Nässe, Hunger, Schmutz, tage- und nächtelanger Schlaflosigkeit aushalten soll, werden seine seelischen Reserven ebenso verbraucht wie seine körperlichen.

«Der Schlamm geriet sogar in die Läufe der Gewehre, die nicht mehr funktionierten. Über einen britischen Angriff am 18. und 19. Dezember [in Flandern, 1914] hieß es später in deutschen Berichten, die meisten Verwundeten hätten Bajonettwunden, da die Gewehre des Gegners nicht schössen ... Die Soldaten standen in ihren Schützengräben knietief im Wasser und versanken gelegentlich bis zur Brust im Schlamm, so daß man sie mit Seilen wieder herausziehen mußte.»* Die Verluste durch Krankheiten waren streckenweise – etwa in der britischen Ersten Armee – fast zehnmal so hoch wie die durch Verletzungen. Unausweichliche Folge von drei oder vier Tagen im Graben war die totale Erschöpfung. Drei Tage Graben reichten aus, um stolze Soldaten radikal zu verändern. Ein Augenzeuge beschreibt die Ablösung der 1. Royal Fusiliers am 23. Dezember 1914:

---

* Modris Eksteins: *Tanz über Gräben. Die Geburt der Moderne und der Erste Weltkrieg.* Reinbek: Rowohlt 1990, S. 159

«Sie waren abgerissen, ausgelaugt, unorganisiert, fußkrank, müde und machten ganz allgemein einen völlig gebrochenen Eindruck. Struppig und unrasiert, mit verdreckten Gesichtern, mit jeder nur erdenklichen Art von Kopfbedeckung glichen diese Männer eher einer Horde prähistorischer Wilder als einem Eliteregiment des britischen Heers.»*

Überlebenschancen hatten die Soldaten, welche versuchten, Risiken abzuschätzen und sich nie aufzugeben. Robert Graves beschreibt, wie er möglichst häufig Patrouillengänge machte – jene Aktivität, welche Ernst Jünger als Ausdruck heldenhafter Kampfbegeisterung ausgelegt wurde. Der britische Schriftsteller sieht die Sache nüchterner: «Der beste Weg, den Krieg lebend zu überstehen, war, verwundet zu werden. Die beste Möglichkeit dazu bot sich nachts und im Freien, wenn das Gewehrfeuer mehr oder weniger ungerichtet war und ich selbst nicht mit dem ganzen Körper exponiert sein würde. Auch war es vorteilhafter, verwundet zu werden, solange der Ansturm auf die Verbandsplätze nicht so groß war und die hintersten Linien nicht so stark beschossen wurden. Am vorteilhaftesten war es deshalb, nachts auf Patrouille in einem ruhigen Abschnitt verwundet zu werden. Gewöhnlich gelang es einem dann noch, in ein Granatloch zu kriechen, bis Hilfe eintraf.»**

---

* Eksteins a. a. O., S. 163
** Robert von Ranke-Graves: *Strich drunter!* Reinbek: Ro-

Als jung verheirateter Zivilist beschreibt Graves seine seelischen Veränderungen durch das Kriegstrauma:

«Mitten in der Nacht schlugen Granaten in mein Bett ein, auch wenn Nancy es mit mir teilte. Am Tag erinnerten mich die Gesichter von Fremden an Freunde, die gefallen waren. Als ich endlich kräftig genug war, auf den Berg hinter Harlech zu steigen und meine Lieblingsplätze wieder aufzusuchen, konnte ich mich nicht dagegen wehren, die Gegend als ein künftiges Schlachtfeld zu sehen. Ich ertappte mich dabei, daß ich ... überlegte, wo ein MG aufzustellen wäre, wenn ich von der Hügelkuppe aus die Dolweiddiog-Farm erstürmen wollte, und welches die beste Deckung für meine Gewehrgranatenabteilung wäre.»★ ... «Ich konnte kein Telefon benutzen, vertrug das Reisen mit der Bahn nicht und konnte nachts nicht schlafen, sobald ich am Tag mehr als zwei neue Gesichter gesehen hatte.»★★ Graves litt noch zehn Jahre lang an regelmäßigen Visionen der Kämpfe seines Regiments. «Diese Tagträume dauerten an wie ein zweites Leben. Sie verließen mich erst gegen Ende des Jahres 1928. Bei diesen Erinnerungen handelte es sich fast immer um solche aus meinen ersten vier Monaten in Frankreich. Es war, als wäre der Apparat, der

---
wohlt 1990, S. 158. Erstausgabe *Goodbye to All That. Autobiography.* London: Cassells 1929
★ Graves a. a. O., S. 339
★★ Graves a. a. O., S. 340

Gefühle registriert, nach Loos ausgeschaltet worden.»*

In den Berichten der Soldaten von der Front wird deutlich, daß nach den ersten Schlachten der Idealismus, das übergeordnete Kriegsziel, das Vaterland auf der Strecke geblieben sind. Politiker, Redner, Dichter, die große Worte über den Krieg machen, werden von den Praktikern des Kampfes verachtet. Man hört und spricht nicht mehr von der Verteidigung der Zivilisation, sondern von dem eigenen, beschränkten gesellschaftlichen Horizont: die Familie, die Kameraden, das Regiment.** Persönliche Gefühle sind wie ein Luxus, den sich die wenigsten erlauben.

Ihr Wunsch richtet sich darauf, Haltung zu bewahren, «es durchzustehen», nicht vor den Kameraden zu versagen. Selbst Militärgeistliche reden kaum mehr von Religion.

Diese Strategie funktionierte eine Weile leidlich.

---

* Graves, a. a. O., S. 346. Über den britischen Angriff bei Loos steht im Tagebuch des deutschen 15. Reserve-Infanterieregiments: «Deutlich konnte man eine auseinandergezogene Linie zu zehn Reihen unterscheiden, jede wohl über 1000 Mann stark. Sie boten ein Ziel, wie man noch keines gesehen hatte oder überhaupt für möglich gehalten hätte. Nie war die Arbeit der MG-Schützen so einfach gewesen, und noch nie haben sie sie so effektiv erledigt.» Zit. n. Eksteins a. a. O., S. 286

** «Wir [waren] uns alle einig, daß nach wie vor der Regimentsstolz der stärkste moralische Rückhalt sei, um ein Bataillon als kampffähige Einheit in Form zu halten, und stellten ihn insbesondere dem Patriotismus und der Religion gegenüber», sagt Robert Graves a. a. O., S. 225

Der Soldat an der Front mußte sich auf seine neue Lage einstellen; vorher war er nicht als Kämpfer zu verwerten. Graves gibt sogar Zeiträume an: «In den ersten drei Wochen war ein Offizier noch kaum zu gebrauchen. Er war nicht ortskundig, kannte die Lebens- und Sicherheitsregeln noch nicht und hatte noch nicht gelernt, die verschiedenen Grade von Gefahr zu unterscheiden. Zwischen dem dritten und dem vierten Monat war er auf seinem Höhepunkt, sofern er nicht einen besonders bösen Nervenschock oder eine Serie von Schocks erlitten hatte. Nach sechs Monaten war er noch immer halbwegs tragbar. Doch wenn er dann nicht einige Wochen Ruhezeit bekam – durch Teilnahme an technischen Kursen oder durch einen Lazarettaufenthalt –, wurde er nach neun oder zehn Monaten in der Regel eine Last für die anderen Kompanieoffiziere. Nach einem oder eineinviertel Jahren war er oft weit mehr als unbrauchbar.»★

In diesem Zustand war der Soldat betäubt, apathisch. Er konnte noch Wache stehen, sah aber nichts mehr, er konnte noch kommandieren, verstand aber nicht mehr, welche Folgen seine Befehle hatten. Er verrichtete seinen Dienst wie ein Zombie. Diese Entwicklung lief nach Graves' Urteil bei Offizieren mit ihrer höheren psychischen Belastung ungefähr doppelt so rasch ab wie bei Mannschaften. Viele dieser ausgebrannten Soldaten wurden alko-

---

★ Graves a. a. O., S. 205 f.

holabhängig. «Ich kannte drei oder vier Offiziere, die es bis auf zwei Flaschen Whisky am Tag brachten, ehe sie das Glück hatten, verwundet oder sonstwie in die Heimat geschickt zu werden. Ein solcher 2-Flaschen-Kompanieführer ... hatte in drei aufeinanderfolgenden Unternehmungen seine Kompanie sinnlos vernichtet, weil er nicht mehr fähig war, klare Entschlüsse zu fassen.»*

Diese Sechsmonatsfrist bis zum Ausbrennen und Zweijahresfrist bis zur völligen Erschöpfung bestätigt ein von Eksteins zitierter Bericht des Oberstleutnants Jack vom 2. West-Yorkshire-Regiment, der einen seiner Offiziere, der 1916 zwei Jahre ununterbrochen im Einsatz gewesen war, freistellen wollte: «Ich meldete ihn dem Oberkommando als völlig erschöpft und bat darum, ihn nach Hause zu schicken, damit er wieder einmal etwas anderes zu sehen bekäme als die Schlacht. Ich bekam die merkwürdige Antwort, daß es so etwas wie einen ‹erschöpften Soldaten› nicht gebe und daß mein Gesuch abgelehnt sei.»**

---

* Graves a. a. O., S. 206
** Eksteins a. a. O., S. 263

2. «Man entwickelt eine gewisse Roheit»

Ludwig Renn beschreibt die psychische Zentralisation so.

Ein Offizier – es war der Leutnant von Boehm – stürmte auf Fabian los: «Die Schweine!»

«Was ist denn los», lachte Fabian.

«Die Schweine haben mir meine Zigaretten geklaut.»

«Die Leute von deiner Kompanie? Das ist aber ruppig!»

«Ach nee, die Schweine, die Franzosen!»

«Aber wie kommen die zu deinen Zigaretten?»

«Nun, ich trug den Hesse zurück, weil er einen Schuß in den Bauch hatte. Aber die Franzosen waren so dicht hinterher, daß ich meinen Tornister wegschmeißen mußte. Und da waren hundert Stück Zigaretten drin! Die haben die nun, die Schweine!»

«Aber wo ist denn Hesse?»

«Ich habe ihn liegen lassen müssen, um nur selbst wegzukommen!»

Pramm! vor uns.

«Aber wie ging denn das alles?»

«Ach, scheußlich! Wir gingen im Walde vor. Auf einmal kracht's von allen Seiten. Der Hauptmann Martin kriegte eins in den Kopf. Der Major ist auch tot und Bender auch. – Und die Schweine rauchen jetzt meine Zigaretten!»*

Hier ist die Zentralisation schon so weit fortgeschritten, daß der Verlust der Zigaretten mehr emotionale Reaktionen freisetzen kann als der Verlust der Kameraden oder das Scheitern der Bergung eines Verwundeten. «Die Libido wendet sich vom Objekt ab und dem Ich zu. Sie vergrößert dabei die Eigenliebe und vermindert die Objektliebe bis zur völligen Gleichgültigkeit», faßt der ungarische Psychoanalytiker Sándor Ferenczi (1873–1933) diese Situation zusammen, der während des Krieges und kurz danach in Budapest Kriegsneurotiker behandelt hat.**

Ernst Jünger sagt es mit traditionelleren Worten: Soldaten dürfen der «Menschlichkeit nur so lange das Herz öffnen, wie sie nicht schaden kann».*** In diesem vieldeutigen Satz ist zunächst die Pflicht gemeint, der Dienst, die Kameraden, der Befehl. Die Unterwerfung der Humanität unter den Zweck überträgt Mechanismen der bürgerlichen Leistungsorientierung auf den Umgang mit Gewalt und Blutvergießen.

«Man entwickelt eine gewisse Roheit, eine absolute Gleichgültigkeit gegenüber allem, was die Welt für einen bereithält, außer seiner Pflicht dem

---

* Ludwig Renn: *Krieg*. Frankfurt: Societäts-Druckerei 1929, S. 101
** Vgl. Fußnote 4. Zit. n. Eksteins a. a. O., S. 321
*** Ernst Jünger: *In Stahlgewittern*. Berlin 1927, S. 115

Kampfe gegenüber. Man ißt seine Brotkruste, und der Mann neben einem im Graben wird totgeschossen. Man schaut ihn sich einen Augenblick ruhig an, und dann ißt man sein Brot weiter. Warum auch nicht. Es wäre doch nichts zu machen. Schließlich regt man sich beim Gespräch über den eigenen Tod nicht mehr auf, als unterhalte man sich über eine Verabredung zur Jause.»★

Der Violinist Kreisler, von dem diese Zeilen stammen, war nur wenige Wochen an der Front. Remarque, Graves, Jünger – alle die Autoren, deren Kriegsberichte so berühmt wurden, haben den vollen Druck des Frontkollers nicht gespürt. Sie wurden nach kürzeren ★★ oder auch längeren Einsätzen verwundet, überlebten (Graves, der am schwersten Verletzte, las seine eigene Todesanzeige in der «Times») und konnten daher ein zusammenhängendes Bild ihrer Erlebnisse aufbauen. Dazu waren viele der schwerer betroffenen, weniger zu intellektueller Distanz fähigen Soldaten nicht in der Lage.★★★

Viele der Texte, die das Erleben der Stellungskriege beschreiben, sind geraume Zeit nach Kriegs-

---

★ Fritz Kreisler: *Four Weeks in the Trenches: The War Story of a Violinist.* Boston 1915, S. 65, zit. n. Ekstein a. a. O., S. 236
★★ Remarque war nur kurze Zeit an der Front; er kam im Juni 1917 nach Flandern und wurde am 31. Juli 1917 am linken Knie und unter dem Arm verwundet; den Rest des Krieges verbrachte er als Patient, später als Schreibkraft in einem Duisburger Krankenhaus (Eksteins a. a. O., S. 414).
★★★ Hier wiederholt sich das Thema von den Untergegangenen und den Geretteten, das Primo Levi zeit seines Lebens beschäftigt hat.

ende verfaßt worden. Graves begann 1920 mit einem Roman über den Krieg, den er nicht fortführte, weil er mit dem Ergebnis unzufrieden war, sich jedoch noch nicht «stark» genug fühlte, das Erlebte direkt zu beschreiben. Ludwig Renns «Krieg», Edlef Köppens «Heeresbericht» erschienen rund zehn Jahre nach den Ereignissen; Ernst Jüngers nicht weniger genau beobachtender, aber zynisch-glorifizierender Text «In Stahlgewittern» kam bereits 1927 auf den Markt.

Sie alle wurden an Erfolg von Erich Maria Remarques «Im Westen nichts Neues» weit übertroffen. Zwanzig Monate nach dem Erscheinen des Romans hieß es in der Pariser Zeitschrift «Nouvelles littéraires», Remarque sei der Autor mit der größten Leserschaft der Welt. «Im Westen nichts Neues» wurde vom Ullstein-Verlag in einer großangelegten Werbeaktion als das Kriegsbuch schlechthin vermarktet und noch im gleichen Jahr in die meisten Weltsprachen übersetzt.

Remarques plakativ gezeichnete Charaktere – der idealistische Schulmeister, der Postbote, der in einen gefühllosen Ausbildungs-Roboter mutiert, die guten Kameraden – geben kein realistisches, sondern ein legitimatorisches Bild des Krieges: Wer an ihm teilgenommen hat, darf sich als Opfer fühlen, das weder in der Vergangenheit Halt finden noch eine Zukunftsperspektive entwickeln muß.

«Keines der erfolgreichen Kriegsbücher erzählt seine Geschichte von der Warte einer gesellschaftlichen Einheit oder gar der ganzen Nation aus, sondern ausschließlich vom Standpunkt des Individuums ... Allein auf dieser Ebene, der Ebene individuellen, persönlichen Leids, konnte der Krieg irgendeine Bedeutung haben ... Die Kunst war wichtiger geworden als die Geschichte. Geschichte gehört in eine Epoche des Rationalismus, also ins 18., vor allem aber ins 19. Jahrhundert ... Unser Jahrhundert ist im Vergleich dazu eine antihistorische Epoche, was zum Teil daran liegt, daß die Historiker es versäumt haben, sich der Gefühlslage ihres Jahrhunderts anzupassen, vor allem aber daran, daß dieses Jahrhundert von Anbeginn an eines der Desintegration und nicht der Integration gewesen ist. Als Folge davon ist der Psychologe weitaus gefragter als der Historiker. Und dem Künstler bringt man mehr Respekt entgegen als jedem von beiden.»*

Die literarischen Darstellungen des Krieges schwanken in einem breiten Spektrum von der blinden Glorifizierung und Mystifizierung bis zur kritischen, nüchternen, gelegentlich zynischen Dar-

---

* Eksteins a. a. O., S. 431. Kunst erscheint in unruhigen und verwirrenden Zeiten wahrer als Geschichte; mit den historischen Differenzierungen (mit dem wissenschaftlichen Fortschritt der Geschichte) schwindet auch die Fähigkeit der Historiker, Sinn zu produzieren, bis zu H. A. L. Fishers ironischer Feststellung im Vorwort seiner 1934 erschienenen *Geschichte Europas*: «Menschen, die weiser und gebildeter sind als ich, haben in der Geschichte einen großangelegten Plan, einen Rhythmus, ein Werk der Vorsehung erkennen wollen. Solche Harmonien haben sich meinem Blick nicht enthüllt. Ich sehe ein Ereignis dem anderen nachfolgen wie die Wellen des Meeres» (zit. n. Eksteins a. a. O., S. 432).

stellung der Schlächterei in morastigen Gräben. Aber fast alle, die den Krieg schildern, beschreiben sich als Kämpfer und Dulder. Es gibt kaum eine Darstellung des Krieges aus der Sicht eines Drückebergers, eines der zahlreichen Männer, die mit Bestechung, Hochstapelei, erfundenen Krankheiten bis hin zur Selbstverstümmelung der Frontsituation entkamen.

Es gibt auch keine Literatur des deutschen (oder französischen, englischen, russischen usw.) Deserteurs.* Das zeigt, wie sehr selbst die von Zeitgenossen als Antikriegsromane gelobten (oder getadelten) Berichte von jenem Ethos der Pflicht bestimmt sind, dessen Auswirkungen sie teils als Kameradschaft feiern, teils als Zwang beklagen, wie ein Rädchen im Getriebe einer Todesmaschinerie zu funktionieren.

3. Die Folgen seelischer Wunden

Wer um sich blickt, findet ebenso Beweise für die Annahme, daß der Mensch ein außerordentlich robustes und belastbares Geschöpf ist, wie für große

---

* *Die Bekenntnisse des Hochstaplers Felix Krull* von Thomas Mann sind in gewisser Weise eine Ausnahme, weil hier zumindest die Vermeidung des Wehrdienstes in einer glänzend erfaßten Szene dargestellt ist.

Verletzlichkeit. Können Menschen viel oder wenig aushalten? Zunächst scheint es wichtig, die Frage zu befragen, denn in ihr stecken in aller Regel Interessen, die erkannt sein wollen, ehe sich ein Stück mehr Wahrheit auffinden läßt.

So hat naturgemäß jemand, der einen anderen verletzt hat, die Tendenz, Schwere und Folgen der Traumatisierung zu verkleinern, denn er fürchtet, daß Schadensersatzansprüche auf ihn zukommen. Umgekehrt hat das Opfer der Traumatisierung, das auf ein Ende der Qual hofft und vielleicht eine Belohnung für seine Schmerzen wünscht, die Neigung, seine Verletzungen zu übertreiben. Wenn ein Mann seine Frau alle vier Wochen geprügelt hat, ist ihm in seinen Augen gelegentlich einmal die Hand ausgerutscht, während er in ihren Augen ständig auf sie eingedroschen hat. Je nach ihrer Parteinahme erklärt die Umwelt dann die Angaben des Täters oder des Opfers für «objektiv» und sucht diese These nicht selten durch die leicht durchschaubare, dennoch aber mit Nachdruck vorgetragene Überzeugung zu stützen, alle Täter würden lügen, alle Opfer die Wahrheit sagen – oder umgekehrt.

In unserer von komplexen Legislativen und Bürokratien regierten Welt haben diese elementaren Parteinahmen kompliziertere Formen angenommen. Wenn der SS-Posten einem Häftling den Gewehrkolben auf den Schädel schlug und die Folgen in einer Röntgenaufnahme sichtbar sind, hatte der Überlebende bei den meisten Gutachtern Chancen, daß seine Müdigkeit und Apathie als KZ-Folge anerkannt wurden. Hatte er nur miterleben müssen, wie seine Eltern und Geschwister für die Gaskammer ausgesondert wurden, dann ließ sich im Urteil mancher Gutachter ein Zusammenhang zwischen seiner Apathie und dem KZ-Aufenthalt «nicht nachweisen».*

Die zentrale juristische Problematik liegt in der Unmöglichkeit, subjektive Qualitäten zu objektivieren. Hier läßt sich eine traditionelle, organizistische Auffassung von einer eher sozialpsychologischen unterscheiden. Nur unter den Vorgaben der ersten Orientierung ist ein Konzept wie «Rentenneurose» sinnhaft. Es enthält die anmaßende Voraussetzung, daß es einem Arzt möglich ist, zwischen Menschen zu unterscheiden, die sich zum Beispiel eine niedergeschlagene Stimmung nur einbilden, und solchen, die sie wirklich haben.

Je mehr die Medizin lernen mußte, funktionelle Störungen ohne organisch erfaßbare Grundlage zu erkennen und zu behandeln, desto weniger kann sie solche Unterscheidungen aufrechterhalten. Wer dauernd müde ist, sich dennoch zur Arbeit zwingt und gegen seinen Willen von seinem Vorgesetzten

---

* Vgl. Walter von Baeyer, Heinz Häfner und Karl Peter Kisker: *Psychiatrie der Verfolgten. Psychopathologische und gutachtliche Erfahrungen an Opfern der nationalsozialistischen Verfolgung und vergleichbarer Extrembelastungen.* Berlin: Springer 1964. Walter Ritter von Baeyer ist einer der Pioniere einer Anerkennung «erlebnisbedingter Verfolgungsschäden»; so lautet der Titel seines Aufsatzes in *Nervenarzt* Bd. 32, 1961, S. 534

zum Arzt geschickt wird, weil er zu viele Fehler macht, hat eine andere Störung als der, welcher von sich aus den Arzt aufsucht und beteuert, er sei dauernd müde, könne auf gar keinen Fall arbeiten und wolle krank geschrieben werden. Aber es ist kaum möglich, mit Sicherheit zu sagen, der zweite sei nicht «krank», sondern habe nur eine Krankheit «simuliert» und deshalb keinen Anspruch auf soziale Leistungen.

Es kann sein, daß zum Beispiel ein wirklich schwer Depressiver sich selbst bezichtigt, er stelle sich nur an, er sei ein Simulant. Das befriedigt sein Strafbedürfnis und gibt ihm das Gefühl, einen Rest Überlegenheit über die eigene Störung zu besitzen, ähnlich wie ein Betrunkener behauptet, er sei ganz nüchtern, es mache ihm jedoch gerade Spaß, den Betrunkenen zu spielen. Der Dichter kennt diesen Mechanismus schon lange:

> «Du hast mit dem Tod in der eigenen Brust
> den sterbenden Fechter – gespielt!»

In einem der Romane von A. J. Cronin *(Die Zitadelle)* entlarvt der ärztliche Held einen Rentenneurotiker, der sich als gelähmt ausgibt. Die Beine des Mannes im Rollstuhl sind auch noch nach zwei Jahren muskulös und lassen keinerlei Zeichen von Atrophie durch die erzwungene Untätigkeit erkennen. Also schubst der Held den falschen Krüppel kurz entschlossen einen Abhang hinunter, so daß dessen Fahrzeug umstürzt. Der Geprellte vergißt sich und läuft mit erhobenen Fäusten auf den Arzt zu. Das Beispiel scheint gut gewählt. Läßt sich Simulation klarer beweisen als bei dem scheinbar Gelähmten, der plötzlich laufen kann?

Aber ist es psychologisch richtig, festzustellen, daß hier ein seelisch normaler Betrüger entlarvt worden ist? Läßt sich wirklich beweisen, daß der vorgebliche Schwindler geradesogut die ganze Zeit anständig hätte arbeiten können? Welcher psychisch gesunde Mensch setzt sich wegen einer kleinen Unfallrente jahrelang in den Rollstuhl?

Die Traumatisierung hat dazu geführt, daß ein großer Teil der selbstverständlichen Zuversicht verschwunden ist, mit der sich Menschen der Umwelt zuwenden. Wie bei allen Verletzungen eines lebenden Organismus entsteht kein statischer Zustand, sondern ein Wechselspiel zwischen Kompensation und Folgeschaden. Die Wundheilung bietet Analogien, die das Verständnis der psychologischen Reparationsprozesse ebenso erleichtern wie verfälschen können.

Kleine Wunden heilen in der Regel glatt. Große, die mit starkem Verlust von Körpergeweben verbunden sind, heilen langsam und hinterlassen Spuren. Diese können allmählich verschwinden, wie die Atrophie der Muskulatur nach einem komplizierten Bruch. Wenn Gliedmaßen oder ganze Organe zerstört wurden, stoßen die Heilungsmöglichkeiten an Grenzen. Die Verletzung kann auch unbeteiligte Körperteile in Mitleidenschaft ziehen – die Schonhaltung, welche beispielsweise ein verletztes Bein entlasten soll, führt zu Gelenkschäden im gesunden Bein.

Die Zentralisation bedeutet in erster Linie einen Phantasieverlust. Wir brauchen Phantasie zu vielen seelischen Leistungen, die uns wichtiger erscheinen als die Phantasie selbst. Phantasie ist nötig, wenn wir uns in andere Personen einfühlen und wenn wir eigene Gefühle ausdrücken wollen. Sie befähigt uns, das Zusammenleben mit einem Liebespartner zu gestalten und mit Kindern umzugehen.

Der Verlust an Phantasietätigkeit durch die Zentralisation ist nicht vollständig. Die auf das Überleben gerichteten Phantasien bleiben lange erhalten (am Ende, in jenem Zustand, der in den KZs «Muselmann» hieß, erlöschen auch sie). Das heißt, daß die betreffenden Personen noch an Essen, Trinken, Schutz vor Verletzungen und Versorgung mit Betäubungsmitteln denken und beträchtliche antizipatorische Anstrengungen unternehmen können, um sie sich zu verschaffen.

Was geschieht mit den durch die Zentralisation ausgeschalteten Funktionen? Trägt die Analogie zu den körperlichen Prozessen, wo eine kurzzeitige Zentralisation vollständig rückgängig gemacht werden kann, während ihre lange Dauer verkrüppelt oder tötet? Sie trägt sehr begrenzt, weil die Kreislauffunktionen viel einfacher aufgebaut sind als die psychischen Leistungen. Aber aus den Zeugnissen wird deutlich, daß es eine lineare Beziehung* zwischen Extrembelastung und Schädigung gibt. Die Persönlichkeit vor der Traumatisierung und die Situation danach spielen eine wesentliche Rolle – aber auch die körperliche Zentralisation verläuft bei einem bereits geschwächten Organismus und ungünstigen Verhältnissen während der Entlastungsphase anders als bei einem kerngesunden, belastbaren Menschen, der von einem kompetenten Team behandelt wird.

Wie immer, wenn Analogien verwendet werden, ist die Diskussion der Unterschiede so wichtig wie die der Gemeinsamkeiten. Psychische Traumatisierungen werden nur in Ausnahmefällen medizinisch oder psychotherapeutisch behandelt. In der Regel ist es der gesellschaftliche Zustand nach der Heimkehr aus Krieg und/oder Gefangenschaft, welcher über die Vernarbungsprozesse bei den seelischen Verletzungen der Veteranen entscheidet.

Ich fasse zusammen:

1. Traumatisierungen sind bei Menschen, die längere Zeit dem Geschehen eines modernen Krieges ausgesetzt waren, immer zu erwarten. Sie werden durch alle Situationen verschärft, die nicht aktiv gestaltet, sondern nur passiv ertragen werden können.

2. Typisch für die Kriegseinwirkungen ist die chronische Traumatisierung, in der sich zahlreiche ein-

---

* Paul Matussek: *Die Konzentrationslagerhaft und ihre Folgen.* Berlin: Springer 1971

zelne Belastungen summieren und zu einem Ausbrennen der emotionalen Schwingungsfähigkeit führen. Die geistigen Leistungen und die Gefühlszustände verarmen und reduzieren sich auf das unmittelbar Überlebenswichtige. Soziale Hemmungen und Schamgrenzen verschwinden. Das Interesse an der Umwelt nimmt ab.

3. Posttraumatisch führt diese Zentralisation zu seelischen Verhärtungen – Abwehrstrukturen, die verhindern sollen, daß die schmerzhaften Erlebnisse das Ich erneut überschwemmen. Verdrängung, Schweigen, gereizt-mißmutige Haltung und allgemeiner sozialer Rückzug kennzeichnen den depressiven Pol dieser Abwehr, Idealisierung von Krieg und Kampf, hemmungslose Selbstüberschätzung, Rücksichtslosigkeit und Größenphantasie den manischen Pol. Viele Traumatisierte leiden an Schlafstörungen und nächtlichen Alpträumen, in denen die belastenden Erlebnisse sie heimsuchen. Tagsüber einschießende Phantasien («flashbacks») stören ihren Realitätsbezug und führen oft zu Betäubungs- und Ablenkungszwängen.

4. Die Familien der Kriegsheimkehrer spielen eine wesentliche Rolle im Verarbeitungsmodus. Sie tragen dazu bei, wie die Integration des Traumatisierten gelingt oder umgekehrt die Traumatisierung die Familie beschädigt oder zerstört. Über die Familie hinaus spielt das soziale Umfeld eine große Rolle: Es kann den Druck auf die Familie steigern (zum Beispiel bei Vertriebenen und Flüchtlingen) oder

abpuffern (zum Beispiel bei der Heimkehr in ein weitgehend intaktes Dorf- oder Kleinstadtmilieu).
5. Die traumatischen Folgen von Krieg und Gefangenschaft hängen eng mit den Möglichkeiten zusammen, sein Leid und die Verluste an Gesundheit, Jugend, Optimismus, Weltoffenheit und Humor als sinnvoll anzusehen.

Insgesamt scheint es vielen Menschen besser zu gelingen, körperliche Verletzungen zu bewältigen, als psychische Traumen. Das liegt zunächst daran, daß sich das Opfer seinem beschädigten Körper mit seinen erlebnisverarbeitenden seelischen Kräften zuwenden kann wie einem Stück Außenwelt. In der Bewältigung der Außenwelt sind Geist und Sinne am besten geübt. Wer blutet oder einen Knochen gebrochen hat, schont sich zwangsläufig; wer vergleichbare seelische Verletzungen erlitt, ist dazu häufig nicht in der Lage, weil er schließlich «nichts hat».
Ein in der therapeutischen Praxis nützliches Modell der Depression geht davon aus, daß depressiv Erkrankte die natürlichen Trauerreaktionen so lange bagatellisiert und unterdrückt haben, bis sie durch diese Schonungslosigkeit erschöpft und ausgebrannt sind. Je deutlicher abgrenzbar Schmerz und Beschädigung sind, je klarer die Zone der Krankheit von der Zone der Gesundheit unterschieden werden kann, desto leichter fällt die Verarbeitung.*

---

* Diffuse Unlustzustände, etwa ausgeprägte Seekrankheit, sind

Beim «Grabenschock» wurde schon früh beobachtet, daß Soldaten psychisch ihre Situation besser verarbeiten konnten, wenn sie selbst verwundet worden waren.★ Ich bin skeptisch, ob hier psychodynamische Erklärungen ausreichen. Die Verwundung bietet auch einen symbolischen Kern, ein Modell für ein Heilungserleben, für kleine Schritte aus Schmerz und Fieber heraus zu weniger Schmerz und weniger Fieber, das dem psychisch Überlasteten nicht verfügbar ist – ihm «fehlt» ja eigentlich «nichts». Zusätzlich mag zur besseren psychischen Prognose der körperlich Verwundeten beitragen, daß unter ihnen viele sind, die bereits nach relativ kurzer Zeit den traumatisierenden Belastungen entkamen, während die scheinbar «glücklichen», physisch Unbeschädigten, der vollen Wucht der seelischen Überlastung ausgesetzt waren.

Es gibt Beobachtungen, welche dafür sprechen, daß auch in Zeiten des (relativen) Friedens diese Funktion von Wunden eine wichtige Rolle spielt. Selbstverletzungen sind ein Symptom von Grenzfallpatienten (Borderline-Persönlichkeitsstörung). Die Patienten berichten von unerträglichen Gefühlen innerer Leere und quälenden Spannungen, die sich in dem Augenblick mildern, in dem das Blut

---

deshalb trotz ihrer scheinbaren Harmlosigkeit so schwer zu ertragen, weil diese Grenzziehung mißlingt. Eine Schnittwunde macht keine vergleichbaren Schwierigkeiten.
★ Sigmund Freud: *Jenseits des Lustprinzips*, Ges. W. XIII

fließt und der Schmerz ein zwar unangenehmes, aber Halt stiftendes Signal setzt.

Es steckt eine Dialektik der narzißtischen Selbstjustiz in diesen Handlungen: das unbefriedigende, als «nicht gut genug» erlebte Körperselbst wird bestraft; gleichzeitig bietet das Erlebnis, daß die Wunde gepflegt wird (entweder von den Tätern selbst oder von einem Arzt, einer Angehörigen), ein elementares Gefühl der Bestätigung und Zuwendung. Wen die Phantasie quält, gar nichts zu taugen, durchweg unfähig und unbrauchbar zu sein, den befriedigt das Erlebnis, daß die Wundheilung reale Fortschritte macht, daß wenigstens hier eine Entwicklung zum Guten, ein positiver Prozeß stattfindet.

Soldaten in längerem, pausenlosem Einsatz im industrialisierten Krieg, Opfer von Konzentrationslagern, mißbrauchte Kinder, Opfer von Folter oder Vergewaltigung belegen, daß die psychischen Folgen außerordentlich schwer zu überwinden sind. Vernarbungen, die nur ein Zeichen der Wunde sind und nicht ein Fortwirken, erscheinen nach diesen Beobachtungen zwar nicht unmöglich, doch sind sie eher die Ausnahme, verglichen mit Spätfolgen, die viele Jahre anhalten und zum Beispiel ein erhöhtes Risiko für die verschiedensten psychischen Erkrankungen und für Selbstmord einschließen.

Psychische Traumen sind ebenso unterschiedlich wie körperliche, jedoch viel schwerer zu beurteilen. So wird auch auf einer kognitiven Ebene die sicherlich auch noch tiefer, im Triebhaften und in der narzißtischen Beziehung zum Körper verwurzelte Neigung zur Selbstverletzung verständlicher. Es gibt keine klaren Grenzen der psychischen Belastbarkeit. Im Körperlichen reicht bereits die Verletzung einer wichtigen Schlagader aus, um einen Menschen binnen weniger Minuten zum Kreislaufkollaps und in eine nach kurzer Zeit nicht mehr umkehrbare Zentralisation zu bringen. Auf der anderen Seite ist es möglich, einen Menschen jahrelang jeden Tag über viele Stunden hin zu ängstigen, zu quälen, zu bedrohen.

Ihre unsichtbaren Verletzungen führen auch dazu, daß psychisch Traumatisierte viel weniger mit Schonung und Zuwendung rechnen können als Verwundete. Blut, Gewebsverletzungen, gar der Verlust eines Gliedes wirken auf die Umwelt alarmierend und wecken starke Impulse, diese Störungen zu beheben. Psychische Traumen hingegen sind verborgen. Es ist von einer spezifischen Vertrauensbeziehung abhängig, ob sie der Umwelt mitgeteilt werden können. So sind auch die Chancen schlechter, daß sie akzeptiert und ernst genommen werden. Da unsere soziale Umwelt immer auch in uns repräsentiert ist und unser Verhalten vordefiniert, neigen psychisch Traumatisierte in vielen Fällen dazu, ihr Leid zu dissimulieren. Sie verstecken Tränen oder Schmerz hinter einer Fassade und betäuben sich durch Arbeit.

Weiterhin beeinträchtigt die mangelnde Wahrnehmbarkeit auch das Erleben, durch eigene Anstrengungen etwas bewirken zu können. Mit dem körperlichen Trauma kann das Opfer etwas tun und dann beobachten, ob das Handeln Früchte trägt – ein Verband, ein Medikament, ein Arztbesuch. Angesichts des psychischen Traumas ist diese Kontrolle nicht möglich. Es läßt sich keine Rückmeldung finden, die zum Beispiel signalisiert, daß es «besser» war, mich einen Tag möglichst abzulenken und an einem anderen Tag möglichst unausgesetzt über das Thema zu grübeln.

Ich habe schon auf die Belastungen hingewiesen, die dadurch entstehen, daß unsere seelischen Funktionen darauf ausgerichtet sind, uns für die Bewältigung äußerer Probleme vorzubereiten. Sie leiten uns an, Rückmeldungen, die wir aus dieser Arbeit gewinnen, zu verwerten und in neue Aktivität umzusetzen. Das psychische Trauma verletzt sozusagen die Werkzeuge, mit deren Unterstützung wir normalerweise Störungen beheben und vermeiden. Aus dieser Situation ergibt sich auch die große Bedeutung der Einfühlung Dritter für die Trauma-Bewältigung.

4. Trauma und Regression

Wenn das psychische Trauma das Werkzeug seiner Bewältigung zerstört, geschieht das auf der aktuellen Funktionsebene. Im Seelischen verschwinden frühere Verarbeitungsformen nicht vollständig, sondern sie bleiben gleichzeitig mit den späteren, perfektionierten Mechanismen bestehen. Ein Beispiel: In der materiellen Welt ist gegenwärtig der Laptop auf meinem Schreibtisch das einzige Gerät, mit dem ich Texte verfasse und bearbeite. In der psychischen Welt würden gleichzeitig in ihm und neben ihm eine elektrische Schreibmaschine, eine mechanische Tastatur und ein Federkiel weiterexistieren. So könnte ich, wenn der Laptop abstürzt, mit einem der anderen, primitiveren Geräte weiterarbeiten.

Die psychischen Funktionen sind so leicht irritierbar, daß es unabdingbar ist, sich Möglichkeiten zu erhalten, auf frühere Leistungen zurückzugreifen. Den Prozeß dieser Rückkehr auf urtümlichere Funktionsstufen hat Freud als *Regression* beschrieben.

Wenn ein Passant dem ballspielenden Kind, das ihn angerempelt hat, eine Ohrfeige gibt, wird dieses aus einem Funktionsniveau gerissen, auf dem es sich gewandt bewegen, flüssig sprechen, in gewissem Umfang reflektieren und Krisen autonom bewältigen konnte. Vor einem Jahr hätte es vielleicht noch geweint, wenn der Ball immer wieder seinen Händen entsprungen wäre, hätte die Mutter gesucht und sich über den dummen Ball beklagt. Jetzt bewältigt es solche Krisen aus eigener Kraft.

Der heftige Schmerz, den der Erwachsene zufügt, überfordert das gegenwärtig erreichte Funktionsniveau. Der Passant, erst nur ein Hindernis, das da plötzlich im Weg stand, wird zum Trauma. Die Störung führt dazu, daß das Kind nicht mehr auf dem bisherigen Niveau weiterspielen kann. Das Trauma ist die Störung, welche das von einem Menschen bereits erreichte, höchste Niveau psychischer Verarbeitung der Realität verletzt, so daß tiefere Ebenen, die im Normalfall von dieser Funktionsebene überformt werden, eingesetzt werden. Diese Regressionen können bei reversiblen Traumatisierungen wieder rückgängig gemacht werden, bei heftigeren Verletzungen der seelischen Homöostase bleiben sie in fixierter Form bestehen.

Im Fall des spielenden Kindes liegt die traumatische Qualität nicht in dem körperlichen Schmerz. Wäre die Wange mit gleicher Heftigkeit durch einen Aufprall des Balles getroffen worden, hätten die Bewältigungsmechanismen noch ausgereicht, mit dieser Störung des Spiels fertig zu werden. Das Trauma, das die Bewältigungsmechanismen der höchsten Ebene zusammenbrechen ließ, war die plötzliche Verwandlung der Umwelt aus einer primär freundlichen, die kindliche Aktivität tragenden in eine feindliche, strafende. In dieser Situation mußte die vertraute, wohlwollende Bezugsperson (die «gute Mutter» in der psychoanalytischen Entwicklungslehre) aufgesucht werden, um das zusammengebrochene Funktionsniveau wieder aufzubauen.

In unserem Beispiel handelt es sich um ein leichtes Trauma, das unter normalen Bedingungen durch einen Trost der Mutter erledigt sein dürfte.

Das Kind kehrt zurück und spielt weiter. Es hat sein früheres Funktionsniveau wieder erreicht, es bleiben keine Beeinträchtigungen zurück, es wird womöglich künftig Ausschau nach Passanten halten und darauf achten, sie nicht anzurempeln. Dieser günstige Verlauf hängt damit zusammen, daß es sich als relativ einfach erwies, eine Grenze zwischen der traumatischen Situation und dem Rest des Wahrnehmungsfeldes aufzubauen.

Diese unproblematische Wiederherstellung kann durch verschiedene Bedingungen erschwert, ja unmöglich gemacht werden. Diese können im äußeren oder im inneren Feld liegen. Im Äußeren liegen sie, wenn der traumatische Reiz besonders folgenschwer ist; im Inneren, wenn dieser Reiz auf eine vorhandene Spannung trifft. Nehmen wir an, das Kind erlebt soeben seine ödipale Phase. Sein gelingendes Ballspiel ist von der angenehm-gefährlichen Phantasie begleitet, durch solche Künste die Liebe der Mutter zu wecken und von ihr höher geschätzt zu werden als der ungeschickte Vater-Grobian.

Wenn dann der angerempelte Passant als böser Vater phantasiert wird, kann dieselbe Störung, die in einer anderen Phase folgenlos geblieben wäre, jetzt zu Alpträumen führen. Das Kind weigert sich, künftig wieder auf der gefährlichen Stelle des Gehwegs zu spielen, kann den Ball nicht mehr anfassen, das Haus nicht mehr verlassen. Aus dem flüchtigen Zusammenbruch des erreichten Funktionsniveaus ist ein hartnäckiger geworden; die Vermeidungen binden aufkommende Ängste.

Der Passant hat die Phobie ausgelöst, aber nicht verursacht; Kind und Eltern werden aber, wenn sie sich scheuen, die unbewußte Dynamik wahrzunehmen, eine solche Kausalität unterstellen. Der Passant umgekehrt wird, wenn er sich gegen solche Anklagen wehren möchte, seine Roheit bagatellisieren und erklären, er sei nur Statist in einem gänzlich von einem neurotischen Kind diktierten Geschehen. Die Umstehenden neigen dazu, in der einen oder anderen Richtung Partei zu nehmen. Kaum etwas verwirrt und belastet unseren Geist so sehr wie die Wahrnehmung von Verstrickungen, in denen kein eindeutig Schuldiger dingfest gemacht werden kann.

Ein klinisches Beispiel: Das sechsjährige Mädchen, das in einer Geschwisterschar unter strenger Zucht aufwächst, wird auf einem Waldweg von einem Mann ins Dickicht gezerrt und vergewaltigt. Der Täter droht, das Kind umzubringen, wenn es etwas verrät. Zu Hause erzählt die Kleine doch davon, weil ihr Kleidchen zerrissen ist. In der Analyse erinnert sie, daß sie die Reaktionen ihrer Klassenkameradinnen viel schlimmer fand als den Schmerz der Vergewaltigung selbst. Schmerzen war sie gewohnt, da sie oft geschlagen wurde, nicht aber die Nachfragen und den Spott der anderen Mädchen, die sie verdächtigten, sie habe ein zu kurzes Röckchen getragen und sei selbst schuld.

Das Trauma war scheinbar komplikationslos «verheilt», bis die Analysandin in die Pubertät kam. Während des Sexualkundeunterrichts wurde ihr klar, was der Mann «wirklich» mit ihr getan hatte. Was für das Kind physischer Schmerz gewesen war, der heilte wie andere Wunden auch, verwandelte sich jetzt in seelischen Schmerz und Schamgefühle, die eine altersgemäße Verarbeitung der wachsenden sexuellen Triebspannungen erschwerten. Sie fühlte sich häßlich und mußte ihre Beine verhüllen. Diese seien abstoßend dick. Die inzwischen dreißigjährige Frau führt ihre Depressionen darauf zurück, daß ihre Sehnsucht nach einer Liebesbeziehung bisher unerfüllt blieb. Hinter dieser subjektiven Unfähigkeit, «den Richtigen zu finden», steht panische Angst vor dem Sexualverkehr mit einem Mann.

Ein gemeinsamer Nenner psychischer Verletzungen ist der Heimatverlust, der allen Formen der Traumatisierung gemeinsam ist. Heimat bedeutet vor allem eine Verästelung und Differenzierung der Umweltbezüge: Es sind sehr viele Menschen, Situationen und Dinge um mich herum in ihren Zusammenhängen vertraut, überschaubar und berechenbar. Daraus zieht der Mensch eine große Sicherheit, die ihm so selbstverständlich wird wie die Atemluft, deren Vorhandensein wir nicht bemerken, deren Mangel uns aber alarmiert. Der Heimatverlust spiegelt den inneren Prozeß der Zentralisation. Krieg, Gefangenschaft, Flucht sind Ereignisse, die ihn vorantreiben.

5. Unterschiede in der Belastbarkeit von Kindern und Erwachsenen

Wir dürfen vermuten, daß eine Dreißigjährige, die im Alter von sechs Jahren vergewaltigt wurde, durch die lieblose Behandlung im Elternhaus vorbereitet wurde, die traumatische Erfahrung scheinbar rasch zu bewältigen. Ein geprügeltes Kind weiß darum, daß Erwachsene sich sadistisch verhalten und ihm mehr oder weniger willkürlich Schmerz zufügen.

Der sexuelle Übergriff wird in diesen Rahmen eingeordnet; daher die ergreifend realistische Erzählung vom Staunen der Sechsjährigen, daß diese Form der Zufügung von Gewalt und Schmerz etwas Besonderes sein sollte, wovon sie immer wieder erzählen mußte, wofür sie Mitleid und Aufmerksamkeit fand und womit sich auch Männer in Uniformen beschäftigten.

Weil das Kind schon lange die Möglichkeiten innerlich reduziert, ja aufgegeben hatte, mit einer einfühlenden Bezugsperson Erlebnisse zu teilen, ist die Frau von dem Entwicklungsschritt zu einer engen, körperlichen Beziehung mit einem Mann überfordert. Sie hat keine Vorerfahrungen, über ihre Ängste zu sprechen und aus diesem Gespräch und dem Austausch von Zärtlichkeiten Vertrauen aufzubauen, daß ihr in der Hingabe nichts Schmerzliches geschieht.

Ein liebevoll umsorgtes Kind fordert nach einem vergleichbaren Trauma seinen Eltern viel mehr ab und macht ihnen erheblich mehr Sorgen. Aber diese Zuwendungserlebnisse mildern die Spätfolgen der Traumatisierung.* Kinder sind verletzlicher, da weit stärker von Regressionen bedroht, abhängig von ihren Bezugspersonen und in ihren emotionalen wie intellektuellen Fähigkeiten noch nicht voll gereift. Andererseits sind Kinder auch belastbarer, weil sie viel weniger Probleme haben, Regressionen zuzulassen und die Verletzung so zu zeigen, daß sie Zuwendung erhalten. Von zentraler Bedeutung ist hier, ob das traumatisierte Kind die Möglichkeit hat, sein überlastetes psychisches System gewissermaßen an das System einer einfühlenden Bezugsperson anzuschließen. Wenn das geschehen kann, wird ein großer Teil der Belastungen neutralisiert.

---

* Solche Interaktionen verraten auch etwas über die allgemeine Problematik schneller Heilungen. KZ-Überlebende haben festgestellt, daß einfühlende, rücksichtsvolle und an Vertrauen zu ihren Mitmenschen gewöhnte Personen in dieser brutalen Welt schlechtere Überlebenschancen hatten als beispielsweise Kriminelle. Diese Tatsache legt über fast alle Überlebenden den Schatten einer Depression.

6. «Der Starke ist am mächtigsten allein»

Das Motto aus Schillers «Wilhelm Tell» drückt den Schritt zur bürgerlichen Individualität aus, in der die Fähigkeit, Traumen allein zu verarbeiten, zum Entwicklungsziel wird. Das Lebensgefühl der vor-individualistischen Zeit ist für uns nicht leicht zu rekonstruieren. Vermutlich waren die Möglichkeiten größer, sich selbst als Spielball des Geschicks zu akzeptieren. Wenn grausame Strafen und Ungerechtigkeit zum Alltag gehören, wird die Fähigkeit geübt, traumatische Erfahrungen zu ertragen, die einem modernen Geist unerträglich wären. Wir werden niemals mit Sicherheit nachweisen können, ob etwa ein Sklave der Antike, dem die Flucht aus den Blei- oder Silberbergwerken gelang, ähnliche Formen psychischer Traumatisierung aufwies wie ein Überlebender der Konzentrationslager. Wir wissen auch nicht, ob die Opfer der mittelalterlichen Gerichtsbarkeit, in der Folter eine öffentlich gebilligte Selbstverständlichkeit war, ebenso mit posttraumatischen Ängsten und Depressionen kämpfen mußten wie die Menschen aus modernen Gesellschaften, die von Terror-Systemen gefoltert wurden.

Zu vermuten ist aber, daß die modernen Opfer erheblich mehr leiden, weil für sie – anders als in Antike und Mittelalter – absolute Rechtlosigkeit und Folter nicht mehr «normal» sind. Sie lassen sich nicht mehr in eine gewöhnliche Biographie einordnen. Die Entrechteten von Auschwitz, die Folteropfer in den Gefängnissen der Diktaturen müssen sich selbstquälerisch mit der Frage beschäftigen, weshalb neben so vielen von Recht und Gesetz Beschützten sie selbst rechtlos sein sollen.

Solche Entwicklungen zeigen die Ambivalenz des sozialen Fortschritts. Kulturformen, in denen jede Frau, die sich zu weit aus dem Schutz ihrer Familie entfernte, damit rechnen mußte, vergewaltigt zu werden, erleben wir heute als brutal und rückständig. Wenn in unserer so wenig verläßlich zivilisierten Welt einer Frau Gewalt angetan wird, ist es für sie außerordentlich schwer, dieses Trauma ohne heftige Gefühle von Scham und Angst zu verarbeiten.

Die Asymmetrie in der Heilung körperlicher und seelischer Traumatisierungen erklärt sich zum guten Teil aus dieser historischen Situation. Für einen Menschen, dessen Identität auf den Mühen der Selbstverwirklichung beruht, ist es kaum zu ertragen, daß es derart viele unberechenbare, unvorhersehbare und unkontrollierbare äußere Gewalten gibt, die aller Versuche spotten, die Welt nach eigenen Vorstellungen zu ordnen.

Der große Fortschritt in der Entwicklung des Umgangs mit Traumatisierungen liegt darin, mit den Verletzten zu sprechen und ihnen zuzuhören, ohne den Versuch zu unternehmen, ihnen besserwisserische Erklärungen aufzupfropfen. Das war auch die Neuerung Freuds in den «Studien über Hysterie».

7. Die Vorbereitung auf das Trauma als traumatische Erfahrung

In Kriegsromanen taucht oft der Exerzierfeldwebel auf, der jene Rekruten vortreten läßt, die Klavier spielen können. Sie werden zum Latrinenreinigen kommandiert. Diese Übung enthält eine bewußte Vorwegnahme der Zentralisation: dem Zivilisten wird demonstriert, daß er kulturellen Ballast abwerfen muß, um in der soldatischen Welt zu bestehen. Tatsächlich ist die Latrine an der Front wichtiger als klassische Musik. In den analen Beschimpfungen, den oralen Fixierungen, den phallischen Demonstrationen des Militärs stecken regressive Elemente, die durch ein Skelett strikter disziplinarischer Forderungen zusammengehalten werden.

Der Soldat kann sich gehenlassen und muß doch in der Hierarchie funktionieren. Ihm sind gegenüber den Kameraden und noch mehr gegenüber der feindlichen Bevölkerung oder den feindlichen Soldaten Grenzüberschreitungen erlaubt, die im zivilen Leben als Beleidigung, Körperverletzung, Nötigung bestraft werden. Vergewaltigung gehörte in einigen Kriegen sogar zu den militärischen «Pflichten».

Der militärische «Schliff» ist immer wieder entweder als unsinnige Zeitverschwendung und sadistisches Ritual («Im Westen nichts Neues»), oder aber kritisch als Versuch gesehen worden, Widerstand gegen unsinnige, unmoralische, anerzogenen Hemmungen widersprechende Befehle abzubauen. Robert Graves sieht die Sache differenzierter, und ich finde es wesentlich, einem so rebellischen Geist ein Stück Autorität in dieser Frage einzuräumen.

«Wir [die Offiziere der Royal Welsh] waren uns alle einig über den Wert des Exerzierens als eine Stütze der Moral. ‹Gewehrexerzieren nach Vorschrift›, sagte jemand, ‹ist wundervoll, besonders wenn die Kompanie sich als ein einziges Wesen fühlt, jede Bewegung nicht die gleichzeitige Bewegung einzelner, sondern die Bewegung eines einzigen großen Geschöpfes ist.›»★

Graves spricht als Praktiker des Krieges; für den Psychotherapeuten, der sich mit den psychischen Zerstörungen durch die militärische Deformation der Persönlichkeit beschäftigt, nehmen sich die Zusammenhänge anders aus. Der amerikanische Psychiater und Psychoanalytiker Chaim F. Shatan hat in mehrjähriger Arbeit mit Vietnam-Heimkehrern herausgearbeitet, daß nicht nur das Kampferlebnis, sondern auch die Vorbereitung darauf Menschen einschneidend verändern. In dieser von der Friedensbewegung bestimmten Auffassung wird der Drill zu einem Versuch, Pseudomännlichkeit zu produzieren, indem seelische

★ Graves a. a. O., S. 224

Autonomie und Einfühlung systematisch zerstört werden.*

Die Grundausbildung krempelt die gesellschaftlichen Prozesse um, welche Werte vermitteln. Unvorbereitete Jugendliche treffen auf eine Situation, in der ihre bisherigen Vorstellungen von Anstand, zivilem Umgang, Höflichkeit und Rücksichtnahme aufgehoben werden. Der muskelbepackte Sergeant schreit sie an, beschimpft sie, hetzt sie Tag und Nacht herum, unterwirft sie sinnlosen Anforderungen.

So «verflüssigen» sich die wenig gefestigten Gewissensstrukturen der jungen Männer und verbinden sich zu einer «Kampfeinheit». Das ermöglicht die symbiotische Verschmelzung mit den Kameraden und das Abtreten der Überich-Leistungen an idealisierte Führer, die schon «Blut gerochen» haben. Die Kampfgrundausbildung ist mit siebzehn Stunden «Dienst» am Tag und einer Gesamtdauer von siebenundsiebzig Tagen eine veritable Gehirnwäsche, durch die der Kontakt mit der elterlichen Welt abgeschnitten, die Rekruten strikt von Frauen getrennt und auf eine künstliche Gruppenmännlichkeit hin stilisiert werden, in der die Unterschiede zwischen Waffe und Phallus von den Ausbildern nivelliert werden.

Mario Erdheim hat diesen Prozeß trotz der Be-

---

* Chaim Shatan: «Bogus Manhood, Bogus Honor: Surrender and Transfiguration in the US Marine Corps.» In: *Psychoanalytic Review*, Bd. 64; 585 f., 1977

teuerung der Ausbilder, die «weibischen» Rekruten zu «richtigen Männern» zu machen, als untergründige Feminisierung beschrieben. Die jungen Männer, denen bisher vorwiegend ihre Mütter die Toilette geputzt, das Zimmer aufgeräumt und die Wäsche gewaschen haben, müssen jetzt lernen, diese Frauenarbeiten mit höchster Genauigkeit auszuführen. Sie müssen sich ständig fragen, ob sie korrekt gekleidet sind, ob alles richtig sitzt, der Haarschnitt stimmt und so weiter. Erdheim spricht pointiert von einer Geschlechtsumwandlung.*

Der Drill Instructor zeigt feierlich auf seinen Revolver, dann auf seine Genitalien und sagt: «Meine Waffe ist dies / mein Gewehr ist das. Die ist zum Töten / und der macht Spaß.»** Durch die Identifikation mit dem Aggressor – dem Drill Instructor – verliert der Rekrut zwar seine zivile Identität, gewinnt aber als Lohn der Unterwerfung die Illusion der Allmacht, die dem Eintauchen in eine totale Institution entspringt. Er wird von normalen Über-ich-Zwängen entlastet, er darf grausam sein.

Shatan hat ein Ritual am Ende der Grundausbildung der Marines beschrieben, das diese Prägungen

---

* Mario Erdheim und Brigitta Hug: «Männerbünde aus ethnopsychoanalytischer Sicht». In: G. Vögeler, Karin von Welck, *Männerbande – Männerbünde. Zur Rolle des Mannes im Kulturvergleich.* Köln: Kiepenheuer & Witsch 1990
** Chaim Shatan: «Militarisierte Trauer und Rachezeremoniell», S. 220 f. in: Peter Pasett, Emilis Modena (Hg.): *Krieg und Frieden aus psychoanalytischer Sicht.* Frankfurt: Stroemfeld 1983

demonstriert: Die Rekruten dürfen sich ein Maskottchen – etwa ein Kaninchen – halten, das für ihre kindlichen und weiblichen Identifizierungsreste steht. Sie lieben es, versorgen es, spielen damit. Nun doziert der kampferprobte Sergeant Überlebenstaktik angesichts der Greuel des Krieges; wie unabsichtlich streichelt er dabei das Kaninchen. Plötzlich bricht er ihm das Genick, reißt ihm die Haut und den Bauch auf, wirft die Eingeweide seinen Rekruten ins Gesicht und befiehlt ihnen, den Kadaver zu braten und zu essen.*

Laut Shatan verwandelt sich die Persönlichkeit der Rekruten durch Ausbildung und Kampfeinsatz: Sie gehorcht nun nicht mehr einem zivilen, sondern einem militärischen Realitätsprinzip. Dieses funktioniert nicht individuell, sondern orientiert sich an der Kampfeinheit, die sich als ein Organismus versteht. Eigenschaften, die im Alltag gefährlich, paranoid oder unsinnig erscheinen, dienen in einer von dauernder Todesdrohung bestimmten Realität dem Überleben. Durch diese militärische Definition der Realität werden Ichgrenzen verwischt und zivile Selbstverständlichkeiten ausgelöscht. Ein Beispiel: Im Jahr 1997 erschoß sich Admiral Jeremy Boorda, der seit 1994 ranghöchste Offizier der amerikanischen Marine, unmittelbar vor einem Interview mit einem Reporter des Ma-

---

* Shatan, a. a. O., S. 228, erfuhr die «Rabbit-Story» von sieben Vietnam-Veteranen, die zu unterschiedlichen Zeiten und in verschiedenen Trainingslagern ausgebildet worden waren.

gazins *Newsweek*, der ihn danach fragen wollte, weshalb Boorda jahrelang zu den vielen Ordensbändern auf der linken Brustseite ein kleines «V» aus Messing getragen hatte. Boorda war 1965 für seinen Einsatz auf einem Schiff vor der Küste Vietnams ausgezeichnet worden; 1973 bekam er eine zweite Auszeichnung für den Dienst auf einer Fregatte, die ebenfalls in Südostasien operierte. In den US-Streitkräften gibt es solche Auszeichnungen für gute Führung zuhauf. Daher gelten sie weit weniger als Orden, die in wirklichen Kämpfen erworben werden; das ominöse «V» (für Valor = Tapferkeit) darf nur hinzugefügt werden, wenn der Orden wegen eines Einsatzes unter Lebensgefahr vergeben wurde. Niemand zweifelte daran, daß Boorda damals ein tüchtiger Offizier war und seine Spangen verdient hatte. Aber das «V» fügte er eigenmächtig hinzu; er hatte nie an Kämpfen teilgenommen, sondern nur in Kampfgebieten operiert.★

Der Suizid ist von makabrer Folgerichtigkeit. Ein ehrgeiziger Offizier, der erste, welcher es vom Matrosen bis zum Admiral gebracht hatte, täuschte eine «Bluttaufe» vor, die ihm in seiner ansonsten makellosen Karriere fehlte. Als bekannt wurde, daß er in dieser Kleinigkeit gelogen hatte, trat er den blutigen Kampf gegen alle an, von denen er sich verfolgt

---

★ Vgl. den Bericht von Kurt Kister, *Süddeutsche Zeitung*, Nr. 114 / 1996, S. 3

fühlte; Opfer wurde er selbst. Solche Zusammenbrüche einer lange Zeit tadellosen Fassade zeigen, wie dünn der technokratische Firnis über der Blutmythologie auch in modernen Armeen ist. Belagerungsmentalität und Projektion der Aggression nach außen führen zu einem dauernden Gefühl, bedroht zu sein.

Der heimgekehrte Soldat kann oft noch lange Zeit beide Realitäten nicht trennen. Manchmal nimmt er zivile und militärische Bezüge gleichzeitig wahr (vgl. den Bericht von Robert Graves auf Seite 55). Im Vietnamkrieg erlaubten nur paranoid geschärfte Wahrnehmung und eine Art verselbständigte Übererregbarkeit dem Soldaten, so schnell zu reagieren, wie es überlebensnotwendig war – sozusagen zuerst zu schießen und dann zu schauen. Viele Heimkehrer litten unter spontanen Erinnerungen von halluzinatorischer Deutlichkeit (Flashbacks). Was unter Lebensgefahr gelernt wurde, scheint stärker zu haften als andere Eindrücke. Die Streßforscher haben diese Erscheinungen mit einer fixierten Anpassung an die Alarmreaktionen der Kampfsituation und einer mit ihnen verquickten Übererregbarkeit verknüpft. Die Kämpfer geraten im Frieden unter extreme Spannungen, die sie im Krieg durch Kämpfen und Töten gelöst haben. Das Zivilleben hingegen verlangt von ihnen Selbstkontrolle, Aggressionsunterdrückung, Geduld.

Auch Shatan nennt fast phobische Abneigung gegen Nähe und Zärtlichkeit als zentrales Symptom der verselbständigten Kampf-Anpassung.* Der Kampf und die Einheit in einer verschworenen Gruppe werden erotisiert; der Soldat kann vom Krieg nicht mehr loskommen, tritt wieder in die Armee ein, von der er vorgab, sie wie die Pest zu hassen, oder meldet sich an irgendeiner Guerillafront als Söldner (das Magazin «Soldiers of Fortune», – «Glücksritter» – glorifiziert diese Haltung). In anderen Fällen wird die Rückkehr in das zivile Leben durch bizarre Anfälle unterbrochen – ein Vietnamheimkehrer verbrachte etwa die frühen Morgenstunden auf einem Felsen neben einer Autobahn und richtete ein Spezialgewehr für Scharfschützen auf vorbeifahrende Autos, nahm sie in das Fadenkreuz seines Zielfernrohrs, drückte aber nicht ab. Ein anderer erlebte auf dem verkehrsreichen Times Square in New York einen Panikanfall, weil er plötzlich nicht mehr wußte, ob diese Menschen alle seine Freunde oder Feinde waren.

Jeder Krieg ist in seinen Motiven und Schrecknissen einzigartig. Aber die industrielle Produktion des Todes verbietet Gefühle im Kampf ebenso wie am Fließband oder vor dem Bildschirm. Schmerz über den Verlust vertrauter Kameraden, kreatürliche Angst, Sehnsucht nach einem anderen Leben bleiben in ihrer Äußerung behindert. Die Vergangenheit wird nach der Heimkehr eingekapselt, der Gefühlsausdruck blockiert; während das körper-

---

* Shatan a. a. O., S. 230

liche und intellektuelle Funktionieren unbeeinträchtigt bleibt oder sich nach der Heilung von körperlichen Schäden durch Kampf und Gefangenschaft wiederherstellen läßt, quälen Verlusterlebnisse die Soldaten, auch wenn sie sich nichts sehnlicher gewünscht haben, als der Schlacht zu entrinnen. Sie haben die Institution der Truppe verloren, des symbiotisch verschmolzenen Haufens, der Mutter, Vater, Gewissensinstanz in einem ist. Noch schmerzlicher ist aber der tiefe Zweifel, ob das Durchlebte jemals wirklich vorbei ist, ob es jemals möglich sein wird, an das anzuknüpfen, was vor dem Krieg war, sich jemals wieder unbeschwert, jung, liebevoll, zärtlich, vertrauensvoll zu fühlen.

«Weder Kaserne noch Schlachtfeld haben den Veteranen darauf vorbereitet, Kinder zu haben und mit ihnen umzugehen – besonders mit kleinen aggressiven Jungen. Trotz alledem klammert sich der Exkämpfer an die blinde Überzeugung, daß das ‹heroische› John-Wayne-Image militärischen Pseudoruhms seine Männlichkeit aufrechterhalte. Noch kann er glauben, daß ein Harter-Kerl-Mythos und der ganze Kodex des Ahnenkultes lebensnotwendig seien. Dieser Konflikt zwischen essentieller Notwendigkeit zu trauern und der drohenden Gefahr, ‹schwach zu erscheinen›, führt zu blockiertem Schmerz.»*

---

* Shatan a. a. O., S. 232

8. Ein Familientreffen (Der Sohn des Fallschirmjägers)

Ein fünfunddreißigjähriger Mann, ältester Sohn von vier Kindern eines Vaters, der mit achtzehn Jahren eingezogen, als Fallschirmjäger ausgebildet und während eines Einsatzes schwer verwundet wurde, schildert in der Analyse ein Fest, zu dem die Familie versammelt war. Er freute sich zunächst, seine Eltern und Geschwister zu sehen, bemerkte aber bald, daß er sich völlig überflüssig fühlte. Sein Bruder hatte schon vor geraumer Zeit mit den Eltern gebrochen und war drogenabhängig geworden. Die Schwestern bestimmten die Situation, sie waren beide verheiratet und hatten Kinder.

Der Patient ging nun der Frage nach, weshalb die Söhne in der Familie keinen Platz hatten und keine Familie gründen konnten. Er kam auf das Schicksal des Vaters zu sprechen. Dieser sprach nicht über den Krieg, aber die Großmutter hatte erzählt, daß der Vater in Frankreich verwundet wurde. Er wurde bei einem Fallschirmabsprung verletzt und lag stundenlang in einem Waldstück, ehe es ihm gelang, durch Signale mit einer Trillerpfeife Hilfe herbeizuholen.

Der Vater konnte seither nicht mehr lachen und in kein Flugzeug mehr steigen. Welche Erlebnisse dahinterstanden, blieb dunkel. Der Sohn erlebte den Vater immer sehr beschäftigt und abweisend, wenn er ihm etwas erzählen, ihm ein selbstgemaltes Bild zeigen wollte. Als er sechzehn Jahre alt war, spitzte sich die Situation so zu, daß der Patient dachte, entweder müsse er sich umbringen oder den Vater. Er löste diese Situation, indem er sich zurückzog, aber die Erwartungen des Vaters erfüllte, indem er sein Studium erfolgreich abschloß.

Die Aggression der Umwelt zerstört den Reizschutz des Traumatisierten. Sie scheint vor allem durch zwei Mechanismen fortzuwirken: durch die Identifizierung mit dem Aggressor und durch eine Überbesetzung der materiellen Welt, der Ordnung der Dinge. Die erste führt zu der bereits beschriebenen Neigung zu sadistischen Reaktionen. Sie beschränkte sich in diesem Fall auf die mürrischen, «grantigen», entwertenden Reaktionen des Vaters, vor allem, wenn er tatsächlich oder in seiner Phantasie mit einem Problem konfrontiert war, das ihm naheging und das er nicht schnell in Ordnung bringen konnte. Einmal stellte der Sohn verblüfft fest, daß sein Vater, den er immer als reizbar und entwertend erlebt hatte, von Fernstehenden, die ihn nur in seiner beruflichen Rolle kannten, als freundlich und zugänglich beschrieben wurde. Solche Situationen belegen, wie militärische Strukturen sich sozusagen durch ihre eigenen Konsequenzen einerseits stabilisieren, andererseits – wie Geschichte und Tagespolitik lehren – eine zähe

Widerstandskraft gegen «zivile» Umgangsformen entwickeln.

Die Kompensation des Traumas durch Konkretismus ließ sich in vielen Situationen beobachten. Wenn sich der Vater zum Beispiel mit einem beschädigten Ding auseinandersetzen mußte, handelte er zielgerichtet und verlor seine mürrische Art, die sich sogleich wieder einstellte, wenn an diesen Dingen gewissermaßen ein Kontakt hing. «Ihr macht ohnehin alles wieder kaputt.» Der kaum dreißigjährigen Schwiegertochter sagte er, weil sie nicht, wie er es für «normal» hielt, gleich nach der Eheschließung schwanger wurde, sie sei wohl schon zu alt und deshalb unfruchtbar.

9. Das posttraumatische Syndrom

Seit der dritten Auflage des «Diagnostic and Statistical Manual of Mental Disorders (DSM III)» im Jahr 1980 ist das seelische Trauma unter der Bezeichnung PTSD (Posttraumatic Stress Disorder) in den Katalog psychischer Störungen aufgenommen worden; 1992 kam es auch in die zehnte Revision des von der Weltgesundheitsorganisation getragenen Handbuchs mit der International Statistical Classification of Diseases and Related Health Problems (ICD-10).

Die Kriterien umfassen 1. ein traumatisches Ereignis, in der Regel die Konfrontation mit Todesgefahr, dem Tod Nahestehender, Vergewaltigung, Verletzungen, Folter, Gefangenschaft. Dann muß die oder der Betroffene 2. unter zwanghaft auftretenden Erinnerungen an das Trauma leiden, 3. Angst- und Vermeidungsverhalten in bezug auf das Trauma zeigen und 4. abnorm erregbar sein.

Der am meisten umstrittene Punkt ist das erste Kriterium. Wie ist die Grenze zwischen traumatischen Ereignissen und den «normalen» Belastungen des Alltags – Verlust naher Angehöriger, Krankheit, Unfall, Scheidung, Liebeskummer – zu ziehen? Zum Trauma wird, was eine Person als extreme Bedrohung für ihr Ich erlebt. Alle Erlebnisse gewinnen diese Qualität erst, wenn sie kognitive und emotionale «Filter» durchdrungen haben, die kulturell sehr stark variieren. Verstümmelnde Praktiken, wie die Subinzision des Penis (australische Ureinwohner) oder die Amputation der Klitoris (weite Bereiche des traditionellen Nordafrika) wären für europäische Kinder und Jugendliche extrem traumatisierend, können aber in den betreffenden Kulturen integriert werden.

Nach Matthew Friedman und James Jaranson hat sich das PTSD-Konzept angesichts so unterschiedlicher Traumatisierungen wie Krieg, Vergewaltigung, Konzentrationslager des Holocaust, der Völkermord der Roten Khmer in Kambodscha und der

Atombomben auf Hiroschima und Nagasaki bewährt.*

Jahrzehnte-, ja das ganze spätere Leben lang wird das Opfer von traumatischen Bildern heimgesucht, welche die Fähigkeit bewahren, es in Panik zu versetzen. Sie treten als Alpträume, quälende Tagträume und wahnhafte Rückerinnerungen («flashbacks») auf, in denen die Realitätskontrolle zerbricht und Betroffene wie Geisteskranke wirken können. Diese Erinnerungen können unter Laborbedingungen dadurch ausgelöst werden, daß man die Traumaopfer Reizen aussetzt, die sie an die verletzende Situation erinnern.

Diese Auslösbarkeit traumatischer Zwangserinnerungen führt nun zu dem dritten Kriterium: einem Vermeidungs- oder Betäubungsverhalten, das gerade darauf ausgerichtet ist, die Wahrscheinlichkeit zu vermindern, daß ein Opfer Reizen ausgesetzt ist, welche seinem Trauma in irgendeiner Weise ähneln. Diese Abwehr kann sich bis zur Agoraphobie steigern: Die Betroffenen verlassen ihre Wohnung nicht mehr, weil sie fürchten, «draußen» ihren Erinnerungen an das Trauma zu begegnen.

---

* Friedman, Matthew, Jaranson, James: «The applicability of the posttraumatic stress disorder concept to refugees», in: Marsella, A. J., *Amidst Peril and Pain*. Washington 1994, S. 209. Wie oft haben die amerikanischen Autoren nur die amerikanische Literatur rezipiert; Paul Matussek et al. haben den von Friedman und Jaranson bestrittenen Zusammenhang zwischen der Traumatisierungsdauer und der Intensität der Nachwirkungen nachgewiesen.

Sie verhalten sich wie Autisten, die jeden Reiz, den sie noch nicht kennen, als große Bedrohung erleben. Robert Lifton, der diese Phänomene an Überlebenden von Hiroschima und später bei Vietnam-Frontheimkehrern beobachtet hat, spricht von psychischer Taubheit («psychic numbing»). Solche Reaktionen erschweren es den Personen, die an PTSD leiden, sich auf enge emotionale Beziehungen einzulassen: Wer liebt, wird zwangsläufig überrascht und neuen Reizen ausgesetzt.

Das vierte und letzte Merkmal des PTSD ist übermäßige Erregbarkeit. Dabei sind Schlaflosigkeit und Reizbarkeit Symptome aller Angstkrankheiten, während übermäßige Wachheit und eine Neigung zu Schreckreaktionen spezifischer auf das posttraumatische Syndrom hinweisen. Manche Opfer wirken regelrecht paranoid; sie fühlen sich von allem und jedem verfolgt. Diese gesteigerte Schreckreaktion und die Übererregbarkeit des Nervensystems sind auch körperlich faßbar; es gibt eine Reihe von Untersuchungen, in denen Veränderungen im vegetativen Nervensystem sowie in den Reflexen (beispielsweise im Lidreflex), Schlafstörungen und Hormonstörungen (vor allem im Bereich der Endorphine) nachgewiesen sind.*

Die Forschung über die subjektiven und interkulturellen Unterschiede in der Traumaverarbei-

---

* Woolf, M., Mosnaim, A.: *Post-Traumatic Stress Disorder. Biological Mechanism and Clinical Aspects*. Washington 1990

tung hat erst begonnen. Einigkeit besteht darüber, daß nicht alle Traumen ein PTSD zur Folge haben; ein dunkles Kapitel ist die aus einzelnen Beobachtungen rekonstruierbare Möglichkeit, daß es auch einen seelischen Zustand gibt, in dem traumatisierte Individuen so ausgebrannt sind, daß keine weitere Steigerung ihrer Verletzung möglich ist.

Die Identifizierung mit den traumatisierenden Einflüssen bei den Faschisten und Nationalsozialisten sind kein Stoff für klinische Forschung mehr. Sie belegt nur die Gestaltungsmöglichkeiten, welche Kultur und Individuum haben, und spiegeln sich in den «Rambo»-Verarbeitungen des Vietnamtraumas.

Auf einem Kongreß der amerikanischen Psychiatrie-Vereinigung hat R. Mollica von Überlebenden des Genozids der Roten Khmer an der «bürgerlichen» Bevölkerung Kambodschas berichtet. Sie unterscheiden sich nach seinen Forschungen deutlich von den Überlebenden des Genozids an den Juden in Deutschland. Die Kambodschaner berichteten kaum jemals von Schuldgefühlen, daß sie davongekommen waren, während so viele andere sterben mußten. Mollica verband diese Aussage mit dem buddhistischen Glauben. Ein anderer Gesichtspunkt, den Anthony J. Marsella vorgetragen hat, betrifft die unterschiedliche Traumatisierung von amerikanischen Indianern und Nichtindianern, die als Soldaten in Vietnam kämpften: Während es bei den Indianern die kulturelle Tradition gibt, die Erfahrung des Kriegertums zu integrieren, fehlt diese rituelle Möglichkeit in den Kulturen der Einwanderer.*

---

* Marsella, A. J. et al.: «A selective review of the literature on ethnocultural aspects of PTSD». In: *PTSD Research Quarterly*, 3, 1–7, 1992

5 Die Wiederkehr des Traumas

Es ist angreifbar, in einem Text, der sich mit den Folgen der Kriegstraumen deutscher Soldaten für ihre Familien beschäftigt, auch von den Traumatisierungen der KZ-Opfer zu sprechen. Ebenso schwierig erscheint es mir aber, das nicht zu tun. Hier aus Gründen der politischen Korrektheit Lücken zu lassen erschien mir weniger sinnvoll als die Reflexion aller zugänglichen Muster. Traumatisierte Kinder sind immer Opfer, gleichgültig, ob ihre Eltern Opfer waren oder Täter.

Die psychischen Folgen in der am besten untersuchten Gruppe von extrem Traumatisierten – den KZ-Überlebenden – ließen sich in drei Grundbefindlichkeiten gliedern.*

1. Resignation und Verzweiflung. Diese Menschen sind immer noch über ihr Leben verzweifelt, sie können die KZ-Zeit weder vergessen noch einen Sinn in ihr finden, sie empfinden ihr Leben als zerstört, sind gedrückter Stimmung und emotional

---

* Paul Matussek et al.: *Die Konzentrationslagerhaft und ihre Folgen.* Berlin: Springer 1971. Ich habe schon erwähnt, daß diese gründliche Arbeit in der neueren PTSD-Forschung zu wenig rezipiert wurde, und zitiere sie deshalb etwas ausführlicher.

kaum ansprechbar. Von 210 Untersuchten war diese Haltung bei 33 sehr stark und bei 45 stark ausgeprägt. Es waren häufig Häftlinge, die Vater und Mutter im Lager verloren hatten. Umgekehrt schildern diese Häftlinge häufiger als andere ihre Kindheit und Jugend als harmonisch, ihre Eltern als liebevoll. In gewisser Weise paßt dieser Zusammenhang zu der Beobachtung, daß Kinder mit guter Elternbeziehung durch eine Trennung stärker traumatisiert werden als vernachlässigte Kinder. Und er widerspricht einem gelegentlich als «tiefenpsychologisch» ausgegebenen, naiven Optimismus, wonach glückliche Kinder besonders widerstandsfähig gegen Traumatisierungen sind.

2. Apathie und Hemmung. «Für mich sind die Menschen tot. Ich habe die Erfahrung gemacht, daß von diesen Menschen nichts zu erwarten ist.» «Ich weiß nicht, warum, aber man will mich nicht. Ich halte mich zurück; es lohnt sich ja auch gar nicht; die denken alle nur an sich.» Solche Äußerungen charakterisieren den zweiten Störungstypus der Überlebenden. Von den 210 Untersuchten war dieses Syndrom bei 17 sehr stark, bei 38 stark ausgeprägt. Die Apathischen warten ab, das Leben zieht an ihnen vorbei. Mangelnde Aktivität, verbunden mit Mutlosigkeit und Klagsamkeit stehen einem beruflichen Erfolg und der sozialen Eingliederung im Weg.

3. Aggressiv-gereizte Verstimmung. Hier überwiegt eine verhaltene Wut, die sich vor allem als

Reizbarkeit nach außen, oder aber als Hypochondrie nach innen richtet. «Ich war im KZ, die anderen nicht. Davon gehe ich aus. Ich habe für die mitgelitten. Und jetzt will ich Wiedergutmachung, aber nicht bloß Geld.» Bei 30 der 210 Überlebenden war dieses Syndrom stark ausgeprägt, bei 26 sehr stark.

Es gibt in Matusseks Untersuchung KZ-Häftlinge, die ohne schwerwiegende seelische Störungen überlebt haben. Der wichtigste Faktor scheint eine einigermaßen erträgliche Arbeitsbelastung im Lager gewesen zu sein. Bezüglich Haftdauer oder Haftanlaß («rassische» oder «politische» Verfolgung) unterschieden sie sich dagegen nicht von den Untersuchten mit deutlichen Folgeschäden. «Gesunde» Überlebende berichten auch öfter, sie hätten das KZ durch eigene Aktivität überstanden, während die «kranken» glauben, nur durch Zufall oder aus Glück überlebt zu haben. Die «Gesunden» suchten auch nach der Entlassung aktiv nach einer neuen sozialen Integration, setzten sich beruflich und gegenüber den Behörden durch und scheinen gegenwärtig aufgeschlossener, erfolgreicher und sozial integriert.

Wie es hinter einer solchen Fassade aussehen kann, zeigt eine Fallgeschichte aus Matusseks Material. Der in Polen geborene Jude ist zum Zeitpunkt der Befragung sechsundvierzig Jahre alt. Er betreibt einen Frisiersalon in guter Lage, hat fünf Angestellte und lebt nach der Scheidung von seiner ersten Frau, die er gleich nach der Entlassung heiratete, mit einer zehn Jahre jüngeren Deutschen zusammen. Er hat fast jede Nacht KZ-Träume und wacht oft auf, empfindet sich als unruhig, unkonzentriert, angespannt. Obwohl er unausgeschlafen ist, arbeitet er ohne Ruhepause von morgens bis abends, geht um sieben Uhr ins Geschäft, putzt, räumt auf, repariert. Der Sonntag ist für ihn eine Qual; er will sich einen Garten kaufen, um auch dann etwas zu tun zu haben. Lesen, früher seine Lieblingsbeschäftigung, kann er nicht mehr, weil die dann eintretende Ruhe Angstzustände auslöst. Entspannt ist er nur beim Autofahren.

Die Menschen aus seiner Umgebung merken nichts von seinem Zustand. Er kommt mit allen gut aus, sogar ein ehemaliger SS-Mann wird in seinem Geschäft zuvorkommend bedient, er kann niemandem böse sein, er braucht Harmonie, er kann nicht einmal dann schimpfen, wenn eine der Angestellten zwei Stunden zu spät kommt. Trotzdem hat er keine wirklichen Freunde und fühlt sich auch von seiner zweiten Frau nicht verstanden. Es gibt aber keinen Streit, weil er immer nachgibt.

Vor einigen Jahren sprach ich mit einem Journalisten, der zusammen mit seiner Frau ein Kind aus Kambodscha adoptiert hatte, einen Jungen, der die Todeslager der Roten Khmer überlebt, aber alle Angehörigen verloren hatte. Die Adoptiveltern waren engagiert und aufmerksam, litten aber sehr darunter, daß sie so wenig emotionalen Kontakt zu ihrem Schützling aufbauen konnten. Er paßte sich an alle ihre Forderungen an, wirkte aber immer unruhig und wie geistesabwesend. Die einzige Gelegenheit, wo ihn die Eltern entspannt erlebten, war während des Sommers im Schrebergarten der Familie. Dort arbeitete er von früh bis spät und wollte immer neue Aufgaben. Der Junge sprach kaum, obwohl er offensichtlich verstand, was die Eltern sagten. Ohne die Unterstützung in einer Selbsthilfegruppe, bemerkte mein Gewährsmann, hätten er und seine Frau diese Jahre nicht durchgestanden.

Die Untergegangenen und die Geretteten

> «Ich glaube nicht an den so augenfälligen und einfachen Schluß, daß der Mensch von Natur aus so brutal, egoistisch und töricht sei, wie er sich zeigt, wenn ihm jeder zivilisatorische Überbau entzogen wird, und daß der Häftling demzufolge nichts anderes sei als der Mensch ohne Hemmungen. Ich glaube lediglich, man kann hier schlußfolgern, daß Entbehrung und größtes körperliches Leiden viele Gewohnheiten und viele soziale Regungen zum Verstummen bringen.*

* Primo Levi: *Ist das ein Mensch?* Erstausgabe unter dem Titel

Wer die Überlebensberichte von KZ-Häftlingen liest, schämt sich der Sprache wissenschaftlicher Untersuchungen. Wenn die Berichte so genau sind wie der des oben zitierten Primo Levi, gewinnt er auch den Eindruck, daß die literarische Erzählung Wesentliches zu sagen hat, das in der empirischen Untersuchung verschwindet. Das gilt vor allem für Levis zentrale Unterscheidung zwischen den Untergegangenen («sommersi») und den Geretteten («salvati»). Denn die Untergegangenen werden von keiner Untersuchung mehr erfaßt, aber ihr Schicksal, die stete Präsenz ihres Todes, hat auf die Überlebenden einen unauslöschlichen Eindruck gemacht.

Levi vermutet, daß die Untergegangenen ein menschlicher Urtypus sind, der unter normalen Lebensbedingungen nicht in Erscheinung tritt, weil dort kein Mensch ganz allein ist. Sein Aufstieg wie sein Fall sind mit dem Schicksal Dritter verknüpft. Unter den Bedingungen des KZ tritt aber diese Grundkategorie scharf hervor. Es gibt kein Gesetz, das den Tod des Elenden verhindert, keines, das einen Mächtigen einschränkt, auf Kosten von zahllosen anderen Leben selbst zu überleben. Der Überlebenskampf im Lager ist erbarmungslos; jeder ist allein. Wenn irgendein Anfänger strauchelt, findet er niemanden, der ihm aufhilft. Im Gegenteil,

Se questo un uomo?, 1958; hier zitiert in der Übersetzung von Heinz Riedt nach der Hanser-Ausgabe, München 1988, S. 94

sein Tod wird beschleunigt, weil niemand daran interessiert ist, daß sich ein «Muselmann» mehr jeden Tag zur Arbeit schleppt.*

Gelingt es hingegen jemandem, durch höchsten Einsatz von Energie und Durchtriebenheit einige Gramm Brot mehr am Tag zu bekommen und sich vor den schlimmsten Arbeitseinsätzen zu drücken, dann wird er seine Mittel niemandem verraten, aber er wird, weil er sie hat, geachtet sein und stärker werden, man wird ihn fürchten, und er wird daher bessere Überlebenschancen bekommen. Diese Prozesse laufen in extremer Grausamkeit nach dem Jesuswort ab: «Wer hat, dem wird gegeben; wer aber nicht hat, dem wird auch genommen, was er hat» (Matth. 13,12; 25,29; Markus 4,25; Lukas 8,18; 19,26).

Mit den starken, gerissenen Häftlingen unterhalten sogar die berüchtigten Kapos kameradschaftliche Beziehungen, weil sie annehmen, daß diese ihnen irgendwann nützen können. An die Muselmänner hingegen verschwendet niemand ein Wort: es lohnt sich nicht, man erfährt nichts von ihnen, was weiterhilft, sie werden nur klagen und erzählen,

---

* Muselmann wurden von den Lagerveteranen die schwachen, überlebensuntüchtigen, gleichgültigen Häftlinge genannt, die nichts mehr dagegen unternahmen, bei den Selektionen aussortiert zu werden. Der Ausdruck leitet sich wohl von dem Fatalismus her, der von seiten der Christen den Muselmännern unterstellt wird. «Muslim» ist im Arabischen ein Anhänger des Islams; der persische Ausdruck «musalman» wurde über türkisch «müslüman» und italienisch «musulmano» eingedeutscht. Vgl. Levi a. a. O., S. 95

was sie zu Hause gegessen haben, sie arbeiten in keinem vorteilhaften Kommando, können nichts organisieren, und man weiß, sie sind nur vorübergehend hier, in einigen Wochen ist nichts von ihnen übrig als Rauch und Asche.

Levi faßt zusammen: «1944 lebten in Auschwitz von den alten jüdischen Häftlingen ... von den ‹kleinen Nummern› unter Hundertfünfzigtausend nur noch ein paar hundert; keiner von diesen war ein gewöhnlicher Häftling in einem gewöhnlichen Kommando und mit gewöhnlicher Ration. Es blieben nur die Ärzte übrig, die Schneider, Flickschuster, Musiker und Köche, attraktive junge Homosexuelle und Freunde oder Landsleute irgendwelcher Lagerautoritäten; darüber hinaus besonders rücksichtslose, kräftige und unmenschliche Individuen, die sich (vom SS-Kommando dazu ausersehen, das in dieser Wahl eine satanische Menschenkenntnis an den Tag legte) als Kapos, Blockälteste und noch in anderen Ämtern behaupteten; und endlich diejenigen, die zwar keine besonderen Ämter bekleideten, aber vermöge ihrer Durchtriebenheit und Tatkraft stets imstande waren, mit Erfolg zu organisieren ... Wer es nicht fertigbringt, Organisator, Kombinator, Prominenter zu werden ... der endet bald als Muselmann. Einen dritten Weg gibt es im Leben, und da ist er sogar die Regel; aber im Konzentrationslager gibt es ihn nicht.»*

---

* Levi a. a. O., S. 96

Unterliegen ist am leichtesten ...

«Unterliegen ist am leichtesten; dazu braucht man nur alles auszuführen, was befohlen wird, nichts zu essen als die Ration und die Arbeits- und Lagerdisziplin zu befolgen. Die Erfahrung hat gezeigt, daß man solcherart nur in Ausnahmefällen länger als drei Monate durchhalten kann.»*

Primo Levis Text ist ein Denkmal für die geschichtslosen Toten, die dem Druck nicht widerstehen konnten und daher in keiner Untersuchung über die Spätfolgen der KZ-Haft auftreten. Es ist eine Geschichte über jüdische Opfer, denn es ist sehr problematisch (wie es Matussek et al. getan haben), jüdische und deutsche «politische» oder «kriminelle» Häftlinge zu vergleichen, da fast alle deutschen Häftlinge ein Amt hatten, während die Juden nur durch verbissenen Einsatz in die Lagerprominenz aufsteigen konnten. Es ist eine Geschichte jener, die nicht das Glück hatten, einen besonderen Posten zu bekommen (wie Levi, der überlebte, weil er Chemiker war und in den Buna-Werken gebraucht wurde), die durch Untüchtigkeit, Unglück, irgendeinen banalen und im Alltag außerhalb des

---
* Levi a. a. O., S. 96

Lagers harmlosen Umstand zu Fall kamen, ehe sie sich anpassen konnten.

Die Untergegangenen fangen erst an, sich in dem höllischen Chaos von Geboten und überlebenswichtigen Regelverstößen zurechtzufinden, wenn ihre körperlichen Kräfte schon geschwunden sind. Sie sind bei weitem die Mehrzahl, sie, die Muselmänner, sind als anonyme, verschwindende und stets erneuerte Masse der fluktuierende Kern des Lagers. «Man zögert, sie als Lebende zu bezeichnen; man zögert, ihren Tod, vor dem sie keine Ängste haben, als Tod zu bezeichnen, weil sie zu müde sind, ihn zu begreifen», sagt Levi. «Sie bevölkern meine Erinnerung mit ihrer Gegenwart ohne Antlitz; und könnte ich in einem einzigen Bild das ganze Leid unserer Zeit einschließen, würde ich dieses nehmen, das mir vertraut ist: ein verhärmter Mann mit gebeugter Stirn und gekrümmten Schultern, von dessen Gesicht und Augen man nicht die Spur eines Gedankens zu lesen vermag.»*

Ebenso ergänzt Levi die empirische Aussage, daß die Schwere der Arbeitsbedingungen und die Zeit, in der sie einwirkten, das Ausmaß der traumati-

---

* Levi a. a. O., S 97. Wenig später beschreibt Levi eine Form der Zentralisation, welche vor der Auflösung der Widerstandskraft im Muselmann-Zustand schützt: «Man muß jede Würde in sich zerstören und jede Gewissensregung abtöten, muß als Rohling gegen die Rohlinge zu Felde ziehen und sich von den ungeahnten unterirdischen Kräften leiten lassen, die den Geschlechtern und den einzelnen in grausamer Zeit Beistand gewähren.» Levi a. a. O., S. 99

schen Schäden bestimmen. Es scheint ein anderer Konflikt wesentlicher zu sein: die Wahl zwischen Tod und moralischem Niedergang, zwischen dem Unterliegen und der Anpassung an ein System der Roheit, in dem eben gnadenlos der Vorteil über die weniger geschickten, über die gesucht werden muß, die nichts organisieren, die keine Prominenz erringen können. Angesichts dieser Situation versagen die von den Sozialforschern unbekümmert angewendeten moralischen oder Anpassungs-Kategorien, wonach – wie natürlich zu erwarten – der die besseren Überlebenschancen hat, der sich aktiv an das Lagerleben anpaßt, als der, welcher sich zurückzieht.

Der Winter 1944 / 45 kommt. «Wir wissen, was das heißt, denn wir waren den vorigen Winter hier, und die anderen werden es bald erfahren. Es heißt, daß während dieser Monate, zwischen Oktober und April, aus unseren Reihen sieben von zehn sterben werden. Wer nicht stirbt, muß Minute um Minute leiden, jeden Tag, alle Tage: vom frühesten Morgen an, noch ehe es graut, bis zur Suppenausgabe am Abend muß er beständig die Muskeln anspannen, von einem Fuß auf den anderen hüpfen, sich die Arme an die Achseln schlagen, um der Kälte standzuhalten.»

Das infernalische System des Lagers ist so aufgebaut, daß es von allem so wenig gibt, daß der einzelne entweder sich fügen und in wenigen Monaten sterben oder aber Techniken entwickeln muß, anderen etwas wegzunehmen – durch Diebstahl, durch Raub, durch Tausch. Der Gerettete wird irgendeine Fertigkeit entwickeln, um beispielsweise im Winter nicht jeden Tag in zu dünnen Kleidern schwer arbeiten zu müssen. Er wird Stofflappen organisieren, die er gegen eine Brotration tauscht, er wird aus Elektrolitze Gürtel oder Hosenträger flechten. Alle diese Dinge sind verboten und werden doch geduldet. In diesem Chaos der Werte gilt schließlich nur das nackte Überleben. Levi beschreibt den friedlichen, geschickten Handwerker Schepschel, der zu Hause fünf Kinder und einen Sattlerbetrieb hatte. Er hat vier Jahre Auschwitz überlebt, ohne prominent oder sonderlich kräftig zu sein, weil er handwerklich geschickt ist, gelegentlich ein wenig stiehlt und Hosenträger produzieren kann. «Demnach könnte man sich Schepschel ... als einfältigen Kerl vorstellen, in dessen Geist nur noch ein armseliger und triebhafter Lebenswille Raum hat und der tapfer seinen kleinen Kampf besteht, um nicht zu unterliegen. Aber Schepschel bildete keine Ausnahme, und als die Gelegenheit kam, zögerte er nicht, Moischl, seinen Kumpanen, bei einem Küchendiebstahl der Auspeitschung auszuliefern; dies nur in der schäbigen Hoffnung, sich beim Blockältesten Verdienste zu erwerben und seine Kandidatur auf den Posten eines Kesselwäschers anzumelden.»

Wie sehr die Zeit im KZ ein Leben prägen kann, zeigt ein Interview mit Jorge Semprún, der 1923 in

Madrid geboren wurde und 1943 als Mitglied der Résistance verhaftet wurde. Er kam nach Buchenwald und überlebte. Von 1945 bis 1964 war er einer der Führer der illegalen KP in Spanien; 1988 bis 1991 Kultusminister. Er erhielt 1994 den Friedenspreis des Deutschen Buchhandels. In einem Interview sagte Semprún: «Ich bin gelöster, entspannter, seit ich begriffen habe, daß Buchenwald das zentrale Ereignis meines Lebens ist. Manchmal sage ich – halb im Spaß: Ich bin nicht wirklich Franzose. Ich bin auch nicht wirklich Schriftsteller, denn wenn mich ein Freund anruft, opfere ich vielleicht die zehn genialsten Seiten meines Schreibens, um mit ihm einen Kaffee zu trinken. Ich bin nur eines wirklich im Leben: ein ehemaliger Deportierter, ein Überlebender aus Buchenwald.»

In diesem Interview vergleicht Semprún sein Schicksal mit dem Primo Levis. Levi wollte unmittelbar nach dem Konzentrationslager seine Empfindungen aufschreiben, um das Erlebte zu bewältigen. Sein Buch hatte keinen Erfolg. Deshalb entschloß sich Levi, nicht mehr zu schreiben, und arbeitete fünfzehn Jahre als Chemiker. Erst dann wurde sein Buch in einer Neuauflage ein großer Erfolg; jetzt begann Levi auch, wieder zu schreiben.

Semprún versuchte ebenfalls, gleich nach der Rückkehr über seine Erfahrungen in Buchenwald zu schreiben. Er hatte während seines Überlebenskampfes als Neunzehnjähriger im Lager nie an Selbstmord gedacht, er wollte schon als Kind

Schriftsteller werden – und jetzt, da er über seine Erlebnisse schreiben wollte, bemerkte er, wie er sich von Tag zu Tag weiter vom Leben entfernte und dem Tod näher kam. Deshalb hörte er zu schreiben auf und widmete sich seiner politischen Arbeit.

Er verdrängte Buchenwald völlig, redete über die Lager, als sei er nie in einem gewesen, keiner seiner Freunde wußte von seinem KZ-Aufenthalt. Bis heute, gesteht Semprún in dem Interview, sei der April für ihn ein sehr schwieriger Monat. Damals wurde Buchenwald befreit. Primo Levi hat sich 1987, am Jahrestag der Befreiung von Buchenwald, umgebracht. «Nur als ich Minister war», sagt Semprún, «hatte ich im April keine Probleme. Nicht daß die Politik die Wunden des Erinnerns heilen würde, aber sie zerstreut. Man hat immer einen Termin und kann gar nicht daran denken, was war.»

Im Vorwort zur letzten, von ihm selbst bearbeiteten Ausgabe seines Auschwitz-Berichts beschäftigt sich Primo Levi mit der Ungerechtigkeit, die darin liegt, daß die Opfer – ebenso wie die Täter – von traumatischen Erinnerungen gequält werden, die sie nicht abschütteln können. Das meiste, was wir wissen, spricht dafür, daß die Täter viel weniger Mühe haben, mit dem Geschehenen fertig zu werden, als die Opfer, daß es ihnen viel leichter gelingt, Ausflüchte und Entschuldigungen zu finden, daß sie Appetit haben und gut schlafen und ihre Selbstmordrate gering ist. Es ist ein Wunsch nach innerer

Gerechtigkeit, daß sie in derselben Falle sitzen sollten wie die Opfer und von ähnlichen Erinnen verfolgt werden müßten.*

Die Rachegeister konzentrieren sich hartnäckiger auf jene, welche die Gerechtigkeit auf ihrer Seite haben, aber ohnmächtig leiden mußten. Wer ungerecht war, aber handeln, Macht ausüben, morden konnte oder morden ließ, der leidet weniger nachhaltig, vergißt seine Untaten, findet Ausreden, bereitet sich schon während seiner Greuel darauf vor, sie ungeschehen zu machen. In den Briefen, die beispielsweise brutale NS-Verbrecher an ihre Lieben zu Hause richten, schildern sie schon eine Idylle, die später ihre grausame Pflicht überwuchern wird, die sie doch nur auf Befehl geleistet haben: Sie erzählen von Spaziergängen, von gemütlichen Kasinoabenden, vom Besuch alter Kameraden, und ihre Frauen berichten ihnen vom Einkochen und den Kindergeburtstagen.**

Es ist ergreifend, wie Levi wenige Jahre vor sei-

---

* «Beide sitzen in derselben Falle, aber es ist der Unterdrücker und nur er, der sie aufgestellt hat und zuschnappen läßt», sagt Levi a.a.O., S. 6
** Vgl.: Rudolf Höß: *Kommandant in Auschwitz. Autobiographische Aufzeichnungen.* München: dtv 1963. Detlev Peukert / Jürgen Reulecke (Hg.): *Die Reihen festgeschlossen. Beiträge zur Geschichte des Alltags unterm Nationalsozialismus.* Wuppertal: Hamme 1981, sowie Peter Reichel: *Der schöne Schein des Dritten Reiches. Faszination und Gewalt des Faschismus.* München: Hanser 1991. Die Möglichkeit, sich aus Belastungen in eine «heile Welt» zurückzuziehen, schützt offensichtlich vor der Zentralisation und führt dazu, daß die Täter bessere psychohygienische Aussichten haben als die Opfer.

nem Selbstmord den österreichischen Philosophen Jean Améry zitiert, der sich 1978 tötete, weil er weder die Deportation nach Auschwitz noch die ihr vorangehende Folter durch die Gestapo in Belgien vergessen konnte: «Wer gefoltert wurde, bleibt gefoltert ... Wer der Folter erlag, kann nicht mehr heimisch werden in der Welt. Die Schmach der Vernichtung läßt sich nicht austilgen. Das zum Teil schon mit dem ersten Schlag, in vollem Umfang aber schließlich in der Tortur eingestürzte Weltvertrauen wird nicht wiedergewonnen.»*

Eine ähnlich nicht wiedergutzumachende Erfahrung war für Levi die Selektion. Im Oktober 1944 waren alle Baracken überbelegt. Die Gerüchte verdichten sich, daß eine Selektion stattfindet. Dann läutet die Glocke, die sonst immer zur Schinderei der Arbeitskommandos weckt, tagsüber: Blocksperre, niemand darf ins Freie. «Jeder, der aus dem Tagesraum nackt in die Oktoberkälte tritt, muß die wenigen Schritte zwischen den Türen laufend ... zurücklegen, muß dem SS-Mann den Zettel überreichen und dann durch die Tür des Schlafraums wieder in die Baracke gehen. In dem Sekundenbruchteil zwischen zwei aufeinanderfolgenden Vorbeiläufen entscheidet der SS-Mann mit einem Blick von vorn und hinten über das Geschick eines jeden, reicht seinerseits den Zettel dem zu seiner Rechten oder dem zu seiner Linken, und das heißt für jeden

---

* zit. n. Levi, a.a.O., S. 6

von uns Leben oder Tod.★ Binnen drei, vier Minuten ist eine Baracke mit zweihundert Mann ‹gemacht› und im Verlauf des Nachmittags das ganze Lager mit zwölftausend Menschen.»★★

Irrtümer kommen nicht vor; das ganze System ist darauf aufgebaut, daß es weder absurd noch logisch ist: Zwar sind die ältesten, abgestumpftesten Häftlinge bevorzugte Kandidaten der Selektion, aber es trifft auch junge und kräftige; Levi überlegt nachher, ob er nicht gerettet wurde, weil der SS-Mann den Zettel mit seinem Namen nach rechts – der Seite der Überlebenden – gab, weil er vorher den

---

★ Für Wolfgang Sofsky sind Deutungen, die sich mit den bewußten oder unbewußten Intentionen des KZ-Personals beschäftigen, unreflektierter Zynismus. «[…] man verkürzt das analytische Interesse auf autoritäre Dispositionen und Vorurteile der Täter, eine empörend verharmlosende Sichtweise, die über die Prozesse der Gewalt und des organisierten Terrors keinerlei Aufschluß gibt. So meidet man die unangenehme Einsicht, daß menschliche Grausamkeit ganz ohne Mobilisierung obskurer Ressentiments möglich ist» (S. 23). Er kritisiert letztlich alle psychologischen und soziologischen Versuche, das KZ-System «verstehbar» zu machen. Solche Begriffssysteme unterstellen immer eine Ordnung und Sinnhaftigkeit des sozialen Geschehens, die angesichts von Terror und Völkermord unbrauchbar erscheinen. «Es hat […] den Anschein, als seien die Begriffe, mit denen man Gesellschaft zu analysieren sucht, die Begriffe des sozialen Handelns und der Wechselseitigkeit, der Arbeit und der Macht obsolet» (S. 20). In den Konzentrationslagern sieht Sofsky «ein Machtsystem eigener Art» (S. 22), das er durch den Begriff «absolute Macht» kennzeichnet. Absolute Macht löst die Verknüpfung von Ursache und Wirkung, von zeitlicher und räumlicher Verfügung auf, «sie entledigt sich ihrer Instrumentalität und wird dadurch zu einer Machtform eigener Art» (S. 29). Wolfgang Sofsky: *Die Ordnung des Terrors: Das Konzentrationslager.* Frankfurt / M.: S. Fischer 1993
★★ Levi, a.a.O., S. 133

Zettel eines kräftigeren Häftlings nach links gegeben hatte.

«Nun schabt jeder sorgfältig mit dem Löffel den Boden seines Eßnapfs nach dem letzten Restchen Suppe aus, und daraus entsteht ein lautes metallisches Geräusch; es besagt, daß der Tag zu Ende geht. Nach und nach wird es still, und da sehe ich und höre ich von meinem Bett im dritten Stock, wie der alte Kuhn laut betet, die Mütze auf dem Kopf, den Oberkörper heftig hin und her wiegend. Kuhn dankt Gott, daß er nicht ausgesondert wurde.

Kuhn ist wahnsinnig. Sieht er denn nicht im Bett nebenan Beppo, den zwanzigjährigen Griechen, der übermorgen ins Gas geht und es weiß und ausgestreckt daliegt und in die Glühbirne starrt und kein Wort sagt und keinen Gedanken mehr hat? Weiß Kuhn denn nicht, daß das nächste Mal sein Mal sein wird? Begreift Kuhn denn nicht, daß heute ein Greuel geschah, das kein Sühnegebet, keine Vergebung, kein Büßen der Schuldigen, nichts Menschenmögliches also, jemals wiedergutmachen können?

Wäre ich Gott, ich spuckte Kuhns Gebet zu Boden.»[*]

Wie kann es gelingen, das über alle historisch geschulte Erwartung gehende Neue der Vernichtungslager mit den tradierten Begriffen zu fassen? Der Versuch scheitert, aber in seinem Scheitern ist

---

[*] Levi a.a.O., S. 135

er ebenso aussagekräftig wie Adornos Verdikt gegen lyrische Gedichte in einer Epoche nach Auschwitz. An einer anderen Stelle sagt es Levi noch klarer:

«Ebenso wie unser Hunger nicht mit der Empfindung dessen zu vergleichen ist, der eine Mahlzeit ausgelassen hat, verlangt auch unsere Art zu frieren nach einem eigenen Namen. Wir sagen ‹Hunger›, wir sagen ‹Müdigkeit›, ‹Angst› und ‹Schmerz›, wir sagen ‹Winter›, und das sind andere Dinge. Denn es sind freie Worte, geschaffen und benutzt von freien Menschen, die Freud und Leid in ihrem Zuhause erlebten. Hätten die Lager bestanden, wäre eine neue, harte Sprache geboren worden; man braucht sie einfach, um erklären zu können, was das ist, sich den ganzen Tag abzuschinden in Wind und Frost, nur mit Hemd, Unterhose, leinener Jacke und Hose am Leib, und in sich Schwäche und Hunger und das Bewußtsein des nahenden Endes.»★

Es gibt unzählige Wege, mit traumatischen Erfahrungen fertig zu werden, aber alle setzen sich aus zwei Grundbestandteilen zusammen: Erinnern oder Vergessen. Das Schreiben ist eine Art erzwungener und fixierter Erinnerung; die Verdrängung hängt mit forciertem Vergessen zusammen. Je massiver die traumatische Störung, desto auffälliger sind auch Extreme dieser Umgangsformen. Das Trauma ist ein Lebensthema, es kann niemals ganz von ihm abgesehen werden; das Trauma ist niemals gesche-

★ Levi a. a. O., S. 129

hen, wird nie erwähnt, das Erlittene ist einer fremden Person zugestoßen.

In Semprúns Bericht wird deutlich, daß beide Umgangsformen sogar in einer Biographie nacheinander auftreten können: die völlige Verdrängung, durch die während vieler Jahre die Erlebnisse in Buchenwald behandelt werden, als seien sie gar nicht ihm selbst zugestoßen, und dann die erneute Begegnung mit ihnen, die zu einer neuen Persönlichkeitsorganisation führt, in der das Trauma eine zentrale Position in der Bestimmung der eigenen Identität gewinnt.

Die Schicksale von Jean Améry und Primo Levi weisen darauf hin, wie traumatische Erfahrungen so viel Macht entfalten können, daß ein ständiges Ringen um ihre Verarbeitung und Einordnung notwendig ist, in dem das Ich schließlich – je nach unserem Blickpunkt – unterliegt oder sich in einer radikalen Geste rettet. Der erste Eindruck, wenn sich derart hochbegabte Menschen töten, nachdem sie fünfunddreißig oder zweiundvierzig Jahre mit ihren Erinnerungen gerungen haben, ist der von Sinnlosigkeit. Man sucht nach Erklärungen, nach Zeichen für eine endogene Depression. Aber was hat sie befähigt, so lange am Leben zu bleiben und sich immer wieder gegen die Macht des Traumas zu behaupten?

Die Traumatisierung im KZ hängt mit physischer Strapaze und einer schrittweisen Entwicklung von Hoffnungslosigkeit zusammen, die durch extreme

Verluste jedes Glaubens an verläßliche menschliche Umgangsformen, an die Möglichkeit von Vertrauen und Liebe gekennzeichnet ist. An die Ich-Leistungen, den Lebenswillen aufrechtzuerhalten, stellt dieser Prozeß immer größere Anforderungen.

Ein zentraler Unterschied zwischen Front und Gefangenschaft liegt darin, daß der Frontkämpfer Möglichkeiten hat, durch eigenes Handeln sein Schicksal nicht nur zu verändern, sondern – wenn er sein Handeln überlebt – sich aufzuwerten, das heißt sein Selbstgefühl zu verbessern. Der Gefangene in den Vernichtungslagern (die es in vielen Staaten gab und gibt, die aber nirgends so gnadenlos waren wie in den von Nazi-Deutschland besetzten Gebieten) hat nicht nur viel schlechtere Überlebenschancen. Seine Handlungsmöglichkeiten sind extrem eingeschränkt. Er ist heftigeren narzißtischen Beschädigungen ausgesetzt, denn sein «erfolgreiches» Handeln vertieft sein Schuldgefühl, weil es ihm auf Kosten anderer, die nicht so kräftig, so geschickt, so glücklich sind, ein längeres Überleben erlaubt. Er wird also in jedem Fall seines bisherigen Selbstgefühls beraubt.

Wie wesentlich die narzißtische Aufwertung im Kampf ist, läßt sich aus den Texten von Ernst Jünger herauslesen, der 1995 seinen hundertsten Geburtstag feierte und 1998 gestorben ist. In seiner Idealisierung des Kämpfers macht Jünger jeden Soldaten zum Helden; in seiner illusionslosen Sicht auf das deutsche KZ erkennt Levi in jedem Häftling den

Muselmann. Wer wie Jünger sehr oft verwundet wird, erlebt ein selbstinszeniertes Drama von Angst, Aktion, Schmerz, Gesundung und Ruhm, kein aufgezwungenes Dahinschwinden in Hunger, Kälte, Krankheit, übermenschlicher Anstrengung und sinnlosem Sterben überall.

In jedem Menschenleben spielt die Begegnung mit dem Tod, mit der Grenze der eigenen Kraft, der eigenen Gesundheit eine wichtige Rolle. Chronische Krankheit und Behinderung stellen vor Differenzierungsaufgaben: Welche Funktionen sind verloren, welche sind erhalten? Der Behinderte neigt zunächst dazu, zu verzweifeln, wie es der Gesunde in dem Versuch tut, sich in den Rollstuhlfahrer einzufühlen. Der naiv verdrängende Laie kann sich nicht vorstellen, daß Schwerbehinderte lachen und sich verlieben; sie müßten doch immer betroffen sein, immer leiden.

Auch im normalen Alterungsprozeß sind ähnliche Differenzierungen notwendig. Wer altert, kann nicht mehr soviel leisten wie früher; er ist deshalb aber nicht invalide. Wenn er diese Veränderungen nicht wahrhaben will, wird er zum Risikofall, beispielsweise für eine Sportverletzung (weil er sich nicht auf die nachlassende motorische Geschicklichkeit einstellt, sondern ihr zum Trotz sogar mehr von sich verlangt). Es gibt ähnliche Risiken der Verleugnung des Alters auf psychologischem Gebiet.

Im Alter fühlen wir uns alle mehr oder weniger in einer sehr abgemilderten, von Ruhepausen unterbrochenen Kriegssituation. Um uns herum schlagen Granaten ein, finden Schüsse ein Ziel. Hier trifft einen früheren Klassenkameraden der Tod, dort erkrankt eine Verwandte an Krebs, ein Elternteil stirbt – wir leben noch, wir sind noch gesund, aber wie lange noch?

Die ständige Begegnung mit dem Tod und die extreme Steigerung der natürlichen Bedrohung durch Zwangsarbeit, Folter, Prügel, Kälte und Hunger scheinen die normalen Reserven aufzubrauchen, die während friedlicher Zeiten mobilisiert werden, um den Alterungsprozeß ohne starke Depressionen mit ernsthafter Suizidalität zu verarbeiten. Améry und Levi folgten an der Schwelle des Alters den Untergegangenen, an deren Schicksal sie als junge Männer teilnehmen mußten.

Die Aufgabe, mit dem Nachlassen ihrer körperlichen und geistigen Widerstandskraft fertig zu werden, überfordert die Traumatisierten. Ihr Weltbezug ist nicht mehr so vertrauensvoll, daß sie auf die erneute Gefahr einer Gefangenschaft, die das Eingeschlossensein in einem unfähig gewordenen Körper bedeutet, mit einer Fortführung ihrer längst überforderten Leidensbereitschaft reagieren können.* Seit meine Aufmerksamkeit für die Traumatisierung geschärft ist, habe ich diese Beschleunigung des normalen Alterungsprozesses, seine ver-

---

* Auch Bruno Bettelheim, ebenfalls ein KZ-Überlebender und großer Schriftsteller, hat an der Schwelle der Pflegebedürftigkeit den Freitod gewählt.

stärkte Färbung ins Depressive und Suizidale bei vielen Menschen beobachtet, die direkt oder mittelbar Opfer von Krieg, Gefangenschaft und Vertreibung waren.

Daß traumatische Erlebnisse vergessen werden und ein Überlebender versucht, so zu tun, als ob nichts gewesen wäre, ist einfühlbar. Befremdlich wirkt es, wenn das Ich die verletzenden Erlebnisse nicht loslassen kann, wenn sich Gedanken an Hunger, Kälte, an die ausgezehrten Gesichter der toten Kameraden zwischen den Überlebenden und die endlich wieder reichgedeckte Tafel schieben.

Kann es sein, daß der Traumatisierte das Trauma imaginiert, um vielleicht doch noch einen Ausweg, ein tieferes Verständnis, eine Bewältigungsmöglichkeit zu finden, die ihm während der Belastungssituation entgangen ist, wie der Detektiv ein Video, auf dem er Indizien vermutet, immer wieder ablaufen läßt? Es handelt sich hier nicht um die Äußerung eines Todestriebes*, sondern um an sich zweckmäßige Reaktionen, die ähnlich dem Immunsystem bei einer allergischen Erkrankung mehr schaden als nützen.

Diese Erlebnisverarbeitung ist sinnvoll, solange es sich um traumatische Ereignisse handelt, vor denen sich das Individuum durch bessere Vorbereitung im nächsten Fall schützen kann. Der Massai-Jäger, des-

---

* Wie es Freud vermutet, in *Jenseits des Lustprinzips*, Ges. W. XII

sen Bruder auf der Jagd von einem verwundeten Löwen gebissen und tödlich verletzt wurde, tut gut daran, sich die Szene wieder und wieder vorzustellen, um bei der nächsten Löwenjagd vorsichtiger zu sein.

Die traumatische Erfahrung hat die Versorgung des Ichs mit narzißtischer Libido gefährdet. Die Reinszenierung des Traumas sucht das Selbstgefühl wiederherzustellen. Sie führt sozusagen an den Punkt zurück, an dem dieses zuletzt in der früheren Form faßbar war und der Reizansturm einsetzte, der die selbstregulierenden Fähigkeiten des Organismus überforderte. (Zum Beispiel Graves: «Bei diesen Erinnerungsbildern handelte es sich fast immer um solche aus meinen ersten vier Monaten in Frankreich. Es war, als wäre der Apparat, der die Gefühle registriert, nach Loos ausgeschaltet worden.»*)

Man kann davon ausgehen, daß das menschliche Selbstgefühl durch die Konstruktion einer «Welt» aufrechterhalten wird, einen Kompromiß zwischen der Wirklichkeit und eigenen Bedürfnissen nach bestätigender Spiegelung. In den Traumatisierungen bricht dieser Rahmen des Selbstgefühls zusammen. Das Ich ist auf sich selbst zurückgeworfen.

Wer die Berichte über die am schwersten traumatisierten Opfer liest, gewinnt den Eindruck, daß auch die Fähigkeit, zu erinnern, schließlich im

---

* Graves: *Strich drunter!*, S. 346

Trauma untergeht. Der «Muselmann» ist ein zeitloser, ortloser, erinnerungsloser Mensch. Er überlebt nur selten; wenn es aber doch geschieht, wird er weder erinnern noch vergessen. Es ist zerbrochen, was die Erinnerung halten könnte, und somit ist er in dieser Veränderung ein verkörpertes Gedächtnis, eine Glyphe, die von anderen entziffert werden muß, weil sie das Geschehene nicht in etwas bewahrt, das vor ihm vorhanden war, sondern nur noch Trauma, nur noch Erlittenes ist.

Wer das Erlittene erinnern, wer es gar so darstellen kann, daß es seinen Kindern faßbar wird, der ist meist auch von jenem Schuldgefühl berührt, das die wenigen Überlebenden einer vernichtenden Katastrophe gegenüber den zahlreichen Toten empfinden.

Die Kinder der Überlebenden

Die Kinder können, je jünger sie sind, um so weniger mit der Unterscheidung anfangen, daß ihre Eltern (im Fall des Kriegsfreiwilligen) selbst das Trauma gesucht haben oder (im Fall des KZ-Häftlings) einer terroristischen Willkür zum Opfer fielen. Sie leiden unter den Eltern so archaisch, wie es das Bibelwort ausdrückt: «Die Väter haben saure Trauben gegessen, und den Söhnen sind die Zähne stumpf geworden.»★ Wie dieses Leid dann während der Pubertät und Adoleszenz sekundär bearbeitet und der eigenen Identität angegliedert wird, ist eine zweite Fragestellung.

Hier spielen die Unterschiede, ob der Vater Täter, Täter und Opfer oder Opfer war, eine wesentliche Rolle. Die Kinder der KZ-Überlebenden können auf ihre Eltern stolz sein. Helen Epstein hat in ihren Gesprächen mit Söhnen und Töchtern der Holocaust-Überlebenden (auch) solche Beobachtungen gesammelt; ihre optimistische Betrachtungsweise steht anderen, meist von Psychiatern erhobenen Befunden gegenüber, die Unsicherheit, Depressivität und sogar Selbstmordtendenzen bei den Nachkommen der Holocaust-Überlebenden häufiger beobachtet haben als in Kontrollgruppen.

Die Kinder der Soldaten müssen sich damit auseinandersetzen, daß ihre Väter in einem ungerechten Krieg gekämpft haben, oder sie müssen diese Tatsache verleugnen. Deutsche Soldaten haben an vielen Orten das Kriegsrecht gebrochen. Es ist nur um den Preis der Wahrheit möglich, ihrem Kampf die Werte zuzusprechen, mit denen er gerechtfertigt

---

★ Jeremias 31,29 f. Es ist vielleicht interessant, diese Aussagen über Vergeltung im Zusammenhang zu zitieren: «In jenen Tagen wird man nicht mehr sagen: Die Väter haben saure Trauben gegessen, und den Kindern werden die Zähne stumpf. Sondern jeder wird nur um seiner eigenen Schuld willen sterben, jeder Mensch, der saure Trauben ißt, dem werden die eigenen Zähne stumpf.» (Übers. «Jerusalemer Bibel», Freiburg 1968. Es handelt sich also um eine Prophetie der Überwindung jenes die Generationen übergreifenden Rachegedankens.

wurde – Verteidigung des Vaterlandes, Kampf für eine gerechte Sache. Die Soldaten der Wehrmacht waren, wenn nicht selbst Mörder, so doch Kameraden von Mördern; die oft beschriebene Distanz zwischen «guten» Soldaten und «bösen» SS-Schergen ist zwar auch in den Filmen der Sieger ein beliebter Topos, aber in der Realität eine historisch widerlegte Rechtfertigungsrhetorik.

Bis heute scheinen die ersten psychiatrischen Beobachtungen an Kindern Holocaust-Überlebender gültig. Sie stammen von Vivian Rakoff und John Sigal aus Montreal, einer kanadischen Stadt, in der viele tausend Überlebende Zuflucht fanden. Hier findet sich zum erstenmal die Beobachtung, daß die Eltern nicht nur normal, sondern ausgesprochen überangepaßt leben und es im Kontrast dazu die nach dem Holocaust geborenen Kinder sind, die einen gestörten Eindruck machen.*

Einer der von Rakoff beschriebenen Fälle betrifft ein sechzehnjähriges Mädchen, nach dem Urteil der Lehrer ausgezeichnet begabt. Sie fürchtete sich sehr vor Prüfungen, glaubte, nichts zu wissen, wurde häufig ohnmächtig und litt an schwerer Migräne. Beide Eltern hatten alle Familienangehörigen ver-

---

* Diese Beobachtung stammt wahrscheinlich eher aus einem journalistischen Bedürfnis, darstellende Kontraste zu finden, als aus wissenschaftlichen Untersuchungen, nach denen die Überlebenden in sehr vielen Fällen massive Symptome aufweisen. Vgl. Matussek a. a. O.

loren. Sie lernten sich in einem DP-Lager* kennen; dort wurde auch die Tochter geboren. Fast mittellos bauten sich die Eltern in zehn Jahren eine solide Existenz auf, zogen in ein Haus im Grünen, trieben Sport. Sie arbeiteten bis sechzehn Stunden täglich; «ich habe immer geschaut, daß ich beschäftigt war», beschrieb der Vater seine Überlebensstrategie im KZ. Die Mutter sagte, sie sei am Leben geblieben, weil sie versucht habe, sich unsichtbar zu machen.

Während bei diesem Mädchen die Aggressionsthematik psychosomatisch und in den depressiven Zweifeln an ihrer Begabung gebunden war, trat sie bei den beiden anderen zuerst von Rakoff beschriebenen Jugendlichen an die Oberfläche. Beide waren suizidal, kämpften gegen Eltern, die in der Geburt dieser Kinder ein Signal einer positiven Zukunft hatten sehen wollen. Die Gemeinsamkeiten dieser Fälle betrafen die Funktionalisierung des Kindes, das gezeugt wird, um die Leere des Lebens nach der Befreiung aus dem KZ zu füllen, die angepaßte, «brave» Haltung der Kinder bis zur Pubertät und eine extreme Krise während der Adoleszenz, die mit Todeswünschen gegen die Eltern, heftigen Streitereien und Selbstmordversuchen ablief.

Lange bekannt ist die Gefahr des Scheiterns, wenn Kinder festgelegte und hochgespannte Erwartungen erfüllen sollen. «Pastors Kinder, Müllers

---

* Lager für heimatlose KZ-Überlebende (Displaced Persons)

Vieh gedeihen selten oder nie.» Wo es das Gute im Überfluß gibt, verlieren die Verwöhnten den Appetit. Die Eltern sind zu groß, zu gut, sie haben unendlich gelitten, die Kinder dürfen nicht ungehorsam sein, ohne sich schuldig zu fühlen. Es gelingt ihnen nicht, die Ambivalenz der Elternbeziehung zu integrieren und die in Pubertät und Adoleszenz normalen Auseinandersetzungen der Loslösung zu führen. Die Eltern sind entweder ideal oder verächtlich, entweder gut oder böse.

Den Heranwachsenden fällt es aufgrund der spezifischen geschichtlichen Situation ihrer Eltern sehr schwer, diese gleichzeitig zu lieben und zu hassen, zu achten und in Frage zu stellen. Es dominieren Spaltungen, Entweder-oder-Bilder. Daher kann es auch keine liebevolle Unabhängigkeit geben, sondern nur totale Distanz oder lebenslange Bindung. Die Tochter einer Holocaust-Überlebenden wanderte zuerst von England nach Israel und von Israel nach Deutschland aus. Dort kam sie zu mir in Analyse. Sie telefonierte damals fast jeden Tag mit ihren Eltern.

Diese Telefonverbindung drückte die Ambivalenz der Abhängigkeits- und Loslösungsbedürfnisse aus. Die Tochter sollte durch ihr Leben die gesammelten Erwartungen erfüllen, die sich auf die verstorbenen Angehörigen richteten. Als sie nach Israel ging, gehorchte sie einem Ideal der Eltern und durchkreuzte ein anderes (nämlich die überwachte, gehorsame Tochter zu bleiben). Als sie von Israel nach Deutschland emigrierte, rebellierte sie heimlich gegen die elterlichen Ideale: «Ich wollte so weit von meiner Mutter fortgehen, wie möglich.»

Durch das unbewußte Gebot, den Eltern die geraubte Jugend und Zuversicht zurückzugeben, müssen die Kinder Kinder bleiben. Sie dürfen nicht zu Männern und Frauen heranreifen, die davon ablassen, ihre Eltern zu idealisieren und sich mit ihnen frei, von Erwachsenem zu Erwachsenem auseinandersetzen. Kinder sollen Eltern bewundern, achten, als Vorbild respektieren. Erwachsene können andere Erwachsene kritisieren, auf Widersprüche aufmerksam machen und eine ambivalente Beziehung akzeptieren.

Unter Erwachsenen ist es normal, Menschen voller guter Absichten langweilig zu finden, wenn sie langweilig sind, ein schweres Lebensschicksal nicht als Freibrief für Erpressungen zu akzeptieren und ohne Schuldgefühle seiner Wege zu gehen, wenn eine Beziehung unbehaglich wird. Liebe zu den Eltern ist für den Erwachsenen mit unterschiedlichen Meinungen und einer Trennung auch gegen den Wunsch der Eltern vereinbar. Die Versuche, erwachsene Kinder festzuhalten, können so durchkreuzt werden.

Bei den Kindern von KZ-Überlebenden, die ich in Psychoanalysen kennenlernte, wurde in den ersten Gesprächen deutlich, wie starr an der Idealisierung der Eltern festgehalten wurde und wie schwer es ihnen fiel, ambivalente Gefühle gegenüber den

Eltern zuzulassen. Die ursprüngliche Idealisierung der Eltern war in einigen der untersuchten Fällen fixiert, in anderen in Entwertung umgeschlagen. Das macht auch einen Teil der Motive begreiflich, welche diese jüdischen Männer und Frauen bewogen, sich zu einem deutschen Analytiker zu begeben. Ihr Verhalten erinnert an ein junges Mädchen, das Bernd Trossmann Ende der sechziger Jahre beschrieb: Es rebellierte gegen die mißtrauische und feindselige Haltung, welche ihre Eltern gegenüber allem Nichtjüdischen einnahmen, indem es in allen Schulfächern versagte – außer in Deutsch.*

Die Eltern beschützen ihre Kinder übermäßig, warnen ständig vor drohenden Gefahren, wobei die Feindseligkeit der nichtjüdischen Umwelt, aber auch die Gefahren durch die eigene sexuelle Thematik der Kinder dramatisiert werden. Diese Einflüsse führen bei den Kindern, die nicht rebellieren und sie abschütteln können, zu Vermeidungshaltungen und Phobien. Wenn beide Eltern traumatisiert sind und es keine entlastenden sozialen Einflüsse gibt («Daß ich im Internat war, hat mir vielleicht das Leben gerettet; meine Schwester hat sich umgebracht», sagte der Sohn eines solchen Paares), sind die Auswirkungen verschärft.

Die Eltern können nicht verstehen, daß ihre Kinder ihr tiefes Mißtrauen gegen alles, was eine orthodox-jüdische Lebensführung überschreitet, nicht

---

* Helen Epstein a.a.O., S. 194

teilen. Sie wollen ihre Kinder in ihrem eigenen, zur Festung ausgebauten und bewachten Leben festhalten; die Kinder entwerten und verachten diese Festung. Sie müssen dann ihre Schuldgefühle bewältigen, daß sie die Eltern allein in dieser Burg sitzenlassen. Ihre Adoleszenz ist von den bereits erwähnten Versuchen geprägt, ein «nichtjüdisches» Leben zu führen, andersgläubige Partner zu lieben, möglichst weit von den Eltern fortzuziehen und so weiter.

Diese Versuche sind allerdings instabil; sie erweisen ihre idealisierte Qualität dadurch, daß sie bereits bei kleinen Belastungen ihren Wert verlieren. Der in einem Akt der Rebellion hochgeschätzte Partner enttäuscht im Alltag, das hochfliegende Studienziel wird bei der ersten schlechten Note fallengelassen, der attraktive Beruf verliert nach harmlosen Anfängerfehlern vollständig seine Anziehungskraft. Das signalisiert die manische Natur der Loslösungsversuche. Sie müssen perfekt und über alle Kritik erhaben sein, denn sie wehren einen depressiven Hintergrund ab.

Die Selbstmordgefahr ist dann am höchsten, wenn ein solcher realitätsverleugnender, grandioser Loslösungsversuch gescheitert ist. Dann richten sich die aggressiven Gefühle, die zur dynamischen Bewegung fort von den ängstlichen Eltern verhalfen, gegen die Betroffenen. Die Suizidalität wird durch die latente Präsenz des Todes in diesen Familien ebenso gesteigert wie durch den unbewußten Neid des Kindes auf die toten Angehörigen, die «besser» sind als die Lebenden.

Das Kind wird durch schonungslose, oft wiederholte Schilderungen der schrecklichen Erniedrigungen und Todesängste überfordert. Einige dieser Kinder erwerben schon früh eine Schutzhaltung, die auf Außenstehende zynisch wirkt. Sprüche wie «there is no business like shoah business» gehören in diesen Zusammenhang.* Andernfalls (oder auch parallel zu dieser Abwehr) ist die Gefahr einer depressiven Entwicklung sehr groß. Söhne und Töchter quälen sich, wenn es ihnen gutgeht, mit Selbstvorwürfen, daß sie ein glücklicheres Los haben als ihre Eltern. Das aus dem «Überlebenden-Syndrom» bekannte Schuldgefühl der Lebenden gegenüber den Toten greift auf diesem Weg auch nach den Kindern. Wenn etwas im Leben gelingt, nach einem bestandenen Examen, einer erwiderten Verliebtheit, tauchen Szenen aus den KZ-Erinnerungen der Eltern auf – es ist ungerecht, jetzt das Leben zu genießen, während das der Eltern fast vernichtet wurde und so viele Menschen mit dem gleichen Recht auf Glück sinnlos sterben mußten.

---

* Nach dem Songtitel von Irving Berlin (1946) «There's no business like show business» geprägte Formel, die sich auf den exhibitionistischen und / oder kommerziellen Mißbrauch der «Shoah», des Holocaust, bezieht. Ich habe sie zuerst von der Tochter einer KZ-Überlebenden gehört. Inzwischen wird die These diskutiert, daß die zahlreichen Holocaust-Erinnerungsstätten in einem verweltlichten Judentum zu einem Religionsersatz werden.

Die Kinder der Überlebenden müssen sich mit lustfeindlichen Qualitäten ihrer Identifizierung mit traumatisierten Eltern ebenso auseinandersetzen wie mit fordernden, die erst bei Mißerfolgen strafende Qualitäten annehmen. Hier spielen Prozesse eine Rolle, die in der psychoanalytischen Metapsychologie auf die Unterschiede zwischen Über-Ich und Ich-Ideal zurückgeführt werden. Im Über-Ich sind Anteile repräsentiert, die Wachsamkeit und Strenge gegenüber lustvollen Regressionen fordern. Im Ich-Ideal hingegen konzentrieren sich Forderungen an die Kinder, dem Leben der Eltern Sinn und Halt zu geben. Es wurde schon beschrieben, wie ein unerfüllbares Ich-Ideal durch die Fokussierung aller Erwartungen auf das Kind aufgebaut wird.★

Die Universalität der Überlebendensyndrome sollte nicht dazu führen, daß traumatische Situatio-

---

★ «‹Jeden Tag meines Lebens bekomme ich etwas über Europa, die Nazis und den Antisemitismus zu hören. Ich habe es satt. Wenn ich mich gegen eine judenfeindliche Agitation wehren muß, möchte ich es tun, wie ich es selber für richtig halte.›» So zitiert Henry Shaw, Leiter einer jüdischen Stiftung im australischen Melbourne, einen jüdischen Studenten. Er fährt fort: «Wenn ich es wage, Mitgliedern der ‹Vereinigung von Opfern der nazistischen Verfolgungen› zu empfehlen, sie sollten damit aufhören, zu ihren Kindern so häufig über Auschwitz zu sprechen, sieht man mich an, als hätte ich keinen Funken Mitgefühl. Viele von ihnen haben zum Judentum keine andere Beziehung oder Bindung als die Erinnerung an das, was sie während der Zeit der Verfolgung durchmachen mußten. Die meisten erwarten eine Art ‹privilegierter› Stellung und von ihren Kindern, daß sie stellvertretend ihr Leben für sie nachholen.» Zit. aus einem Brief an Helen Epstein a. a. O., S. 195

nen nivelliert und Aktionen wie die nazistische Verfolgung in einem Grausamkeitseintopf aller Zeiten und Kriege unkenntlich gemacht werden. Andererseits ist das Leid der Kinder unter den von traumatischen Ereignissen beschädigten Eltern universell und sollte ebenfalls vor politischen Nivellierungen oder Rechtfertigungsstrategien bewahrt werden.

Mich selbst hat das Vertrauen meiner jüdischen Patienten ebenso bewegt wie wachsam erhalten. Ich habe gelernt, mich mit meinen Versuchungen auseinanderzusetzen, die Auschwitz-Opfer, welche ihren Kindern so schwerwiegende emotionale Opfer abverlangten, mit moralischen Argumenten vor wütenden Entwertungen durch diese Kinder in Schutz zu nehmen, oder Idealisierungen meiner Person durch die jüdischen Patienten anzunehmen, ohne sie zu analysieren. Erleichtert hat mir das die kritische Sympathie für Sigmund Freud, den ungläubigen deutschsprachigen Juden, dem ich mich als ungläubiger deutschsprachiger Christ verbunden fühle.

Die stete Präsenz des Traumas in der Arbeit mit jüdischen Analysanden hat meine Aufmerksamkeit für die traumatischen Prozesse in den Familien der Kriegsheimkehrer geweckt und geschärft. Diese Bereicherung der eigenen Lebensperspektive ist ein Gewinn aus der psychoanalytischen Arbeit, der für ihre Härten und Kümmernisse entschädigt. Ein gemeinsames Interesse, die Vergangenheit zu erkennen, kann die Kinder und Enkel der Täter mit denen der Opfer verbinden. Voraussetzung dafür ist allerdings, den deutschen Vernichtungskrieg gegen jüdische Zivilisten weder zu vergessen noch ihn gegen anderes Unrecht aufzurechnen.

6 Zur Sozialgeschichte der Kriegsneurose

Es ist für die Qualität der traumatisierenden Belastungen und für den gesellschaftlichen Umgang mit ihnen gleich aufschlußreich, wie es überhaupt dahin kam, daß Kriegsneurosen ernst genommen wurden. Noch 1914 galten solche Erscheinungen generell als «Feigheit». Männer, deren Zustand wir heute auf einen nervösen Zusammenbruch zurückführen würden, wurden in den ersten beiden Kriegsjahren standrechtlich erschossen. Ehrlichkeit wurde bestraft; nur wer glaubhaft machen konnte, daß er gelähmt, blind, taub oder geisteskrank war, hatte eine Chance, mit dem Leben davonzukommen. Daher war der Erste Weltkrieg auch die große Zeit der Konversionssymptome im Sinne Freuds. Das sind psychosomatische Erscheinungen, die – ohne entsprechenden körperlichen Defekt – die Symptome praktisch aller eindrucksvollen Erkrankungen ausbilden können, von der Epilepsie bis zur Geisteskrankheit, von der Lähmung bis zum Fieber, zur Blindheit, zu unkontrollierbarem Zittern («shellshock»).*

* John Keegan: *Das Antlitz des Krieges*, S. 391

Till Bastian vermutet in seiner Analyse der Bedingungen medizinischer Verbrechen, daß die Nähe der deutschen Psychiatrie zum Staat für die rücksichtslose Behandlung der Kriegsneurotiker verantwortlich war. «Die Leitidee der Psychiater im Felde lag in dem simplen Gedanken, dem Patienten seine Krankheit durch ‹Therapie› so unerträglich zu machen, daß er den Schützengraben dem Lazarett vorzog. Bewährte Therapieformen waren Nahrungsentzug, Ekelkuren, Brechmittel, Scheinoperationen im Ätherrausch, aber auch – bei hysterischer Aphonie (Stimmlosigkeit) – ‹Einführung eines Kegels in den Kehlkopf›, was, wie ein Chronist notierte, ‹auf etwas brutale Weise, wenn auch nicht schmerzlos, so doch rasch den Kranken symptomfrei machte›.»*

Am beliebtesten war die Elektro-Therapie; hier wurden den Patienten so schmerzhafte Stromstöße versetzt (es wurde über Todesfälle berichtet), daß viele auf ihre Symptome zeitweise verzichteten. Diese traten jedoch, sobald sie wieder an der Front waren, erneut auf. Nach der deutsch-österreichischen Niederlage wurde in einem Vorgriff auf spätere Kriegsverbrecherprozesse Prof. Julius Ritter Wagner von Jauregg, Leiter der Universitätsnervenklinik in Wien und berühmt durch die Entdeckung der Malaria-Therapie bei Spätsyphilis, wegen der

---

* Till Bastian; *Arzt, Helfer, Mörder*. Paderborn: Junfermann 1982, S. 69

brutalen Anwendung der Elektrotherapie angeklagt.

Freud war als Gutachter geladen. Obwohl er keinen guten Faden an der Elektrotherapie ließ, widersprach er doch einer verbrecherischen Intention im Verhalten seines Kollegen. Damals fiel der Satz von den «Maschinengewehren hinter der Front», der modernen Variante jener im Absolutismus eingeführten, doppelten Führung der zwangsverpflichteten Soldaten: durch den Offizier nach vorn und durch den Feldwebel von hinten, dessen Pike die Soldaten mehr fürchten sollten als das feindliche Feuer.

Während des Zweiten Weltkriegs setzte sich zögernd und gegen große Widerstände die Erkenntnis durch, daß Menschen nicht so frei in ihrer Wahl zwischen Angst und Tapferkeit sind, wie es sich Feldherrn wünschen. «Mut und Feigheit [sind] keine Alternative, die jeder Mann nach Überwältigung aller emotionalen Belastungen zur freien Wahl hat, der Mensch [kann] nicht einfach wählen, was er vorzieht, und ... mutig sein, wenn man ihm sagt, jetzt müsse er's sein.»*

Eines der illustrativsten Beispiele für diese Entwicklung ist die (auch in einen Hollywoodfilm aufgenommene) Szene, in der General Patton, ein charismatischer Haudegen, Panzerführer einer US-

---

* S. L. A. Marshal: *Men against Fire*, 1947; dtsch. *Soldaten im Feuer*, Frauenfeld 1959, zit. n. Keegan a.a.O., S. 391

Armee, einen psychoneurotischen Soldaten in einem sizilianischen Lazarett ohrfeigt. Ein Feigling habe nicht das gleiche Recht auf ärztliche Behandlung wie die ehrlich Verwundeten. Patton wurde gezwungen, sich für sein Verhalten öffentlich zu entschuldigen. So sehr hatte sich die Einstellung zu den Kriegsneurosen verändert.

Das hing keineswegs nur mit mehr Verständnis für die seelischen Nöte der Soldaten zusammen, sondern viel eher mit den funktionellen Anforderungen der immer komplizierteren Geräte, die den psychisch inkompetent gewordenen Kämpfer nicht nur zu einer Bedrohung für ihn selbst (das hätten die Strategen vermutlich verschmerzt), sondern für die Waffensysteme machten, die er bedienen mußte.

Ein Gemeiner mit Karabiner und Spaten wird vermutlich bald fallen, wenn er am Ende seiner psychischen Belastbarkeit angekommen ist, weil er unkonzentriert kämpft, sich aufgibt, unvorsichtig wird. Ein Hubschrauberpilot oder Panzerfahrer kann in dieser Situation viele Menschen gefährden und Material im Wert von Millionen in wenigen Sekunden in Schrott verwandeln. Daher wurden in den modernen Heeren die Psychologen und Psychiater immer wichtiger. Sie wählen Menschen aus, welche die Hochtechnologie störungsfrei bedienen.

Diese Auswahl enthält auch den Auftrag, jene auszusondern, die den Belastungen nicht mehr standhalten. Jeder moderne Offizier muß diese Gefahrenpunkte rechtzeitig erkennen und beseitigen; er braucht motivierte und kompetente Kämpfer. Er kann sich so wenig auf primitiven Zwang verlassen, wie der Plantagenbesitzer heute einen Arbeiter mit der Peitsche dazu bringen wird, einen Baumwollernter mit einem Investitionsvolumen von vielen Millionen Mark zu lenken.

Die Idealisierung des Traumas

«Er hat uns erzogen zum Kampf, und Kämpfer werden wir bleiben, solange wir sind. Wohl ist er gestorben, sind seine Schlachtfelder verlassen und verrufen wie Folterkammer und Galgenberg, doch sein Geist ist in seine Fronknechte gezogen und läßt sie nie aus seinem Dienst ... Indes, nicht nur unser Vater ist der Krieg, auch unser Sohn. Wir haben ihn gezeugt und er uns. Gehämmerte und Gemeißelte sind wir, aber auch solche, die den Hammer schwingen, den Meißel führen, Schmiede und sprühender Stahl zugleich, Märtyrer eigener Tat, von Trieben getriebene.»★

Ernst Jünger ist sein ganzes langes Leben geistig

★ Ernst Jünger: *Der Kampf als inneres Erlebnis*. Sämtliche Werke Bd. 7, S. 12. Stuttgart: Klett-Cotta 1980; Erstausgabe 1922

von dem Erlebnis der Westfront gezeichnet geblieben. «Und immer, solange des Lebens schwingendes Rad noch in uns kreist, wird dieser Krieg die Achse sein, um die es schwirrt.»★ Ist es ein charakteristisches Gefühl der Soldaten, ein Rädchen im Getriebe einer ungeheuerlichen Maschine zu sein, so entspricht die Verschmelzung mit dem schwingenden, schwirrenden Rad der Identifizierung mit dem, was das Selbstgefühl zu überwältigen drohte.

Jünger hat den Konflikt anders gelöst als Remarque, der den Krieg anklagte, oder als Graves, der sich Ruhm und Schmutz von der Seele schrieb, um sich anderen Inhalten zuzuwenden. Jünger idealisiert den Krieg, den Kampf, den Tod; hier siegt das neue, kriegerische Ich über die Kreatur und gewinnt so einen Dünkel, der auf viele Leser einen düsteren Reiz ausübte und noch ausübt. Dieser Dünkel war es, der Jünger davor bewahrte, Nationalsozialist zu werden. Er blieb lieber Cäsar in seinem geistigen Reich als Vasall eines Mächtigeren in der Realität.

Alle Soldaten in modernen Kriegen leiden darunter, daß sie dem Angriff von Maschinen ausgesetzt sind – von Strukturen, die über das Lebendige hinausreichen, stärker, schneller und vor allem unermüdlicher sind. Menschen ermüden, Maschinen nicht. Der Radfahrer erschöpft seine Kräfte gegen Steigung oder Wind; wer ein Motorrad lenkt, gibt

★ Ernst Jünger, a. a. O., S. 11 f.

entspannt ein wenig mehr Gas. Die Unermüdlichkeit der Maschine täuscht Unsterblichkeit vor. Wer unter inneren oder äußeren Diktaten gezwungen ist, über Müdigkeits- und Schmerzgrenzen hinaus zu arbeiten, empfindet die Maschine als Erlösung. Wer kritisch solche Situationen untersucht, erkennt ihre Verführungsqualitäten, die Gefahren von Bequemlichkeit, von Abhängigkeit. Wo Maschinenkraft billig zu haben ist, atrophiert die Anstrengungsbereitschaft.

Jüngers Kampfphilosophie zwingt widersprüchliche Phantasien zusammen: Er ist Opfer der Kriegsmaschinerie und, indem er mit ihr verschmilzt, auch ihr Herr.* Sie verdeutlicht, mit welchem Kunstgriff sich das bedrohte Ich rettet, mit welcher Scheinlösung der Konflikt zwischen der neuen kriegerischen und der alten, am Leben hängenden Identität zugedeckt wird. Jünger fühlt sich nicht mehr als ohnmächtiges Rädchen der Kriegsmaschinerie, sondern deutet seine Situation um: Er wird ein Teil von ihr, ihre Macht ist auch seine Macht. Die Grandiosität der «Stahlgewitter» macht ihn zu einem kleinen Donnergott.

Das kriegerische Ich, von der Schar verschworener Kameraden gestützt (denen Jünger in verblüf-

---

* Die Verschmelzung mit der Maschinen- und Explosivmacht ist das Gegenstück der «prometheischen Scham» angesichts der Überlegenheit der Apparate, wie sie Günter Anders in *Die Antiquiertheit des Menschen I. Über die Seele im Zeitalter der zweiten industriellen Revolution,* München, Beck: 1960, beschreibt.

fender Naivität sämtlich heldenmütige Angstfreiheit★ bestätigt), ist der Herr der Zukunft, weil es sich vom Grauen nicht einschüchtern läßt, die leeren Hülsen des bürgerlichen Ben Akiba («das Gute ist nicht neu, das Neue ist nicht gut») zerschlägt und zurücktaucht in die animalische Kraft der Bestie. Der Kampf ist Befreiung, ist ein Geschlechtsakt zwischen Kriegern, wenn sie nach dem zermürbenden Warten im Trommelfeuer endlich aus dem Graben treten und sich Auge in Auge begegnen dürfen. Der Konflikt der Kriegsneurotiker wird nicht erkannt, sondern durch Verstärkung der Idealbildungen abgewehrt. Jüngers zweckfreies Heldentum ist von jedem sozialen Sinn und jeder Nachdenklichkeit abgekoppelt: Egal, für welche, wer nur für eine Sache stirbt, ist großartig.★★

Am Ende seines Essays über den Kampf als «inneres Erlebnis» (eine tautologische Formulierung, die für den Autor aber eine ganz spezielle Bedeutung hat) wird Jüngers Diktion immer drängender. Er ist sich des Unpersönlichen um ihn herum nur allzu genau bewußt, («riesenhafter, toter Mechanismus»,

---

★ «Erprobte Vorkämpfer in der Materialschlacht, wissen wir wohl, was uns bevorsteht, doch wissen wir auch, daß keiner in unserem Kreise ist, den heimlich die Angst vor der großen Ungewißheit würgt», sagt Jünger, a. a. O., S. 99

★★ «In wenigen Stunden vielleicht wird jene verworrene Insel hinter uns verblassen, der wir als Robinsons unter vielen unseren Sinn zu geben versuchten … Mag einer sterben, in einen zweifellosen Irrtum verbohrt; er hat sein Größtes geleistet … Der Wahn und die Welt sind eins, und wer für einen Irrtum starb, bleibt doch ein Held.» Jünger a. a. O., S. 100

«eisige, unpersönliche Welle der Vernichtung») und muß immer tönendere Adjektive verwenden – «reine Macht», «berauschende Nüchternheit», «cäsarischer Wille». «Hier spricht das Material seine eisenharte Sprache und der überlegene Intellekt, der sich des Materials bedient.»*

Schließlich fast ein Verzweiflungsschrei, der sich selbst Trost zusprechen möchte und verdeutlicht, wie dicht Jüngers Formulierung vom «inneren Erlebnis» beim Wahn angesiedelt ist: «Aber wer in diesem Krieg nur die Verneinung, nur das eigene Leiden und nicht die Bejahung, die höhere Bewegung empfand, der hat ihn als Sklave erlebt. Der hat kein inneres, sondern nur ein äußeres Erlebnis gehabt.»**

Diese Qualität des «inneren» gegenüber dem «äußeren» Erlebnis mutet in mehrfacher Hinsicht merkwürdig an. Jünger meint zunächst wohl: Wer den Krieg durchlitten hat und ihn nicht idealisieren kann, wer froh ist, davongekommen zu sein, und keine weiteren Schlüsse zieht, als sich solchen lebensgefährlichen Quälereien künftig zu entziehen, der hat nur ein äußeres Erlebnis gehabt.

Natürlich ist es unsinnig, von äußeren Erlebnissen zu sprechen. Aber es gibt Erlebnisse, die Strukturen verändern, und andere, die eine vorhandene Struktur unangetastet lassen. Ist es das, was Jünger

---

* Jünger a.a.O., S. 102
** Jünger a.a.O., S. 103

meint? Und welche Veränderungen sind angesprochen? Wer sich in die Aussagen vertieft, erkennt eine Umdrehung: Der Soldat, der sein Erlebnis abschütteln und einen Neubeginn wagen kann, ist nicht Sklave, sondern frei. Und der Soldat, der an sein Erlebnis gefesselt bleibt und gezwungen ist, es in immer tönenderen Vokabeln zu preisen, ist Sklave des Krieges geblieben; er trägt ihn, wie Jünger richtig gesagt hat*, in sich und mit sich.

Unterworfen sind in der Realität alle; kein Soldat, der längere Zeit in den modernen Schlachten steckte, blieb unverändert, ungeschädigt. Aber während sich viele von diesem Erleben distanzierten und versuchten, es zu vergessen, geht Jünger einen anderen Weg. Er idealisiert das Geschehene. Wo bei anderen die Zentralisation allmählich rückgängig gemacht wird und die abgestorbenen Provinzen des Erlebens wieder neu belebt und bevölkert werden, kommt es in diesem Fall dazu, daß die Beschädigung als höhere Lebensform ausgegeben wird.

Ruhelosigkeit, Wunsch nach Betäubung, Größenanspruch und andere Folgen der Idealisierung eigener Beschädigung können dann nicht mehr in kritische Distanz gerückt werden. Dann sind die Opfer des Krieges wirklich gefährlich, für sich wie für andere. Abstumpfung, Gewissenlosigkeit und

---

* In der bereits zitierten Formulierung: «doch sein Geist ist in seine Fronknechte gezogen und läßt sie nie aus seinem Dienst.» Jünger a. a. O., S. 12

Mangel an Sensibilität werden narzißtisch besetzt. Noch einmal scheint es lehrreich, Ernst Jünger und Robert Graves einander gegenüberzustellen.

Beide hatten den glühenden Ehrgeiz, Dichter zu werden. Nach dem Krieg berichtete Graves freimütig über alles, was er erlebt hatte; Jüngers Schilderungen hingegen enthalten soviel Abwehr seiner eigenen traumatischen Neurosen, daß seine Wahrnehmung eingeengt ist wie die aus dem Sehschlitz eines Panzers. Und während Graves in seiner Poetologie die «Weiße Göttin» und ihre wechselnden Geliebten zum «single poetic theme» ernennt*, verachtet Jünger Menschen, die sich ihrer Zeit nicht gewachsen fühlen.

«Wir schreiben heute Gedichte aus Stahl», sagt er, «und wir kämpfen um die Macht in Schlachten, bei

---

* Die Poesie «war eine Warnung an den Menschen, daß er in Harmonie mit der Familie lebendiger Geschöpfe leben muß, unter die er geboren ist, indem er den Wünschen der Herrin des Hauses gehorcht. Heute ist sie eine Mahnung, daß er die Warnung mißachtet und die Harmonie durch eigensüchtige Experimente in Philosophie, Wissenschaft und Industrie zerstört hat. So bringt er Ruin über sich und seine Familie. Die Gegenwart wird von der Zivilisation bestimmt, in der die ersten Wahrzeichen der Sprachkunst entehrt sind, in der Schlange, Löwe und Adler zum Zirkuszelt gehören; Stier, Lachs und Eber in die Konservenfabrik; Rennpferd und Windhund in die Wettagentur und der heilige Hain in die Sägemühle. In der man den Mond als ausgebrannten Satelliten der Erde verachtet und Frauen als Arbeitskraftreserve statistisch erfaßt. In der Geld fast alles kaufen kann außer der Wahrheit und nahezu jedermann außer dem wahrheitsbesessenen Dichter.» Robert Graves: *The White Goddess*. London: Faber 1961, S. 14, Übers. W. S.

denen das Geschehen mit der Präzision von Maschinen ineinandergreift. Es steckt eine Schönheit darin, die wir schon zu ahnen imstande sind, in diesen Schlachten zu Lande, auf dem Wasser und in der Luft, in denen der heiße Wille des Blutes sich bändigt und ausdrückt durch die Beherrschung von technischen Wunderwerken der Macht.»★

Nach dem Ersten Weltkrieg war Deutschland «im Felde unbesiegt»; bald setzte sich die Mythologie des «Dolchstoßes» in den Rücken der Frontkämpfer in großen Bevölkerungsgruppen durch. Die Versuche der NS–Propaganda, die Kapitulation den Sozialdemokraten in die Schuhe zu schieben und die kämpfende Truppe zu glorifizieren, wurde von einer mächtigen Strömung in der Bevölkerung getragen.

Hier ist nicht der Raum, um so differenziert wie nötig auf die Geschichte der «konservativen Revolution» einzugehen, einer zeitgeschichtlichen Strömung, die in Italien und Deutschland später in Diktaturen kulminierte, deren Spuren aber viel weiter in die europäische Geschichte und in die Entwicklung der modernen Gesellschaft zurückverfolgt werden können. Stefan Breuer analysiert diese zeitgeschichtlichen und sozialen Strömungen; er verweist auf die Fassade präpotenter, phallisch gesteigerter Männlichkeit, welche heftige Ängste ausgleichen soll. Demokratie ist weibisch, der Frieden

---

★ Jünger a. a. O., S. 103

ist der Dolchstoß der Frau in den Rücken des Mannes, die Republik verweiblicht den Männerbund zur Gesellschaft. «Sie nimmt ihm das Schwert, sie beraubt ihn der Bündel und Ruten, sie unterwirft ihn Majoritäten, sie baut Institutionen von gesellschaftlichem, sozialem Charakter in ihn ein», sagt Friedrich Georg Jünger.* Im Pazifismus, Feminismus und Parlamentarismus siegen Händler über Helden – in diesem Punkt sind sich etwa Ernst Niekisch und Oswald Spengler einig.

Typisch für die konservative Revolution, sagt Breuer, ist eine Umwandlung der Angst: Sie wird erlebt, aber sie führt nicht dazu, sich vor dem Ängstigenden zurückzuziehen, sondern sich mit ihm zu identifizieren. Während in Oswald Spenglers nachgelassenen Papieren deutlich wird, wie sehr er sein Leben als Last, den Beruf als Grauen, sich selbst als Schmarotzer erlebte**, stellt er in seinen Werken die Weltangst als schöpferisches Urgefühl und als Antriebskraft von Kunst und Wissenschaft hin. «Nichts ist abwegiger als der Vorwurf, die Konservative Revolution zeige den Menschen nur in Angst und Hoffnungslosigkeit und delektiere sich am Nihilismus», sagt Breuer. «Was sie auszeichnet, ist im Gegenteil eine fundamentale Unfähigkeit zur Angst, ein Unvermögen zur Erfahrung des Nichts,

---

* Friedrich Georg Jünger: «Krieg und Krieger», in: Ernst Jünger (Hg.): *Krieg und Krieger.* Berlin 1930, S. 65
** Stefan Breuer: *Anatomie der Konservativen Revolution*, Darmstadt: Wissenschaftliche Buchgesellschaft 1993, S. 44

das mit der ständigen Bereitschaft gekoppelt ist, die Fronten zu wechseln und sich auf die Seite des Stärkeren zu schlagen.»★

In der Suche nach einer Erklärung solcher Erscheinungen greift Breuer einen Vorschlag von Eric Leed auf: In den modernen Kriegen beherrscht der Mensch nicht mehr die Maschinen, sondern wird ihr Opfer. Der Soldat ist kein Held mehr, sondern ein Dulder, die meiste Zeit auf totale Defensive angewiesen; er sucht nicht den Feind, sondern Deckung. Um in solchen Situationen noch einen Rest seelischer Kontinuität herzustellen, wählen viele dieser Opfer, die gerne Kämpfer wären, die Identifizierung mit dem Aggressor, mit der explosiven Technik. So erwerben sie deren übermenschliche Kraft.★★

Zur Nachkriegssituation von 1918, in der sich bereits der Zweite Weltkrieg vorbereitete, sagt Breuer:

«Eine Ordnung, in welche die aus dem Zustand der ‹Liminalität› Zurückkehrenden wieder hätten inkorporiert werden können, existierte nicht mehr ... Was Wunder, daß gegenüber einer Gesellschaft, die nicht imstande war, die temporär Ausgeschlossenen wieder einzugliedern, diese nun ihrerseits das Lernen verweigerten und statt dessen bestrebt waren, aus ihrer Marginalität und Externa-

---
★ Stefan Breuer a.a.O., S. 45f.
★★ E. J. Leed: *No Man's Land. Combat and Identity in World War I.* Cambridge 1979, S. 152ff.

lität eine Tugend zu machen? Was Wunder, wenn sie gegenüber den schließlich gebildeten, doch ganz ohne ihr Zutun entstandenen Strukturen [der «Weimarer Republik» – W. S.] eine tiefe Distanz bewahrten und es vorzogen, in der ‹Antistruktur›, der Communitas des Krieges, zu verharren? Der Frieden von Versailles beendete den Krieg nur für die Alliierten. In Deutschland, so scheint es, hatten ihn viele der Heimkehrer und Kämpfer an der Heimatfront internalisiert und warteten nur auf die Gelegenheit, ihn wiederaufzunehmen.»*

In Ernst Jüngers Essay «Der Kampf als inneres Erlebnis» wird der Machtanspruch der heimgekehrten Frontkämpfer klar formuliert. Hitler war einer von ihnen, und er hat in «Mein Kampf» nicht nur Jüngers Titel plagiiert. Es war für Hitler so wenig wie für Jünger möglich, die Zeit des Krieges zu vergessen, er sehnte sich danach, sie wiederherzustellen, und es gelang ihm nur zu gut.

Ich finde es naiv, Hitlers Persönlichkeit durch sein Kindheitsschicksal zu erklären, wie es Psychoanalytiker (Erik H. Erikson, Alice Miller) versucht haben. Hitler war ein haltloser und harmloser Künstler, ein Bohemien, und wäre es geblieben, wenn nicht vier Jahre Kriegserfahrung ihn in den Zustand gebracht hätten, in dem er als Politiker

---

* Stefan Breuer a.a.O., S. 47. Die Begriffe Liminalität, Antistruktur und Communitas entlehnt Breuer einer Arbeit von Victor Turner: *Vom Ritual zum Theater. Der Ernst des menschlichen Spiels.* Frankfurt: Campus 1989, S. 22

bekannt wurde. Und er wurde bekannt, weil er Erfahrungen formulierte, die eine große Gruppe der Bevölkerung teilte. Die Art, in der Hitler die eigenen narzißtischen Probleme, die schon vor dem Krieg zu beobachten waren, in eine schreckliche Vereinfachung der Geschichte verwandelte, half nicht nur ihm, sondern auch seinen Anhängern – 1933 bis vielleicht 1943 einer deutschen Mehrheit –, über die Kränkungen der Niederlage hinwegzukommen.

Sprunghaft und großsprecherisch war Hitler schon immer gewesen; brutal und von einem unerschütterlichen Gefühl der eigenen Auserwähltheit getragen wurde er erst durch sein Kriegstrauma. In den rücksichtslosen Selbstbezogenheiten der NS-Ideologie, in der Reduzierung aller Humanität und Loyalität auf einen verschworenen Bann von Parteigängern, in der Freude an Zynismus und Aggression sowie im Selbstmitleid lassen sich die Folgen der Zentralisation noch erkennen. Hitlers Gedankenwelt ist ein Ausdruck des Überlebenswillens. Von Scham und Rücksicht frei – beide verliert fast jeder, der lange im Schützengraben aushalten muß –, entdeckt er neue Werte, die an die Stelle der alten treten. Nicht edel, hilfreich und gut, nicht schön und wahr soll der Mensch der Zukunft sein, sondern ein Grabenkämpfer, der seine menschlichen Qualitäten an Materialien orientiert: zäh wie Leder, hart wie Kruppstahl.

Die Traumatisierung traf in Hitlers Fall auf eine

labile Primärpersönlichkeit, die keine Möglichkeiten hatte, das Erlebte zu verarbeiten. An das Trauma gebunden, rettete sich Hitler in eine Idealisierung des Erlebten und vereinfachte sich die Welt durch eine Spaltung der Menschheit in Träger guten und Träger schlechten Blutes. Es ist im nachhinein einfach, zu beschreiben, wie diese Reaktionsbildungen dazu führten, einen neuen Krieg auszulösen, um den idealisierten Kampfzustand wiederherzustellen. Hitlers Reden vom reinen Blut, das nicht mit verderbtem vermischt werden dürfe, gehören zu dem in der brutalisierten Welt des Grabenkrieges geborenen Plan, eine innere Front aufzurichten, um dem imaginären Dolchstoß der «Entarteten» zu trotzen, deren Symbol die Juden waren.

Die Industrialisierung des Tötens auf den Schlachtfeldern der Moderne war einer der Zugangswege zum Vernichtungskrieg gegen Wehrlose in der Shoah. Der «ritterliche» Kampf, die Gebote, zwischen Zivilisten und Soldaten zu trennen, waren schon lange vor den Morden der Sonderkommandos nichts als leere Worte. So dumm es ist, die Bomben auf Dresden und Hiroshima gegen Auschwitz aufrechnen zu wollen: beide Formen der Grenzüberschreitung hängen zusammen, und sei es nur in der Gestalt einer gegenseitigen Eskalation. Die Atombombe wäre gegen einen anderen als Hitler so schnell gewiß nicht gebaut worden. Der in den Frieden hineingetragene Krieg ist der zentrale Inhalt der Faszination, die der Faschismus auf breite Kreise der Zivilbevölkerung in Deutschland, Italien und Spanien ausgeübt hat.★

★ Gudrun Brockhaus: *Schauder und Idylle. Faschismus als Erlebnisangebot.* München: Antje Kunstmann 1997

7 Eine kurze Geschichte der psychischen Belastungen im Krieg

In den urtümlichen Gesellschaften, an die sich der Mensch psychisch und physisch am besten anpassen konnte, gibt es keine organisierten Feldzüge. Fehden sind manchmal blutig, aber es werden keine Schlachten geschlagen. Mit dem Seßhaftwerden und der Feudalgesellschaft wuchs das Aggressionspotential, wurde aber durch zahlreiche rituelle Einbindungen gemildert.

Der ritterliche Kampf, den das Feudalsystem entwickelt hatte, beruhte auf der Begegnung gleichwertiger Kämpfer; nur ein Sieg in diesem Waffengang förderte das Prestige der Beteiligten. Seit sich herausgestellt hatte, daß die Muskete auch dem bestbewaffneten Ritter überlegen war, verlor die Schwertkunst schrittweise an Bedeutung. Wohlgeordnete Schützenkompanien konnten jedes Reiterheer in die Flucht schlagen. Der Musketier war billiger zu bewaffnen und wirkungsvoller als der Ritter; daher begannen die Adeligen im 15. und 16. Jahrhundert, sich der neuen Technologie und den mit ihr kommenden Veränderungen zuzuwenden. Sie hätten sonst nicht nur ihre soziale Geltung, sondern auch ihre militärische Funktion an die Söldnerführer verloren, welche die neue Kunst der Kriegsführung einsetzen konnten.

Mit der Fernwirkung der Explosivwaffen hat sich auch der Krieg aus dem Alltag entfernt. Wie Keegan★ gezeigt hat, konnte der Mensch des Mittelalters an einer typischen Schlacht seiner Zeit wenig finden, was er nicht aus seinem Alltag kannte. Er war es gewohnt, daß man blanke Waffen trug und in einer ländlichen Welt Konflikte gelegentlich gewalttätig austrug. Wer Holz hackte und Gras mähte, handhabte Geräte, die auch als Waffen verwendet werden konnten; er wußte, welches Gewicht sie hatten und wie die Wunden aussahen, die sie schlugen.

Der Kämpfer sah seinem Gegner in die Augen; die Ritter kannten sich vielfach sogar persönlich. Einfühlbare Grenzen waren auch die Grenzen des Kampfes: Wer eines der damals benutzten Kriegsgeräte schwang, merkte bald, wie ihn nach einigen Hieben der Arm schmerzte und er in den nächsten fünf Minuten eine Entscheidung herbeiführen mußte. In den ersten industrialisierten Kriegen sind die Soldaten einem tage- ja wochenlangen Trommelfeuer ausgesetzt. Sie müssen von Minute zu Minute damit rechnen, von einem Volltreffer getötet oder von einem Beinahetreffer in finsteren, nassen, stinkenden und rattenverseuchten Löchern acht Meter unter der Erdoberfläche verschüttet zu wer-

---

★ John Keegan: *Das Antlitz des Krieges*. 1991

den. Gleichzeitig müssen die Truppen wachsam ausharren, weil sie mit einem sofortigen Angriff des Feindes zu rechnen haben, sobald der Artilleriebeschuß nachläßt.

Im Grabenkrieg entschied über Tod oder Überleben, ob die Eingegrabenen rasch genug herauskamen, um die ungedeckten Angreifer zu erschießen, oder ob die Angreifer so schnell in den Graben kamen, daß sie mit Handgranaten oder Flammenwerfern die Unterstände «ausräuchern» konnten.

Verglichen mit den jüngsten Kriegen – etwa dem Golfkrieg der UNO-Truppen gegen den Irak – ist selbst diese Art der Auseinandersetzung noch persönlich und alltagsnah; die Menge der abgeworfenen Explosivstoffe ist ebenso exponentiell gestiegen wie die Anonymität des Kampfes. Die meisten Soldaten der irakischen Armee haben keinen ihrer Feinde jemals zu Gesicht bekommen; die Bombardements zerstörten ihre Nachschubwege, die computergesteuerten Bomben krochen in die Unterstände; die Traumatisierungen auf der weniger hochgerüsteten Seite müssen immens gewesen sein, während die Kämpfer der High-Tech-Länder am meisten durch ihre eigenen Waffen («friendly fire») gefährdet waren.

Im Mittelalter unterschieden sich die Wunden der Schlacht kaum von denen der Rauferei oder der Werkstatt. Es gab bis ins 19. Jahrhundert unbeteiligte Zuschauer am Rand der Schlacht (in Waterloo hielten 1815 die Ortsansässigen die umliegenden

Hügel besetzt, um das Schauspiel zu genießen, in der mittelalterlichen Schlacht von Azincourt 1415 nutzten die Bauern der Gegend eine günstige Gelegenheit, den Troß der am Ende siegreichen Engländer zu plündern). Noch zu Beginn des amerikanischen Bürgerkrieges 1861 fuhren Familien mit Picknickkörben in der Kutsche an den Rand des Schlachtfeldes, um zu sehen, wie «unsere Jungs» gewinnen.

Parallel zu den perfektionierten Explosionen mit ihrer Qualität der unkontrollierten Entfesselung destruktiver Kräfte wurde die militärische Ausbildung vervollkommnet. In den archaischen Gesellschaften gab es kaum unangefochtene Führer. «Häuptlinge» sind meist von den Kolonialmächten aufgebaut worden. Sie übten niemals eine Autorität aus, die der eines europäischen Offiziers in einer modernen Armee vergleichbar ist. Feldzüge hingen vom Konsens der Beteiligten ab; es gab kein Mittel, unlustige Krieger davon abzuhalten, nach Hause zu gehen.

In der Feudalgesellschaft war der Eigenwille der Einzelkämpfer sehr ausgeprägt und ihr Ehrgeiz, Kampfruhm zu erwerben, auch erwünscht. Erst mit dem Aufkommen der Feuerwaffen wurden die strenge Befehlskette und der Drill eingeführt. Der Soldat sollte unter Feuer stehen bleiben und genau nach Vorschrift schießen (das war auch deshalb notwendig, weil durch die Feuerwaffen auch große Gefahren für die eigenen Leute entstanden). Es gab bereits in den napoleonischen Kriegen viele Situationen, in denen der Kanonier nicht mehr wußte, worauf er im Pulverdampf schoß und wen er traf.

Mit wachsenden Entfernungen und gesteigerter Feuerkraft schwanden die Möglichkeiten, rechtzeitig und ehrenvoll zu kapitulieren. In den Feldzügen des 15. und 16. Jahrhunderts ergaben sich die Schwerbewaffneten oft früh, um ihre Rüstung und ihr Leben zu schonen; sie wußten, daß sie verläßlich gegen Lösegeld ausgetauscht werden würden. Noch in den napoleonischen Kriegen war es relativ sicher, sich zu ergeben; immerhin sahen sich die Kämpfenden und konnten an den Fahnen und Uniformen erkennen, wen sie vor sich hatten. In den Schlachten der Industriegesellschaft sind Menschen zu Ameisen geworden. Es wird vorwiegend aus großer Entfernung getötet. Wenn überhaupt jemand die Explosionshölle überlebte, wurde unter Feuer genommen, wer aus der Deckung herauskam. Es gab wenig Möglichkeiten, weiße Fahnen zu hissen, wenn Soldaten aus einem vom Granatfeuer zerwühlten Unterstand sprangen oder sich aus einem brennenden Fahrzeug befreiten.

«Das Abschießen von Panzerbesatzungen, die aus ihren liegengebliebenen oder brennenden Panzern herauskrochen, gehörte zur normalen Praxis der Infanteristen des Zweiten Weltkriegs. Es gehört zu den abgefeimtesten Grausamkeiten der modernen Kriegsführung, daß sie selbst dem fähigsten und eigenwilligsten Soldaten das Gefühl seiner eigenen Nichtigkeit einhämmert und ihn damit dazu verführt, das Leben entwaffneter oder entnervter Gegner als ebenso unbedeutend zu behandeln.»* Solche Feststellungen zeigen, daß traumatische Entfremdungen nicht nur durch die technische Entwicklung vorgegeben, sondern aktiv hergestellt werden. Die Konstruktion einer mit allen anderen Situationen unvergleichbaren Wirklichkeit ist ein Mittel der Kampfausbildung; sie ideologisiert und idolisiert das «rein Militärische», die nackte Funktion.

Die Schlacht wurde zu einer Erfahrung, die sich immer nachdrücklicher in eine andere Richtung entwickelte als das Alltagsleben. Unser Alltag wurde zunehmend pazifiziert, während die Rüstungsindustrie die grausamsten Formen der Aggression perfektionierte. Wir führen heute intensive und hochaffektive Diskussionen darüber, ob Hühner in engen Käfigen leiden oder Schweine ohne Auslauf gehalten werden dürfen. Eine Mutter, deren Sohn auf dem Schulhof andere Kinder verprügelt, wird zum Beratungslehrer bestellt und über den Zusammenhang zwischen Frustration und Aggression aufgeklärt: Kann es sein, daß sie ihrem Jungen nicht genügend Liebe gibt?

Parallel dazu werden Waffen entwickelt und eingesetzt, die ganze Provinzen entlauben und vergiften; es gibt Plastiklandminen, die durch Suchgeräte nicht aufgespürt werden können und einen Meter hochspringen, ehe sie die Eingeweide von Kindern

---

* Keegan a. a. O., S. 385

oder Frauen zerfleischen, Splitterbomben, von gezackten Fragmenten gefüllt, mit denen verglichen die berüchtigten Dumdumgeschosse harmlos wirken, Panzermunition, die das Innere der Tanks mit glutflüssigem Metall oder einem Hagel feinster Metallklingen füllt, Napalm, das die Haftkraft von brennendem Benzin an der menschlichen Haut verstärkt. Über allem liegt bedrohlich-beruhigend der Schatten der Pilzwolken von Wasserstoffbomben, die Kriege zwischen hochgerüsteten Supermächten bisher verhindert haben, während die Armen der Welt dem Fortschritt der Rüstungstechnik in Stellvertreterkämpfen zum Opfer fallen.

Nicht nur die Soldaten töten einander aus dem Unsichtbaren, sondern auch die Entscheidungsträger sind heute fast immer weit von jeder persönlichen Gefährdung entfernt. Um unter diesen Bedingungen Menschen überhaupt zur Todesbereitschaft zu bringen, ist eine ausgefeilte propagandistische Programmierung notwendig. Systematische Erniedrigung des Rekruten, Vermittlung seiner Wertlosigkeit als Person und seiner Aufwertungschance durch soldatisches Verhalten – blinden Gehorsam und «Schneid» – sind Qualitäten des Drills in allen Armeen. (Vergleiche Seite 88f.) Schleifer und Rekrut antizipieren ein Verhältnis von oben und unten, das auch ein Verhältnis von alt und jung – zumindest älter und jünger – ist.

Sind Kriege denkbar, in denen nicht die jungen Männer für die alten den Kopf hinhalten? Die letzten Beispiele, etwa der Krieg zwischen dem Irak und dem Iran, bestätigen die Tradition des Opfers der Söhne durch die alten Männer. Man kann den Ödipus-Mythos auch in dieser Richtung lesen: Laios ließ seinen Sohn aussetzen, weil das Orakel gesagt habe, dieser werde ihn töten; Abraham wollte seinen Sohn als Opfer schlachten, bis der Engel des Herrn eingriff und ihn auf einen Widder verwies. Kurt Eissler hat daraus auf unbewußte Tötungsimpulse der älteren Männer gegen die jüngeren geschlossen.* Sie sind am leichtesten entbehrlich, sie haben noch keine «Familie», noch keine große Erfahrung, die für die Gruppe nützlich sein könnte. Kriegerische Traditionen werden nach dem Eindruck mancher Autoren dadurch aufrechterhalten, daß wenige Kampfbesessene eine große Zahl von Rekruten so lange herumschubsen, bis sie die Kampfbesessenen herausgefiltert haben, die ihre Nachfolge antreten können.

Ein britischer Oberst hat einen solchen Haudegen beschrieben: «Korporal Lofty Kind war ein hünenhafter und sehr rauher Bursche. Rauh auf vielerlei Weise und sehr rauh im Umgang mit seinen Leuten; es machte ihm überhaupt nichts aus, jemand zu Boden zu schlagen. Manchmal sagte ich ihm, er gehe mit den Leuten zu grob um. Lofty pflegte zu erwidern: ‹Es tut ihnen gut, Herr Oberst,

---

* Kurt Eissler: «Zur Notlage unserer Zeit». In: *Psyche* Bd. 22, 1968

es schadet ihnen gar nichts.› Und er meinte es auch und glaubte es auch. Er hatte richtigen Spaß am Kämpfen, und am glücklichsten war er in der Schlacht, dann war er geradezu in Hochstimmung. Im Feld war er netter zu seinen Leuten, so, als sei das Gefecht für ihn ein Ventil.»*

So ist die Schlacht etwas für die Jugend, und wer über Soldatenfriedhöfe geht, auf deren Gedenksteinen Geburts- und Todesdatum stehen, findet mehr Neunzehnjährige als in der Diskothek. Jugendliche ertragen die körperlichen Belastungen besser und passen sich leichter an Schrecknisse und Ängste an. Der Krieg wird ihr erster und oft ihr einziger Eindruck vom erwachsenen Leben; die Ungeduld des Jugendlichen, die Sehnsucht, schnell etwas zu sein und nicht immer warten zu müssen, wird durch den Krieg erfüllt. Auch die Entschädigungen der Schlacht ziehen Jugendliche mehr an als Ältere: das Kameradschaftserlebnis, das Jagdfieber, die Kriegslist, die Freude über Auszeichnungen.

Aber auch die jungen Menschen ertragen die Schlacht längst nicht so gut, wie es die alten gerne sehen würden. Daher die unerschütterliche Verbindung zwischen Kampf und Rausch, die in der Gegenwart eine Art Schere öffnet: Einerseits verträgt das moderne, komplizierte Gerät nur noch den voll konzentrierten, stocknüchternen Piloten; anderseits haben seit Menschengedenken Soldaten getrunken,

* zit. n. Keegan a.a.O., S. 388

um durch Alkohol die psychischen Selbstschutzmechanismen zu lähmen und die Unverwundbarkeitsphantasie zu steigern.

In der britischen Kriegsmarine wurde täglich Rum ausgegeben; schlechte Versorgung mit Alkohol war immer wieder der Anlaß für Meuterei. In Vietnam wurde die CIA mit dem Drogenhandel in Zusammenhang gebracht; ob die Vorwürfe nun zutreffen oder nicht, es hätte eine ehrwürdige Tradition, daß sich eine Organisation des Staates um die Betäubung der Soldaten kümmert. Marihuana, Heroin, die verschiedenen Kombinationen von Amphetaminen zum Aufputschen, Benzodiazepinen zum Sedieren spielen im Krieg eine große Rolle. Da Doping hier geheim ist und keine Organisation Soldaten Urinproben abnimmt, weiß man wenig darüber. Aber die Logik der Situation und die sporadischen Berichte legen nahe, zu vermuten, daß der drogenfreie Soldat ein Idealbild mit ähnlicher Realitätskraft ist, wie es der drogenfreie Sportler wäre, vorausgesetzt, es gäbe keine Kontrollen.

Diese Skizze der Entwicklung psychischer Belastungen durch den Krieg wäre unvollständig ohne einen Blick auf die Zukunft. Der letzte «alte» Krieg und der erste «neue» Krieg spielten sich beide im arabischen Golf ab. Der eine glich dem Ersten Weltkrieg: Zwei hochgerüstete, annähernd gleich starke Länder mit starken aggressiven Tendenzen, deren Abfuhr nach außen geeignet ist, innere Konflikte zu betäuben, streiten um die Hegemonie in ihrer Einflußsphäre. Der Iran erstrebte nach einer fundamentalistischen Erneuerung seines Regimes die Führung in der islamischen Welt, der Irak begehrte die Hegemonie unter den arabischen Staaten. Beide Länder waren durch eine Grenzkorrektur, die der Schah 1975 durchsetzte, zerstritten. In beiden war die Erinnerung an das Leid des Krieges verblaßt; in beiden wurden Begeisterungsstürme opferwilliger junger Kämpfer entfesselt, in beiden gewann der Krieg schließlich eine Eigendynamik.

Zunächst wuchs das Streben, trotz steigender Opfer die Anstrengung zu vermehren, weil sonst die bisherigen Opfer ihren Sinn verloren hätten. Schließlich löste Kriegsmüdigkeit die inbrünstige Rechtfertigung menschlichen Leidens ab, deren Geschmacklosigkeit (wie der mit rotem Wasser betriebene Märtyrerbrunnen in Teheran) kaum zu überbieten scheint. Der erste mögliche Anlaß zum Waffenstillstand wurde wahrgenommen (der Tod des unerbittlichen Ajatollah Chomaini). Dieser Krieg ließ nur Verlierer zurück.

Einer dieser Verlierer, der Irak, suchte ein leichter zu eroberndes Ziel. Sein Vorgehen in Kuwait beruhte auf der Annahme, daß die Beschützer des kleinen Landes den Einsatz scheuen würden, ihn zu vertreiben, weil sie weder ausreichende Streitkräfte aufbieten noch das Todesopfer riskieren würden, zu dem Saddam Hussein seine jungen Männer mit der zynischen Bemerkung bereithielt, er könne sich politisch den Verlust einer halben Million Kämpfer leisten, während Präsident Bush bereits bei einem Bruchteil dieser Menge stürzen würde.

In allen Punkten hat sich der irakische Diktator geirrt. Er wurde schnell angegriffen und geschlagen, ohne daß seine Gegner nennenswerte Verluste erlitten. Es hat sich gezeigt, daß Militärmächte mit entwickelter Industrie in der Lage sind, eine vernichtende Feuerkraft punktgenau zu mobilisieren. Nur andere Nuklearmächte können ihnen entgegentreten. Aber seit 1945 haben sich die Supermächte nicht mehr angegriffen. Das heißt, daß die Kriegstraumatisierungen, unter denen die Familien nach 1945 zu leiden hatten, in den betroffenen Staaten entweder nie mehr in dieser Form auftreten werden, oder es niemanden mehr geben wird, der sie an einer wie auch immer gearteten Normalität messen kann.

Edward Shorter hat beschrieben, wie sich in den letzten hundert Jahren die Symptomatik psychosomatischer Erkrankungen von dramatischen hysterischen Krämpfen und Lähmungen zu uncharakteristischen Syndromen von Müdigkeit und chronischer Erschöpfung verwandelt hat.* Ähnli-

---

* Während die hysterischen Kranken den Ärzten so sehr vertrauten, daß sie genau die Symptome produzierten, die diese erwarteten, ist angesichts der Erschöpfungssyndrome eine neue Front aus Massenmedien und pseudomündigen Patienten entstanden, die sich trotzig gegen ärztliche, aber auch psychologische Bevormundungen wehren und wie eine Sekte davon ausgehen, daß nur Betroffene «mitreden» dürfen. Vgl. Edward

che Veränderungen scheinen auch für die Traumen des Krieges zu gelten. Die von Shorter beschriebene Dynamik der Dementis von Behörden und Ärzten und des Mißtrauens einer Front aus Betroffenen und Medien läßt sich jedenfalls gut an der Debatte für das «Golfkriegs-Syndrom» demonstrieren, die zwischen den Organisationen der Betroffenen (die es inzwischen in drei der kriegführenden Länder – Großbritannien, Kanada und den USA – gibt) und den Militärbehörden geführt wird. Auf der einen Seite die Verknüpfungen unklarer Malaisen wie Atemnot, Müdigkeit, Schlaflosigkeit, Durchfälle, Schmerzzustände, Gedächtnisstörungen mit Ereignissen im Golfkrieg, auf der anderen Seite die abwiegelnden Stellungnahmen und die beruhigenden Statistiken, wie wir sie ähnlich schon lange über die Leukämie-Häufigkeit im Umkreis von Anlagen der Atomindustrie kennen.

Drei «traumatische» Einwirkungen werden vor allem diskutiert – es sind alles Vergiftungsmodelle:
1. Die Soldaten wurden zur Prophylaxe der befürchteten biologisch-chemischen Waffenwirkungen mit riskanten Mitteln behandelt. Sie wurden gegen Milzbrand und Botulismus geimpft und erhielten ein recht toxisches Medikament, Pyridostigminbromid, das vor den Auswirkungen des

Shorter: *Moderne Leiden. Zur Geschichte der psychosomatischen Krankheiten*. Reinbek: Rowohlt 1994

Nervengases Soman schützen sollte, in hohen Dosen und weitgehend ohne Sicherheitsvorkehrungen.*

2. In Kuwait und nach dem Einmarsch in den Irak wurden die Soldaten mit Giften konfrontiert, die Langzeitwirkungen entfaltet haben. Inzwischen liegen mehrere Berichte vor, die das anfänglich optimistische Bild, der Irak habe gar keine chemischen Waffen eingesetzt, nicht aufrechterhalten lassen. Senfgas und Sarin wurden nachgewiesen; allerdings scheinen diese eher aus dem Brand von chemischen Fabriken des Irak und Depotbeständen zu stammen als aus dem militärischen Einsatz.**

3. Last but not least das «friendly fire»: Das Pentagon selbst hat eingestanden, daß 35 Soldaten durch Geschosse aus Uran getötet und fast doppelt so viele verletzt wurden. Uran ist radioaktiv und wegen seines spezifischen Gewichts, das höher ist als das von Blei, sehr waffentauglich. Beim Aufprall verwandelt sich die kinetische Energie der Geschosse in Hitze, sie schmelzen, es entsteht toxischer Rauch. Im Golfkrieg wurden insgesamt über viertausend großkalibrige Granaten und fast eine Million Maschinenkanonen-Kugeln vom Kaliber 3 cm aus

---

* Das stellte Senator John D. Rockefeller, der Vorsitzende des Veteranen-Ausschusses, in einem Untersuchungsbericht fest: Das Pentagon schloß erst empfindliche Soldaten von der Gabe des Mittels aus, verabreichte es später aber ohne Vorwarnungen und Sicherheitsvorkehrungen.
** Ausführlich dargestellt in einem Dossier von Michael Schwelien, *Die Zeit* Nr. 33 / 11. 8. 1995, S. 10

Kampfflugzeugen mit diesem radioaktiven Material verschossen, das bei der Produktion von Atomwaffen anfällt. Das bedeutet, daß viele Soldaten Kontakt mit radioaktiven Stäuben hatten.*

Es geht heute um die schwer abzuwägenden Qualitäten einer «toxischen Gesamtsituation», um Soldaten, die den Rauch einatmen, der aufsteigt, wenn komplexe Güter verbrennen, Automobile, Waffensysteme, Ölfelder und Munitionsdepots. Diese kaum noch aufklärbaren Belastungen werden durch eine seelische Komponente verstärkt; der Soldat, der sich an der Front extrem auf alle Formen der «Feindeinwirkung» sensibilisiert, scheint heute, in die Heimat zurückgekehrt, mehr denn je von paranoiden Entwicklungen bedroht, die seine Phantasie, verfolgt und potentielles Opfer zu sein, auf Ärzte, Psychologen, Sozialarbeiter und Militärbeamte ausweiten.

* Auch im Irak sollen nach schwer nachprüfbaren Berichten viele Kinder krank geworden sein, weil sie in zerschossenen Panzern gespielt haben.

8 Die Psychoanalyse im Krieg

Die wohlmeinende Erwartung, wer die Extremsituationen von Krieg und Gefangenschaft körperlich einigermaßen überstanden habe, müsse doch froh und dankbar sein, daß er in Sicherheit, Frieden und Wohlstand heimgekehrt sei, verkennt jene dunklen Seiten der menschlichen Natur, denen Freud mit dem Begriff des *Todestriebes* beizukommen suchte. Er erkannte diesen Trieb nach dem Ersten Weltkrieg vor allem daran, daß die Soldaten eben nicht erleichtert heimkehrten, sondern im Frieden vielfach nichts anderes zu tun schienen, als die traumatischen Situationen in ihrer Phantasie wieder herzustellen.

Es mußte ein Beharrungsvermögen, eine Art Schwerkraft des psychischen Apparates geben, der die nicht bewältigten Situationen immer und immer wieder neu schuf, ähnlich wie in einem amerikanischen Film der einstige Vietnamkämpfer den Frieden dazu verwendet, für hohe Wettgelder einen Revolver an seine Schläfe zu setzen und russisches Roulette zu spielen. Eine wohlwollendere Betrachtung mag in solchen Verhaltensweisen den Sinn erkennen, die traumatische Situation in der

Wiederholung stückweise, in vielleicht winzigen Schritten, doch noch zu verarbeiten. Ein Skeptiker wie Freud erkennt das Wirken des Todes im Leben: Der Organismus, der überstanden hat, was er nicht hätte überleben sollen, darf sich dem Leben nicht mehr zuwenden, sondern bleibt der Todessituation verhaftet, als hätte er sie nur versehentlich überlebt.

Freuds Analyse wirkt abstrakt. Man merkt ihr an, daß er aus der Distanz eines Beobachters spricht, dem die wesentlichen Dimensionen der Frontsituation fremd sind. Aber er hat eine wesentliche sozialpsychologische Grundlage der Traumatisierungen moderner Kriege erkannt. Es handelt sich um die Innovation der allgemeinen Wehrpflicht und die völlig neuartige Rolle des «Kriegsfreiwilligen».

In den Zeiten vor den großen Neuerungen der bürgerlichen Revolution waren Kriege die Sache relativ kleiner Truppenmengen, die den Kampf als Beruf ausübten. Es gab den charakteristischen Konflikt zwischen den Berufssoldaten und den Zivilisten in Uniform nicht, der beide Weltkriege mehr oder weniger bestimmt hat. Dieser soziale Konflikt, der mit zahlreichen Vorurteilen operierte, spiegelt einen inneren, den Freud so zusammenfaßt:

«Die Kriegsneurosen sind, soweit sie sich durch besondere Eigenheiten von den banalen Neurosen der Friedenszeit unterscheiden, aufzufassen als traumatische Neurosen, die durch einen Ichkonflikt ermöglicht oder begünstigt worden sind ... Er spielt sich zwischen dem alten friedlichen und dem neuen kriegerischen Ich des Soldaten ab und wird akut, sobald dem Friedens-Ich vor Augen gerückt wird, wie sehr es Gefahr läuft, durch die Wagnisse seines parasitischen Doppelgängers ums Leben gebracht zu werden. Man kann ebensowohl sagen, das alte Ich schütze sich durch die Flucht in die traumatische Neurose gegen die Lebensgefahr, wie es erwehre sich des neuen Ichs, das es als bedrohlich für sein Leben erkennt. Das Volksheer wäre also die Bedingung, der Nährboden der Kriegsneurosen; bei Berufssoldaten, in einer Söldnerschar, wäre ihnen die Möglichkeit des Auftretens entzogen.»*

Die Psychoanalytiker bestimmten die narzißtischen Anteile der Libido – die «Selbstliebe» – als entscheidenden Faktor. Freud selbst hat keine Kriegsneurotiker analysiert. Er kannte die Situation aus den Berichten seiner Söhne, die eingezogen worden waren. In einem Brief an Ferenczi betont er die Rolle der Kameraden, ein Gedanke, der in praktisch allen Analysen der Frontsituation ** eine zentrale Rolle spielt. «Es handelt sich um einen Konflikt zweier Ichideale, des gewohnten und des durch den Krieg aufgedrängten. Das letztere ruht

---

* S. Freud, Brief vom 27. 10. 1918 an S. Ferenczi, zit. n. Jones Bd. II, S. 301
** Belege bei Ekstelns, S. 25 ff., Keegan, S. 304 ff., in den Berichten von Graves, Sassoon, Read.

ganz auf frischen Objektrelationen (Vorgesetzte, Kameraden).»*

Wie in anderen Fällen war Freud unbefangener als seine Schüler, wenn es darum ging, theoretische Positionen wieder zu verlassen. Während sich normalerweise die Seele durch Angstsignale vor heftigem Schreck schützen kann – so erläutert er in einem Brief an Jones zu den Kriegsneurosen –, wird bei den Traumatisierungen diese Schutzmaßnahme gewissermaßen überrannt. Der Organismus wird unvorbereitet und ungewarnt von Angst überfallen, die zentrale Aufgabe des Ichs, der Schutz vor Reizüberschwemmung, kann nicht wahrgenommen werden. Der Unterschied zwischen traumatischen Neurosen im Krieg und solcher im Frieden liegt darin, daß im Frieden das Ich zwar stark ist, jedoch unvorbereitet getroffen wird, während im Krieg das Ich zwar vorbereitet ist, aber durch den Konflikt zwischen den beiden Ich-Idealen («guter Soldat» und «heile Haut») geschwächt.**

Der Konflikt zwischen dem todesmutigen und dem leben wollenden Ich-Ideal hat Freud nicht nur im Zusammenhang mit den Kriegsneurosen beschäftigt. Angesichts einer solchen Wiederkehr der Barbarei und der Unfähigkeit vieler Entkommener, den Frieden zu genießen, verwandelte sich seine

* S. Freud, Brief vom 27. 10. 1918 an S. Ferenczi, zit. n. Jones Bd. II, S. 301
** S. Freud, Brief vom 18. 2. 1919 an E. Jones, zit. n. Jones Bd. II, S. 302

ganze Theorie aus einem Kampf zwischen Sexualität und Selbsterhaltung in den Gegensatz von Lebens- und Todestrieben. Es ist erstaunlich genug und doch wenig zu verwundern, daß auch Menschen, die selbst nie an der Front waren, von den geistigen Erschütterungen erfaßt und in ganz andere Richtungen bewegt wurden, als es frühere Beobachter vorausgesehen hätten.★

Auch Soldaten, die den Krieg haßten, sehnten sich in der Etappe oft danach, wieder an die Front zu kommen. Denn, so deutet Freud, was aktiv getan wird, belastet das Ich weniger als das, was es erleidet.★★

Die Gesamtheit der Revisionen bisheriger psychoanalytischer Modelle in dem Aufsatz «Jenseits des Lustprinzips» mutet überstürzt an. Freuds Konstruktion des Todestriebes sind nur wenige Psychoanalytiker gefolgt. Diese Theorie wird heute in Philosophie und Literatur, aber nicht in der Psychologie diskutiert. Der Leser wird den Eindruck einer Verharmlosung gewinnen, wenn er an die Belastungen der Soldaten denkt und als Erklärung ihrer trauma-

---

★ So wurde aus dem bissigen, von der konservativen Zensur verfolgten Schriftsteller Ludwig Thoma ein antidemokratischer und antisemitischer Eiferer, aus dem Spätromantiker Ludwig Ganghofer – Spezialität: fromme ländliche Idylle – ein martialischer Wort-Haudegen.

★★ Urmodell dieser Wiederholung ist das anderthalbjährige Kind, das mit einer Garnrolle, die es wegwirft und am Faden wieder herzieht, Verlust und Rückkehr der Mutter wiederholt. S. Freud: *Jenseits des Lustprinzips*. Ges. W. Bd. XIII, S. 28

tischen Reminiszenzen das Kind findet, das aktiv die
«Mutter» wegwirft und wieder heranzieht. Auf seine
Weise sucht Freud das Subjekt vor dem übermächtigen Anprall der industrialisierten Mordmaschinerie
zu retten. Der Todestrieb ist eine regressive Bewegung seines Denkens, ein Versuch, die Überwältigung durch ein technisch-soziales Machtsystem
zurückzuverlegen in Urszenen der individuellen
Entwicklung. Er ist sozusagen das Spiel mit der Garnrolle auf der Ebene philosophischer Spekulation.

Trieb als etwas, das instinktiv von innen heraus
bewegt, und sei es zum Tode, ist doch überschaubar und dem Subjekt zugehörig; was aber im
Krieg geschah, überstieg die Verarbeitungsmöglichkeiten des Subjekts. «Wer so lange in den Gräben stand wie unsere Infanterie, wer in solch höllischen Angriffen nicht den Verstand verlor, muß
zum mindesten für viele Dinge das Gefühl verlieren. Zuviel des Gräßlichen, zuviel Unerhörtes
stürmte auf die armen Kerle ein. Es ist mir unverständlich, wie all das ertragen werden kann. Unser
kleines, armes Hirn faßt das alles ja gar nicht.»*

Der Eindruck einer Ichspaltung zwischen dem
kreatürlichen Leben und dem tödlichen Ideal läßt
sich nicht nur in Freuds Modell der Kriegsneurose
beobachten, sondern auch in den heftigen Gegen-

---

* So schrieb der deutsche Student Hugo Steinthal von der
Westfront nach Hause. In: Philipp Witkop (Hg.) *Kriegsbriefe
deutscher Studenten*. Gotha 1916, S. 45, zit. n. Modris Eksteins:
Tanz über Gräben, a. a. O., S. 262

sätzen der literarischen, aber auch der politischen Verarbeitung des Ersten Weltkriegs. Damals wurden Haltungen gebahnt, die uns gegenwärtig beschäftigen – die Ablehnung des Krieges wie seine Glorifizierung, die Kritik an der technischen Omnipotenz, dem Energie- und Mobilitätswahn, wie ihre Rechtfertigung.

Je weniger das Vaterland die Opfer belohnt, desto uneingeschränkter wachsen die Forderungen, es zu idealisieren («denke nie darüber nach, was dein Vaterland für dich tun kann, überlege nur, was du für es tun kannst»). Zusammen mit der Hingabe an das Liebesobjekt (den Führer, die Idee) versagen die Funktionen, die im seelischen Normalzustand dem Ichideal zufallen: Selbstkritik, Vergleiche zwischen der eigenen Person und anderen, Orientierung an der eigenen Geschichte und den eigenen Zielen für die Zukunft.

Interessant ist schließlich die institutionelle Rolle der Psychoanalyse im Krieg. Pazifistisch war 1914 nur eine winzige Minderheit der Analytiker (Siegfried Bernfeld ist der bekannteste von ihnen). Freuds Bewegung war nach dem Ersten Weltkrieg quasi eine Kriegsgewinnlerin. Sie ging gestärkt daraus hervor, üppiger mit öffentlicher Aufmerksamkeit und finanziellen Mitteln versorgt. Die bis heute rätselhafte Massenbewegung der Kriegsbegeisterung in allen beteiligten Ländern hatte auch sie erfaßt, vielleicht nicht so naiv wie die Autoren der anderthalb Millionen Kriegsgedichte, die allein im August 1914 veröffentlicht wurden*, aber doch vorsichtig-optimistisch.

In einem Freud-Brief von 1914 wird die Teilnahme an der allgemeinen nationalen Kampfstimmung eher zwischen den Zeilen deutlich: «Es scheint ja gut zu gehen, aber es ist nichts Entscheidendes, und die Hoffnung auf eine rapide Erledigung der Kriegssache durch katastrophale Schläge haben wir aufgegeben.»** Was gutzugehen scheint, ist der Überfall auf Belgien, durch den Deutschland und Österreich einen entscheidenden Terraingewinn zu erreichen hofften. Freud fährt fort: «Die Zähigkeit wird zur Haupttugend werden.»

Erst Jahre später sagt er nachdenklich: «Die logische Verblendung, die dieser Krieg oft gerade bei den besten unserer Mitbürger hervorgerufen hat, ist also ein sekundäres Phänomen, eine Folge der Gefühlserregung, und hoffentlich dazu bestimmt, mit ihr zu verschwinden.»***

Es ist auch relativ wenig bekannt, daß die finanziellen Mittel, aus denen der nach dem Krieg gegründete «Internationale psychoanalytische Verlag» schöpfte und die von einem ungarischen Ka-

---

* Sven Papke: «Kriegsdienst mit den Waffen des Geistes. Die Sozialwissenschaften im Ersten Weltkrieg», in: *Vorgänge* 21, 1982, S. 26
** Sigmund Freud an Karl Abraham im September 1914. *Briefwechsel Freud / Abraham 1907–1926*. Frankfurt: S. Fischer 1965, S. 188
*** S. Freud: *Zeitgemäßes über Krieg und Tod*. Ges. W. Bd. X, S. 339

pitalisten gestiftet wurden, aus «dem Erträgnis industrieller Zwecke während der Kriegszeit» stammen.* Der Wiener Psychoanalytiker Johannes Reichmayr hat die Kriegsjahrgänge der psychoanalytischen Zeitschriften und die Wiener Archive nach Unterlagen über den Kriegsdienst der Analytiker durchsucht. Er fand keine einzige Stellungnahme gegen den Krieg und keine Verbindungen zu pazifistischen Bewegungen.

Am Budapester Kongreß im September 1918 nahmen – ganz anders als auf früheren Kongressen – hochgestellte Heeresoffiziere und Vertreter der Obrigkeit teil. Es scheint, daß die psychoanalytisch ausgebildeten Ärzte ähnlich den Geistlichen aller Armeen ohne Skrupel ihrer Aufgabe nachgingen, die Kampfkraft zu erhalten. Auf dem Kongreß in Budapest, erinnert sich der Analytiker Sándor Radć, war «jedermann in Uniform außer Freud»**. Ein anderer Aspekt dieser obrigkeitsorientierten und staatserhaltenden Tendenz der damaligen Psychoanalytiker ist die Bagatellisierung des Traumas. Obwohl die «Zitterer» unter den Invaliden in den Straßen unübersehbar waren, behauptete Freud,

---

* S. Freud: «Internationaler psychoanalytischer Verlag und Preiszuteilungen für psychoanalytische Arbeiten», in: *Internat. Zeitschrift f. Psychoanalyse* 5, 1919, S. 137. Diese Literaturangabe und viele weitere Informationen verdanke ich dem Artikel von Johannes Reichmayr: «Psychoanalyse im Krieg. Zur Geschichte einer Illusion», in: P. Pasett u. E. Modena (Hg.): *Krieg und Frieden aus psychoanalytischer Sicht*. Frankfurt: Stroemfeld 1983, S. 36–59
** Reichmayr a. a. O., S. 39

daß mit dem Aufhören der Bedingungen des Krieges auch die meisten neurotischen Erkrankungen durch den Krieg verschwunden seien.

Solche dubiosen Behauptungen gingen genau in die Richtung einer Sozialpolitik, welche jedes einfühlende Entgegenkommen verweigern mußte, um nicht von den Entschädigungshoffnungen der traumatisierten Soldaten überschwemmt zu werden. Ebenso pathetisch wie unrealistisch schreibt Freud: «Wenn das wilde Ringen dieses Krieges seine Entscheidung gefunden hat, wird jeder der siegreichen Kämpfer froh in sein Heim zurückkehren, zu seinem Weibe und seinen Kindern, unverweilt und ungestört durch Gedanken an die Feinde, die er im Nahkampfe oder durch die fernwirkende Waffe getötet hat.»* In den Referaten auf dem Budapester Kongreß werden sowohl der Krieg wie die traumatischen Störungen der Soldaten mit Naturmächten verglichen und so aller menschlichen Verantwortung enthoben. Ferenczi verglich die Kriegsneurosen mit Primitivreaktionen: Wutanfälle, die sich bis zu Krämpfen**

---

* S. Freud: *Zeitgemäßes über Krieg und Tod*, in: Ges. W. X, S. 349

** Solche Affektentladungen werden auch bei Adolf Hitler beschrieben, dessen traumatische Störung vor allem unter dem enthemmenden Einfluß seiner Medikamentenabhängigkeit während der letzten Kriegsjahre immer auffälliger wurde. Hitler konnte 1945 kaum mehr schreiben, er zitterte ständig. Vgl. A. Speer: *Erinnerungen*. Berlin: Ullstein 1969, S. 445. Die drohende Niederlage belebt Hitlers Kriegstrauma und seine Identifizierung mit den Toten, den «Besten». Speer legt Hitler folgende Worte in den Mund: «Wenn der Krieg verloren geht, wird auch das Volk verloren sein. Es ist nicht notwendig, auf die

steigern und die den Affektentladungen von Säuglingen oder dem Sichtotstellen von Tieren gleichen.

Ernest Jones, der in Budapest die britische Psychoanalyse vertrat, behauptete sogar, daß die Anpassungsleistung im Kriege zwar schwierig, aber doch längst nicht so schwierig wie die Anpassung «in den verschiedenen Situationen des Geschlechtslebens» sei. So erscheinen Krieg und Frieden als gesellschaftliche Zustände, die ihre Vorzüge und Nachteile, auch für die Neurosenentstehung, haben. Einer der NS-Psychotherapeuten, der auch nach dem Krieg noch lange in der «Ärztlichen Psychotherapie» eine führende Rolle spielte, erzählt in seiner Autobiographie fast triumphierend, wie selbst schwere Zwangsneurosen unter den Bedingungen des Rußlandfeldzugs verschwanden.★

Krasse Belege für eine martialische Haltung in der Tiefenpsychologie lange vor den Ereignissen von 1934, als sich viele deutsche Freudianer, Jungianer und Adlerianer in problematischer Eintracht «gleichschalten» ließen, finden sich in einer Arbeit von Victor Tausk, «Zur Psychologie des Deserteurs». Diesem zweifellos hochintelligenten, aber

---

Grundlagen, die das deutsche Volk zu seinem primitivsten Weiterleben braucht, Rücksicht zu nehmen. Im Gegenteil ist es besser, selbst diese Dinge zu zerstören. Denn das Volk hat sich als das schwächere erwiesen, und dem stärkeren Ostvolk gehört ausschließlich die Zukunft. Was nach diesem Kampf übrigbleibt, sind ohnehin nur die Minderwertigen, denn die Guten sind gefallen.» A. Speer a. a. O., S. 446

★ Johannes Heinrich Schultz: *Lebensbilderbuch eines Nervenarztes*. Stuttgart: Thieme 1964

selbst psychisch schwer belasteten Psychoanalytiker, der 1918 Selbstmord beging, scheinen Deserteure ausnahmslos pathologisch. Verblüffend ist sein Rückschritt gegenüber Einsichten Freuds, die dieser etwa in das Gleichnis vom Stadtpferd der Schildbürger kleidete (das haferfrei arbeiten sollte und verhungerte). Tausk erkennt keinen Konflikt zwischen Es und Über-Ich, zwischen kreatürlichen Wünschen und sozialer Norm, sondern gliedert die Welt der Deserteure in «bürgerliche», die an einer Geisteskrankheit leiden, und «Bauern», die «schwachsinnig» sind. Tausk:

«Eine vierte Kategorie von Deserteuren begründet die Flucht mit der Unfähigkeit, die Strapazen des Dienstes zu ertragen. Sie fühlen sich zu schwach. Aber sie nehmen die elendesten Strapazen des Flüchtlingslebens beinahe mit Gleichmut und mit zäher, unverdrossener Ausdauer auf sich. Es sind dies meist ältere Bauern, und man kann sie alle für mehr oder minder schwachsinnig erklären. Diese Leute haben auch zu Hause immer schwer gearbeitet, sie arbeiten beim Militär oft nicht schwerer, aber hier ist ihnen alles zu schwer. In diesen Fällen muß man nicht viel nach einer Ätiologie suchen. Es handelt sich um kindische Bauern von der denkbar geringsten Kultur und Bildung, die für andere als für die gewohnten Tätigkeiten ihres Dorflebens kein Interesse aufbringen. Sie sind beinahe ausnahmslos Analphabeten. Ihre Beziehungen zu den Ideen des Staates gehen nicht weiter, als daß sie es stets als eine Ungerechtigkeit empfunden haben, Steuern zahlen zu müssen. Den Zusammenhang zwischen ihrer militärischen Tätigkeit und den allgemeinen Zielen des Staates vermögen sie nicht anders aufzufassen. Ihr Interessenkreis ist vollkommen infantil. Die Übertragung ihrer Tätigkeitsliebe auf Aufgaben, deren Früchte sie nicht handgreiflich nach Hause bringen können, gelingt ihnen nicht. Sie haben am Staatsleben niemals teilgenommen, sie können es nicht verstehen und nicht lieben, und sie sehen nicht ein, daß sie in einer ihnen fremden Aktion Opfer für etwas bringen sollen, was man die Allgemeinheit nennt.»★

«Im Hinblick auf die Unterklassen, die fremd und unverständlich bleiben, kommt der soziale und gesellschaftliche Analphabetismus des Bourgeois im Psychoanalytiker besonders krass zum Vorschein», kommentiert Reichmayr.★★

Der einzige Analytiker, dessen Betroffenheit und Einfühlung in die traumatisierten Soldaten deutlich werden, ist Ernst Simmel, der auch die reichhaltigsten klinischen Erfahrungen sammeln konnte. Er leitete in Berlin ein Speziallazarett für «Kriegsneurotiker». Wer die heutigen Vorbehalte der institutionalisierten Psychoanalyse gegen Methodenkombinationen und aktives Vorgehen kennt, erfährt bei der Lektüre dieser bald achtzig Jahre alten Texte,

---

★ Victor Tausk: «Zur Psychologie des Deserteurs», in: *Internat. Z. f. Psychoanalyse* Bd. 4, 1916 / 1917, S. 237
★★ Reichmayr a. a. O., S. 47

wie kreativ die frühen Psychoanalytiker arbeiteten. Simmel berichtete, wie er den meisten Kranken binnen zwei bis drei Sitzungen mit einer Verbindung aus hypnotisch induziertem Abreagieren und analytischer Aufdeckung helfen konnte. Er bemerkte, daß für die einfachen Soldaten eine rein verbale Abfuhr ihrer unterdrückten Affekte nicht ausreichte. So ließ er eine Art Dummy bauen: «Der Soldat steht unter der Suggestion der Tat, des ‹Auge um Auge, Zahn um Zahn›. Sein so belastetes Unterbewußtsein wird nun befreit durch eine Tatabreaktion. Ich habe darum längst dazu übergehen müssen, ein gepolstertes Phantom zu konstruieren, gegen das der Neurotiker, in seinem Urmenscheninstinkt kämpfend, sich selbst siegreich befreit.»*

Simmel wirkt neben den Durchhalteparolen von Ernest Jones und den stammesgeschichtlichen Mythologien von Sándor Ferenczi nüchterner und teilnehmender zugleich. Er faßt seine Betroffenheit in einen Bandwurmsatz, der seine Anstrengung signalisiert, die Fassung zu behalten und um ein psychologisches Urteil angesichts der bedrängenden Umstände zu ringen:

«Man muß die Kriegsereignisse selbst oder ihre Rekapitulation** in der analytisch-kathartischen

---

* Sigmund Freud et al.: *Zur Psychoanalyse der Kriegsneurosen.* Leipzig und Wien: Internat. Psychoanal. Verlag 1919, S. 55
** «Sechs Monate suchten mich Kampf-Albträume heim, obwohl ich noch nie einen Kampf erlebt, geschweige denn daran teilgenommen hatte», sagt Chaim F. Shatan nach einigen Wochen intensiver Arbeit mit Vietnam-Veteranen. Das Trauma ist

Hypnose miterlebt haben, um zu verstehen, welchen Anstürmen das Seelenleben eines Menschen ausgesetzt ist, der nach mehrfacher Verwundung wieder ins Feld muß, bei wichtigen Familienereignissen von den Seinen auf unabsehbare Zeit getrennt ist, sich unrettbar dem Mordungetüm eines Tanks oder einer sich heranwälzenden feindlichen Gaswelle ausgesetzt sieht, der durch Granatvolltreffer verschüttet und verwundet oft stunden- und tagelang unter blutigen, zerrissenen Freundesleichen liegt und nicht zuletzt der, dessen Selbstgefühl schwer verletzt ist durch ungerechte, grausame, selbst komplexbeherrschte Vorgesetzte und der doch still sein, sich selbst stumm niederdrücken lassen muß von der Tatsache, daß er als einzelner nichts gilt und nur ein unwesentlicher Bestandteil der Masse ist.»★

Nach der deutschen Niederlage von 1945 begruben viele deutsche Psychoanalytiker in einer (Über-)Identifizierung mit Freud ihre Anpassungsleistungen an den Nationalsozialismus. Sie fühlten sich als Opfer der Nazi-Diktatur, weil ihnen ihr Anpassungseifer Äußerungen abgezwungen hatte wie den denkwürdigen Satz von Müller-Braunschweig, die Psychoanalyse sei imstande, «den gerade jetzt neu

---

sozusagen ansteckend für den empathischen Beobachter; das verrät auch Simmels Diktion. Shatan: «Militarisierte Trauer und Rachezeremoniell», in: Pasett / Modena (Hg.): *Krieg und Frieden aus psychoanalytischer Sicht*. Frankfurt: Stroemfeld 1983, S. 220

★ Ernst Simmel: «Zweites Korreferat zur Psychoanalyse der Kriegsneurosen», a. a. O., S. 45

herausgestellten Linien einer heroischen, realitätszugewandten, aufbauenden Lebens- und Weltauffassung wertvoll zu dienen.»*

---

* Gudrun Brockhaus, «Seelenführung, aus den Mächten des Blutes gespeist» ... Psychotherapie und Nationalsozialismus. In: Heiner Keupp / Helga Bilden (Hg.): *Verunsicherungen. Das Subjekt im gesellschaftlichen Wandel.* Göttingen: Hogrefe 1989, S. 117. Brockhaus unterscheidet unter den nazikonformen Psychotherapeuten zwischen «Tiefensuchern» (Blutmythologie, Lob des Irrationalen, Therapeut als Meister, das Unbewußte als quasireligiöse Instanz) und «Volkserziehern» (Ordnung, Tüchtigkeit, Therapeut als Führer und Erzieher, Neurose als Bequemlichkeit). Bereits in den Äußerungen der Psychoanalytiker zum Krieg von 1914–18 sind beide Komponenten nachweisbar.

9 Entwicklungshindernisse in den Familien

In allen Ländern – gleichgültig, ob sie zur Sieger- oder Verliererseite gehörten – hatten die Frontsoldaten nach dem Ersten Weltkrieg das Gefühl, daß ihnen ihre Opfer zu wenig gedankt wurden. Und so ist die Situation nach größeren Kriegen geblieben. Die Wirtschaft hat überall Mühe, sich nach den Einseitigkeiten und der Konkurrenzarmut des Kriegsgeschäftes neu zu strukturieren. Zwischen 1918 und 1920 grassierten Inflation, Arbeitslosigkeit und Armut. Eine Grippewelle forderte mit zwanzig Millionen Menschen mehr Opfer als die Schlachtfelder.

Der Friede war von Erschöpfung bestimmt, der Erschöpfung folgte die Enttäuschung, der Enttäuschung die Verdrängung. Als Robert Graves und T. E. Lawrence 1919 in Oxford ihre Lehrtätigkeit antraten, mußten sie sich damit einverstanden erklären, nicht über den Krieg zu sprechen. Verleugnung der Traumata des Krieges ist keine Errungenschaft der Deutschen im Wirtschaftswunder, eher ein Überlebensprinzip der modernen Gesellschaften. Ihre Bürger müßten sonst angesichts der von ihnen heraufbeschworenen Katastrophen verzagen.

Mit großem propagandistischem Nachdruck wurde nach allen Kriegen dafür geworben, die Veteranen mit zivilen Arbeitsplätzen zu versorgen. Aber viele Unternehmer zogen anderes Personal vor. Die Frontsoldaten galten als schwierig, weil sie nicht bereit waren, die verachteten «Etappenhengste» als Vorgesetzte zu akzeptieren.

Aus diesem Potential der Unzufriedenen wuchsen und wachsen die extremistischen politischen Richtungen. Mit den Problemen der heimgekehrten Vietnam-Kämpfer beschäftigt sich Hollywood bis heute.* Selbst die kurze Episode des Golfkrieges hat ihre eigene, diesmal mehr hypochondrisch getönte Problematik der Wiedereingliederung (vergleiche Seite 170).

Von der Heimat enttäuscht, wirtschaftlich unter Druck, suchten die Soldaten Halt an ihren Frauen. Durch den Frauenüberschuß in der Nachkriegszeit

---

* In einer charakteristischen Mischung aus Romantisierung des Krieges und (Pseudo-)Verständnis für den Gegner. Der seit *Im Westen nichts Neues* vertraute Gestus, die Frontkämpfer zu idealisieren und die korrupten Politiker / Etappenherrscher zu dämonisieren, bestimmt noch die «Rambo»-Serie Sylvester Stallones. Die Wahrheit ist banaler und erheblich deprimierender. Jonathan Shay berichtet in seinem Buch *Achill in Vietnam. Kampftrauma und Persönlichkeitsverlust*. Hamburg: Hamburger Edition 1998, daß inzwischen doppelt so viele Vietnam-Veteranen durch Selbstmord gestorben sind, wie amerikanische Soldaten dort fielen. Er fordert kollektive Bewältigungsformen der Kriegstraumen, neue Modelle des Heilens, gewissermaßen ein modernes Gegenstück zur klassischen Tragödie, an der alle Staatsbürger teilnehmen mußten: Das Erschrecken über das zerstörerische Potential des Menschen soll nicht an einzelne delegiert, sondern gemeinsam verantwortet werden.

wurden Notehen geschlossen, die den Kindern oft die Last wechselseitiger Entwertungen der Eltern aufbürden: «Dein Vater ist kein richtiger Mann!» «Wenn ich dich nicht hätte.» «Deine Mutter ist eiskalt!» «Vor deinem Vater war ich mit einem anderen Mann verlobt. Der wäre der Richtige gewesen. Aber er ist gefallen!» Andere Soldaten blieben vorwiegend in Männerbünden, ersparten gezeugten Kindern ihre Anwesenheit oder beraubten sie dieser.

Im typischen Fall der Heimkehrerehe traf ein erschöpfter, in jeder Hinsicht ausgehungerter Mann eine ebenfalls überanstrengte und durch ihre Not-Autonomie aus ihrer früheren Rolle als liebende Familienfrau herausgefallene Partnerin. Konflikte waren fast unausweichlich. Den Soldaten hatten durch Front- und Gefangenschaftserlebnisse lebhafte Phantasien begleitet. Sie bewegten sich zwischen den beiden Polen der Sehnsucht und der Angst. Sehnsucht war, zu Hause zu sein, oral und sexuell verwöhnt zu werden, den Liebeslohn für den harten Einsatz und die Entbehrungen zu erhalten. Angst hieß, von seiner Frau betrogen zu werden und in eine Hölle von Neid und Haß auf den Rivalen zu geraten, der es sich in der Etappe gutgehen ließ, während der Soldat an der Front im Dreck lag. Jetzt hatte er alles überlebt und kam nach Hause, um sein Paradies zu finden – oder seinen Hades.

«Meine Mutter hat sich drei Monate nach meiner

Zeugung von ihrem Mann getrennt», berichtet ein 1947 geborener Mann. «Sie sagte, sie konnte meinen Vater nicht mehr ertragen, diesen Waschlappen, der ständig herumjammerte und über das schlechte Essen klagte und von ihr betütelt werden wollte, die doch selber nichts hatte. Ich bin während eines Versuchs entstanden, doch noch einmal einen neuen Anfang zu machen. Aber es ging nicht. Mein Vater hat meine Mutter wüst beschimpft und gesagt, sie hätte während des ganzen Krieges mit anderen Männern herumgehurt, ich sei gar nicht von ihm. Während meiner Kindheit durfte mein älterer Bruder in den Ferien immer zum Vater fahren, und ich mußte zu Hause bleiben. Aber er hat es nicht besser getroffen, denn wenn er vom Vater zurückkam, hat die Mutter gesagt: ‹Warum bist du nicht bei dem geblieben, diesem Taugenichts, diesem Lügner? Gefällt es dir besser bei ihm als bei mir?›»

Insgesamt scheinen die Traumatisierungen Konflikte zu verschärfen, die der modernen «Zweierbeziehung» ohnehin innewohnen. Das geschieht vor allem auf zwei Feldern: durch körperliche Schäden, die den Soldaten-Vater (und/oder die vom Flüchtlingsschicksal geprägte Mutter) behindern, und durch psychische Einbußen, die eine gütliche Lösung von Konflikten erschweren und destruktive Mechanismen fördern, wie Entwertung des Partners, Gewalttätigkeit, Alkoholmißbrauch und sozialen Rückzug. Diffuse Steigerungen der Kränkbarkeit, Lähmungen der Phantasie, mit deren Hilfe sich einfühlungsorientierte Konfliktlösungen finden ließen, Neigung zur Regression auf primitive Bewältigungsformen lassen sich immer wieder auffinden.

Depressive und aggressive Muster der Bewältigung

Dazu ein erstes Beispiel. Karl, ein neununddreißigjähriger Mann, sucht therapeutische Hilfe, weil er an quälenden Angstzuständen mit frühmorgendlichem Erwachen und starken vegetativen Begleiterscheinungen (Durchfälle, Magenbeschwerden) leidet, seit er – fünfunddreißigjährig – das erste Mal mit einer Frau zusammengezogen ist. Er hat jede Lebensfreude verloren, fürchtet, arbeitsunfähig zu werden, an Krebs zu erkranken, Selbstmord begehen zu müssen.

Karl kommt aus einer Arbeiterfamilie mit bäuerlichem Hintergrund. Beide Eltern fühlten sich zu Hause wenig beachtet und zu kurz gekommen. In ihrer konflikthaften Ehe spielte Karl schon früh eine Vermittlerrolle. Die Mutter beklagte sich bei ihm über ihr schweres Leben, an dem der Vater schuld sei.

Wie meist wird das Kriegstrauma des Vaters, der – 1920 geboren – 1941 eingezogen wurde und bis

1945 an wechselnden Schauplätzen kämpfte, in der Familie nicht bewußt erlebt. Wenn Karls Vater vom Krieg erzählt, berichtet er von den Erlebnissen, die sich mit der bäuerlichen Lebenswelt seiner Kindheit vereinbaren lassen. Der Rußlandfeldzug erscheint als eine idyllische Folge von Aufenthalten bei ukrainischen Bauern, denen gutmütige Landser bei der Erntearbeit helfen und mit denen sie ihr Brot teilen. Von Kampftätigkeit ist nie die Rede. Auf die direkte Frage des heranwachsenden Sohnes, ob er einmal einen Menschen getötet habe, sagt der Vater, wenn er geschossen habe, hätten immer auch andere geschossen.

Nach dem Zusammenbruch erreichte der Vater unter großen Strapazen nach endlosen Fußmärschen seine Heimat. Mit dem ersten gesparten Geld kaufte er gleich nach der Währungsreform ein Grundstück in seinem Dorf und errichtete dort ein Blockhaus. Als er die damals zwanzigjährige Mutter Karls kennenlernte (sie arbeitete als Verkäuferin in der Filiale einer Ladenkette), zeigte er ihr das Grundstück und das Blockhaus: Hier wolle er, sobald er wieder etwas gespart habe, ein Haus bauen und eine Familie gründen. Karls Mutter war sehr beeindruckt von dem zehn Jahre älteren Soldaten, der wußte, was er wollte.

Seit sich Karl (der Erstgeborene) erinnerte, hatte diese Zielstrebigkeit in den Empfindungen der Mutter eine andere Färbung angenommen. Karls Vater war «stur». Alles mußte nach seinem Kopf gehen. Wenn er nicht die geforderte Aufmerksamkeit erhielt, zog er sich vollständig zurück. Seine Reizbarkeit war erhöht; wenn eine Erwartung nicht erfüllt wurde, traten starke Ängste und Aggressionen auf, die nur durch Abkapselung und Rückzug bewältigt werden konnten. Ein zwanghaft geiziges Lebenskorsett diente Karls Vater dazu, sein eigenes und das Leben der Familie zu kontrollieren.

Die hier beschriebene Bewältigungsform des Traumas enthält viele Elemente einer Regression auf frühe Fixierungspunkte. Die «anale Trias» der Charakterqualitäten – Geiz, Pedanterie und Eigensinn – läßt sich bei den Traumatisierten häufig beobachten. Karls Vater verlangte von der Mutter, daß sie jede Ausgabe im Haushalt bis auf Zehnpfennigbeträge abrechnete. Sie hatte vor der Ehe gearbeitet und eine kleine Summe gespart. Sein Mißtrauen empfand sie als Entwertung, konnte sich mit dieser Empfindung aber nicht verständlich machen. Ihre eigene Mutter sagte nur: «Er ist eben ein sparsamer Mann, besser als ein Trinker oder Spieler.»

Der frühere Soldat konnte den Konflikt zwischen seiner Bedürftigkeit und dem traumatisch verhärteten Zwang, die Rolle des starken Mannes zu spielen, nicht erleben und nicht mit Karls Mutter besprechen. So wurde die unbewußte Spannung agiert, vielleicht sogar in der Form, daß jeder Partner am anderen ablehnte und bekämpfte, was ihn selbst als Schwäche von innen her bedrängte. Denn Karls Mutter war vor der Ehe selbständig und tüchtig gewesen, eine Frau, die in der schweren Nachkriegszeit «ihren Mann stand». Und Karls Vater verbarg hinter seinem rauhen soldatischen Äußeren einen sentimentalen Kern und intensive Verwöhnungsbedürfnisse, die er nur als Entwertung der Anlehnungswünsche seiner Frau äußern konnte.

In Fällen wie diesem läßt sich feststellen, daß die Traumafolgen die ganze Familie erfassen und in ihr ein defensives Klima erzeugen: Es geht nur noch darum, das Schlimmste (Krankheit, Trennung, den Verlust von materieller Sicherheit) zu verhindern.

Der Sohn des Soldaten zeigt die depressive, helferorientierte Verarbeitung dieser Situation. Seine Persönlichkeitsentwicklung verarmt um die Elemente, die dem Sohn unter friedlicheren Umständen die Identifizierung mit einem starken Vater vermittelt. Karl ist übermäßig freundlich. Er möchte immer der Gebende sein, er kann sich nicht vorstellen, daß er es sich und anderen leichter macht, wenn er eigene Wünsche und Aggressionen äußert. Auch wenn ihm ganz anders zumute ist, bemüht er sich, es recht zu machen. Er kann nicht gut fordern, sich abgrenzen, er sucht die Schuld bei sich, um niemanden angreifen zu müssen. So ist er zwar immer beliebt, wird Klassensprecher, leitet den Kirchenchor, aber er hat auch immer wieder das nagende Gefühl, nicht genügend zu erreichen, zu wenig aus seinen Fähigkeiten zu machen, zu wenig anerkannt zu werden.

Die Mutter hatte den Vater hinter dessen Rücken

vor dem Sohn entwertet. Ihre psychosomatischen Leiden wurden zur Waffe in einem unterschwellig ausgetragenen Ehekrieg. Die Mutter verweigerte sich dem Vater und klagte bei Karl über die Triebhaftigkeit «der Männer», die sogar mit einer «blutenden Frau» (während der Periode) schlafen wollen. Wenn er sich nicht nörgelnd in seinem Garten oder in seiner Holzwerkstatt versteckte, bejammerte auch der Vater vor dem Sohn die Kälte der Mutter; schließlich sei er mit fünfzig kein so alter Mann, daß er für den Rest seines Lebens auf Sexualität verzichten wolle.

Die phallische Fassade des Vaters ist brüchig: Aus dem fordernden Macho wird ein bettelndes Kind, das den Sohn als Boten zur Mutter schicken möchte. Die Basis reifer Beziehungen ist die Einfühlung. Wer die emotionalen Wunschstrukturen seines Gegenübers erkennt, kann diesem sowohl etwas geben wie auch etwas von ihm erhalten. Unter traumatischen Lebensumständen wird diese Basis mehr oder weniger nachhaltig zerstört. Dieser Prozeß macht die Bewältigung der Lebensaufgaben in der Intimität ungleich schwieriger als die Rehabilitation im Leistungsbereich. Dort kann der Empathiemangel durch Orientierung an technischen Zwängen und rigide moralische Normen kompensiert werden. In der Intimsphäre belastet die mangelnde Fähigkeit einer Gefühlsorientierung alle anderen Familienangehörigen. Das differenzierte Erleben eigener Stimmungen ist ebenso erschwert wie die Probeidentifizierung mit den Gefühlszuständen (auch den Verletzlichkeiten) anderer Menschen.

Die Traumatisierten sind chronisch gereizt und mißmutig. Das hängt damit zusammen, daß sie einerseits höchst verletzlich, andererseits aber kaum fähig sind, sich in die Verletzungen dritter hineinzuversetzen und diese zu vermeiden, sei es aus Liebe, sei es auch nur aus Vernunft. Wer andere verletzt, riskiert schließlich, selbst verletzt zu werden. Die traumatische Verminderung der Einfühlung führt dazu, daß die Partner voneinander verlangen, wie Befriedigungsautomaten zu funktionieren. Das Aushandeln unterschiedlicher Wünsche wird als Zeichen von Lieblosigkeit und Unaufmerksamkeit abgewertet.

Karls Vater kritisierte die Haushaltsführung seiner Frau und behauptete, sie sei dick und faul. Er konnte nicht über seine Enttäuschung darüber sprechen, daß sie ihn abwies. Sie bemängelte seinen Geiz und seine Sturheit und rächte sich, indem sie die gemeinsame Sexualität abwertete. Ins Aggressive gewendete Symbiosewünsche prägten das eheliche Klima. «Wenn sie/er nur die Mindestanforderungen an Anstand, Höflichkeit, Männlichkeit, Weiblichkeit erfüllen würde, dann wäre alles gut ...»

Zuneigung und Zärtlichkeit sind bei den traumatisierten Eltern an Idealisierungen geknüpft. Der Partner, das Kind müssen entweder alle Erwartungen erfüllen, oder sie taugen gar nichts. Was «gut» ist, wird beschützt, was «schlecht» ist, wird fallengelassen und – wenn es nicht leicht loszuwerden ist, wie ein Kind oder ein Ehepartner – gehaßt. Das vereinfacht die Welt unter den Bedingungen schneller Entscheidungen und unmittelbarer Bedrohung, aber es macht das Zusammenleben mit solchen Personen schwer erträglich.★

Wie zu erwarten, war Karls Entwicklung von starken Ängsten bestimmt, durch eigene Bedürfnisse seine Freundinnen zu belasten und zu überfordern. Was ihn zur Zeit der Analyse besonders belastete, war eine schuldhaft erlebte Neigung, seine Freundin zu entwerten, indem er sie mit seiner Mutter verglich und die Zukunft der Beziehung – er wünschte sich, ebenso wie die Partnerin, ein Kind – vollständig von der Gewißheit überschattet sah, dann schnappe die Falle zu, seine Ehe werde genau wie die seiner Eltern, seine schlanke Freundin werde dick und sexuell abweisend wie die Mutter.

Wegen seiner Kindheit zwischen einer Mutter, die mit dem Sohn ein Bündnis gegen den chronisch gekränkten, zurückgezogenen Vater geschlossen

---

★ Der hier beschriebene Mechanismus ist mit dem für Borderline-Patienten typischen Wechsel zwischen positiver und negativer Idealisierung eng verwandt. Damit sind Erscheinungen gemeint, in denen beispielsweise der heute bewunderte und in den höchsten Tönen gepriesene Partner morgen beschimpft, abgewertet und verteufelt wird. Vermutlich gibt es einen inneren Zusammenhang zwischen der Zentralisation und dem Borderline-Syndrom, das gegenwärtig verstärkt auf traumatische Erlebnisse – etwa massiver körperlicher und / oder emotionaler Mißbrauch während der Kindheit – zurückgeführt wird.

hatte, war es für Karl unmöglich, sich mit seiner Partnerin über seine Wünsche auseinanderzusetzen. Er konnte seinen Ärger nicht ausdrücken, sondern verweigerte sich seinerseits trotzig und schuldbewußt. Weil sie so selten Lust hatte, verlor er die seine ganz. Anderseits versuchte er, besonders liebe- und rücksichtsvoll zu sein, und quälte sich selbst (aber auch sie) mit Vorwürfen, er sei einfach zu ängstlich und skrupulös für eine Ehe und Kinder. Um sein geschwächtes Selbstgefühl aufzubessern, träumte er von Eroberungen, von vielen anderen Frauen, die schöner und aufregender waren als seine Partnerin. So kam es, daß Karl zu Beginn seiner Therapie nicht über seine Frustration sprach, sondern vorwiegend von seiner Verlegenheit berichtete, seine Freundin nicht merken zu lassen, wie wenig anziehend sie sei.

Die Regression des traumatisierten Vaters bedingt später den Rückzug des Sohnes aus seiner männlichen Rolle in der Partnerschaft. Lücken, die durch eine Preisgabe genitaler Beziehungen entstehen, werden durch frühere Beziehungsformen gefüllt – durch kindliche Unterwürfigkeit, mütterliche Fürsorge, phallische Phantasien. Die ungenügende Fähigkeit von Karls Mutter, die eigene Reife zu bewahren, verstärkte den Rückzug des Mannes: er fühlte sich noch mehr entwertet und in Frage gestellt, konnte daher seine ohnehin labile Männlichkeit nicht mehr in Wünschen, sondern nur noch in Vorwürfen und Entwertungen der Attraktivität seiner Frau ausdrücken, die deren Rückzug weiter verstärkten.

Ich will noch einen Augenblick bei dieser Fallschilderung bleiben, um an ihr zu demonstrieren, wie komplex familiendynamische Entwicklungen sind. Karls Vater war ein vitaler, hart arbeitender Mann. Er konnte primitive Disziplinierungen auch in Krisenzuständen aufrechterhalten und sich ebenso wie seine Familie vor gefährlicheren Formen der Regression – etwa in Sucht oder in sexuellen Mißbrauch – bewahren. Die Resignation, die in dem ehelichen Klima der sexuellen Entwertung steckte, wurde durch die gemeinsam getragene Sorge für Kinder und Haus teilweise kompensiert. Das gleiche gilt für Karls Mutter. Auch sie hat dem regressiven Sog nicht nur ein Stück weit nachgegeben, sondern auch widerstanden, hat trotz aller Konflikte um die Beziehung zu ihrem Partner gerungen und sich bemüht, ihren Kindern eine gute Mutter zu sein.

Beobachtungen aus anderen Familien mit einem Soldatenvater führen mich dazu, Karls Reaktion für relativ typisch zu halten. Gemeinsam sind allen Fällen gravierende Mängel an männlichem Selbstbewußtsein. Der traumatisierte Soldat wirkt auf seine Söhne wie ein in seiner Erotik gescheiterter Mann, ein Berufsautomat. Die Fixierung an die Mutter ist unterschiedlich ausgeprägt; manche Söhne sind – wie Karl – eher depressiv, andere stärker phallisch-narzißtisch. Eine wichtige Rolle spielt die Position in der Geschwisterreihe: Einzelkinder sind den Störungen des Vaters stärker ausgeliefert als Geschwister, bei denen nicht selten eines die Rolle des Sündenbocks übernahm und als Blitzableiter funktionierte.

In diesen Fällen ergibt sich eine ungerechte Verteilung der Last: Das am meisten in den Bannkreis des Traumas gezogene Kind wird in eine verfrühte Autonomie getrieben; die restlichen Geschwister gewinnen einen Schutzraum.

Paul, ein attraktiver, erfolgreicher Manager, kam nach dem Scheitern seiner dritten Ehe in Therapie. Die Zickigkeit der Frauen sei zwar Tatsache und er habe sich damit abgefunden, erklärte er mir konspirativ, von Mann zu Mann sozusagen und zugleich ein wenig geduckt, von der Seite her blickend, ob ich ihn tadeln würde, weil er so respektlos sei. Auf einem Führungsseminar habe ihn der Leiter, ein Jesuit, gleichzeitig Psychiater, zur Seite genommen und ihm erklärt, seine Probleme kämen vom Unbewußten her, er müsse eine Analyse machen.

Paul erzählte erst auf Nachfragen hin vom Kriegstrauma seines Vaters, der Stalingrad überlebt hatte und nach vier Jahren Gefangenschaft zurückgekommen war. Was ihn weit mehr beschäftigte, war seine Mutter. Sie habe ihn abgöttisch geliebt und im elterlichen Ehebett mit Zärtlichkeiten überschüttet, wenn der Vater wochenlang verschwand. Aber irgendwann, keiner wußte und wagte zu fragen, warum, kam der Vater wieder und tat, als sei nichts gewesen. Dann mußte Paul das Ehebett räumen. Die Mutter, die den Vater beschimpft und bitter über seine Treulosigkeit geweint hatte, war wie verwandelt, las ihrem Mann unterwürfig die Wünsche von den Augen ab und schien mit jeder Geste darum zu betteln, daß er wenigstens diesmal bleibe, dann wolle sie alles Vorgefallene vergessen.

Im Vergleich zwischen Karl und Paul wird deutlich, was den Unterschied zwischen einer eher depressiven und einer phallisch-narzißtischen Reaktion auf die Störung des Vaters ausmacht. Während sich Karl mit den depressiven, resignativen, aber auch fürsorglichen Haltungen seiner Eltern identifiziert hatte, war Paul auf die phallische Position fixiert. Während Karl unter seinen Phantasien litt, seine Freundin wegen ihrer «Häßlichkeit», ihrer dicken Beine und ihrer spießigen Frisur zu entwerten, und sich sehr davor fürchtete, sie könne etwas von seinen abwertenden Gedanken bemerken, konfrontierte Paul die eroberten Frauen bald mit seiner Ruhelosigkeit. Er diskutierte sie mit dem Zynismus des Frontkämpfers. Er brauche nun eben mal eine Frau mit schlanken Hüften und einem großen Busen, um geil zu werden. Da beides zusammen so selten zu finden sei, eröffne er jeder Frau, die er kennengelernt habe, nach einiger Zeit, er brauche Abwechslung. Verlogenheit lehne er strikt ab. Den Partnerinnen gestehe er dasselbe Recht zu. Obwohl die beiden ersten Ehefrauen seine Vorschläge abgelehnt, die letzte sie aber akzeptiert habe, seien alle

Beziehungen schiefgegangen. Gerade die Frau, die er endlich für ebenso offen und selbstbewußt gehalten habe wie sich, sei gemein zu ihm gewesen, sobald sie einen Geliebten hatte. Aber seine Beziehungen seien nicht sein Problem. Er leide unter seiner Angst, allein zu sein. Wenn er keine Verabredung habe, treibe er Sport, bis er todmüde sei.

Während in Karls Familie die Störung des Vaters mit depressiven und resignativen Merkmalen verarbeitet wurde, dominieren in Pauls Familie die phallischen Züge. Der Soldat beansprucht neben der Ehefrau eine Geliebte und hält es nicht für nötig, der Familie den damit verbundenen Konflikt zu ersparen. Unter dieser Last werden die Grenzen zwischen Eltern und Kindern brüchig. Paul wird von der Mutter einbezogen und als Partnerersatz mißbraucht. Wenn der Vater derart rücksichtslos ist, darf auch sie rücksichtslos werden. In Pauls gescheiterter Partnersuche spiegeln sich beide Primärbeziehungen: Er braucht die Frauen, wie ihn seine Mutter brauchte, und läßt sie fallen, wie seine Mutter ihn fallenließ.

Die Vergröberung der Beziehungen durch den Krieg liegt wie ein Strömungshindernis in der Entwicklung der Nachkriegsfamilien. Wirbel bilden sich, die noch weit flußabwärts die Ufer unterminieren und neue Hindernisse schaffen können. Die Nachkriegssituation war, vor allem unter den Vertriebenen aus den Ostgebieten, so beschaffen, daß erneute Traumata entstanden. In den Familien spiegelt sich die soziale Dynamik im Nachkriegsdeutschland.★ Wie prägend sie für das Schicksal der Söhne werden können, läßt sich an Franz aufzeigen, einem Handwerksmeister, der wegen ständiger, mit großer Erbitterung und gelegentlicher Gewalt geführten Ehestreitigkeiten in Therapie kam.

Er stammte aus einer reichen bäuerlichen Familie; sein Vater hatte im Wartegau ein großes Gut übernommen, das während des Krieges von seiner Frau und vor allem von deren tüchtiger Schwester geführt wurde.

In der Nachkriegszeit pachtete der Vater einen neuen Hof und begann mit der Schwester seiner Frau ein Verhältnis. Er setzte es seiner eifersüchtigen Ehefrau gegenüber mit der Äußerung durch, er schaffe für alle das Essen heran, wenn ihr die Situation nicht passe, könne sie verschwinden. Auch hier zog die leidende Mutter den Sohn ins Vertrauen, der später vergeblich versuchte, sie zu einer Trennung vom Vater zu bewegen.

Franz wuchs in einer tief gespaltenen Familie auf. Die «Tante», wie er die Geliebte des Vaters und

---

★ Franz J. Bauer hat in *Flüchtlinge und Flüchtlingspolitik in Bayern 1945–1950*, Stuttgart: Klett 1982, Materialien über die emotionale Sprengkraft dieser Situation akribisch gesammelt. Die Flüchtlinge wurden vielfach als Eindringlinge und Sündenböcke abgewertet («die Sudetendeutschen waren doch alle Nazis, sie sind selbst schuld»). Die Einquartierung wurde durch Ausräumen der Wohnungen, Demontage von Öfen und andere Tricks möglichst abgewehrt. Umgekehrt entwerteten auch die Flüchtlinge ihre Gastgeber, denunzierten sie wegen Schwarzhandels und so weiter.

Schwester seiner Mutter immer nannte, diente ihm als Sündenbock. Wenn sie nicht mitgemacht hätte, müßte die Mutter nicht so leiden. Gleichzeitig konnte Franz nicht verstehen, daß seine Mutter so abhängig war. Als Kind war er ihren Ansprüchen ausgeliefert; in der Pubertät bedrängte er sie, sich endlich scheiden zu lassen, kaum volljährig, ging er nach einem Streit mit dem Vater aus dem Haus. Das war nach seinem ersten und einzigen Versuch, mit dem Vater ins Gespräch zu kommen, was dieser mit genau demselben Argument abwehrte, mit dem er auch Einwände der Mutter bekämpft hatte: «Ich rede nicht darüber; wenn es dir nicht paßt, kannst du ja gehen.»

Anderseits war nicht zu übersehen, daß der Vater auf seine tyrannische Weise diesen Sohn liebte und versuchte, ihn zu fördern. Er entdeckte, daß Franz gerne mit Motoren umging, und ließ ihn schon als Halbwüchsigen auf dem Schlepper fahren. Er sah es auch gerne, wenn Franz seine Schulkameraden einlud und ihnen triumphierend zeigte, wie geschickt er die schweren Maschinen lenken konnte. Franz rechnete es ihm hoch an, daß der Vater ihm nie einen Vorwurf machte, wenn er etwas beschädigte. Er brachte die Sache in Ordnung und überließ es Franz, seine Folgerungen zu ziehen. Einmal fuhr der Zwölfjährige eine Heupresse nach Hause, schätzte eine Kurve nicht richtig ein und demolierte Gerät im Wert von zwanzigtausend Mark. Der Vater nahm es hin, ohne mit der Wimper zu zucken – «paß das nächste Mal besser auf», das war alles.

Das vom Verschweigenmüssen und vom Vorwurf geprägte Familienklima wiederholte sich für Franz in seiner Ehe. Er sorgte liebevoll für die Familie, aber seine Liebe war tyrannisch und verlegen, er konnte sie nur in Handlungen ausdrücken, vor allem in Geschenken, die er heimlich vorbereitete. Seine Frau redete etwa davon, daß sie schon immer habe reiten lernen wollen. Wenige Tage später stand ein Reitpferd in der Garage. Als sie schockiert reagierte und keine Freude zeigte, sagte Franz trotzig, der Gaul sei günstig zu haben gewesen, er könne ihn mit Gewinn wieder verkaufen. Wenn Franz' Frau Nachbarn besuchen wollte, die er nicht leiden konnte, versteckte er die Autoschlüssel. Sie aber, von seinen Strategien angesteckt, hatte sich bereits heimlich einen Zweitschlüssel machen lassen.

Wie die Eltern nur deshalb zusammenleben konnten, weil sie nicht über ihre Beziehung sprachen (denn dann wäre unweigerlich das Thema der Eifersucht aufgetaucht), so konnte Franz nicht über seine Gefühle sprechen. Er handelte nach ihnen und hoffte, daß diese stummen Botschaften entziffert würden. War das nicht der Fall, wurde er gewalttätig oder zog sich zurück.

Franz fuhr auf der Autobahn («um den Wagen in Schwung zu halten») mit Höchstgeschwindigkeit bis zu einem Abstand von wenigen Metern auf. Er überholte riskant und versuchte, Kurven immer so zu fahren, daß er gerade nicht ins Schleudern kam. Als ich ihn damit konfrontierte, er gefährde nicht nur sich selbst, sondern auch andere, meinte er, er könne nicht anders, wenn er so fahre wie alle anderen, dann schlafe er am Steuer ein. Schnelles Fahren sei wie ein Aufputschmittel. Er kenne keinen Stau; neulich sei er doch in einen geraten, aber da habe er einfach den Wagen in einen Acker gelenkt, zwar die Stoßstange halb abgerissen, aber binnen kurzer Zeit eine freie Straße erreicht.

In diesem Verhalten von Franz sind deutliche Spuren seiner Identifizierung mit der Grandiosität des Vaters aufzufinden. Er ist unverwundbar, er läßt sich nicht unterkriegen, es kann ihm nichts geschehen. Wer nicht vorwärtskommt, ist ein Schwächling, wer nicht kämpft, schläft ein. Gefahr und Verwundbarkeit werden verleugnet. Eine vernünftige Struktur von Arbeit und Erholung ist ebenso erschwert wie die Akzeptanz von Ordnung, Selbstdisziplin oder Recht.

Franz war, obwohl er viele Termine hatte und nicht selten einen vergaß, kaum dazu zu bewegen, sie zu notieren; ein Terminkalender verletzte sein Selbstbild, sich alles merken zu können. Er war fast nie pünktlich – rechtzeitig abzufahren und sich Zeit zu lassen hätte für ihn Schwäche bedeutet; es in knappster Zeit zu schaffen war ein Nervenkitzel; zu spät zu kommen bewies einerseits seine Überlegenheit – er hatte mich warten lassen –, andersseits schenkte er mir großzügig einen Teil der Zeit, die er bezahlte.

So impulsiv Franz die kleinste Lücke im Gegenverkehr nutzte, so rücksichtsvoll, hilfsbereit und höflich war er im persönlichen Umgang, ein loyaler Freund, großzügiger Gastgeber und von seinen Kindern sehr geliebter Vater. Er spendierte der Familie einen Urlaub, konnte sich aber selbst nicht entscheiden, ob er seine Arbeit im Stich lassen dürfe, und kam dann im letzten Moment doch noch mit. Er setzte sich eine Nacht ans Steuer, um ein Wochenende in Italien am Familienurlaub teilzunehmen, alle zum Essen einzuladen und zwei Nächte später zurückzufahren.

Unbezahlte Rechnungen

Während Franz' Vater die Austauschbeziehungen des Alltags durch grandiose Überheblichkeit ersetzte und seine Familie wie ein orientalischer Despot führte, zeigt der Vater einer anderen Analysandin das entgegengesetzte Bild: Er wurde zum verachteten Arbeitssklaven. Bei der erneuten Lektüre meiner damaligen Fallskizze fällt mir auf, wie wenig darin von Marias* Vater die Rede ist. Ich

---

* Diese Fallgeschichte ist ausführlich und in einem anderen Kontext in *«Du verstehst mich nicht!» Die Semantik der Geschlech-*

hatte damals noch nicht viel Aufmerksamkeit für die Bedeutung des Kriegstraumas entwickelt und nahm als Tatsache hin, daß Marias Vater viel arbeitete, sehr zurückgezogen war, sich nicht bezahlen lassen konnte und deshalb von seiner Frau kritisiert und entwertet wurde.

In Marias Schilderungen tauchte der Vater nur selten auf. Im Vordergrund stand auch für mich die Person der Mutter, die sich an Maria klammerte, ihrer Ältesten die Verantwortung für den Haushalt aufbürdete und wechselnde Verhältnisse mit Liebhabern hatte. Daß die Eigentümlichkeiten des Vaters Sinn und Zusammenhang bekamen, wenn man sich klarmachte, daß er fünf Jahre im Krieg gewesen war und kurz nach der Heimkehr eine Neunzehnjährige geheiratet hatte, erkenne ich jetzt.

Die Folgen des Traumas gingen bei Marias Vater über die erhöhte Reizbarkeit und die phallische Rücksichtslosigkeit der Väter von Franz und Paul hinaus. Sie waren auch ausgeprägter als die Resignation von Karls Vater, die sich auf seine Ehe beschränkte, aber nicht auf seinen Freundeskreis.

Unter dem Gesichtspunkt des Traumas erinnerte mich Marias Vater an den Jungen aus den Todeslagern von Kambodscha, der nur lebendig wirkte, wenn er im Garten seiner Adoptiveltern schuften durfte, oder an den das KZ überlebenden Friseur-

ter. Reinbek: Rowohlt 1991, S. 240 f., wiedergegeben. Ich greife hier ihre Aspekte auf, die für das gegenwärtige Thema relevant sind.

meister aus Matusseks Fallmaterial, der von frühmorgens bis spätabends in seinem Geschäft arbeitete und unbedingt einen Schrebergarten haben wollte, um auch am Sonntag etwas zu tun zu haben (siehe Seite 105).

Arbeit hieß, nicht den Gespenstern der Vergangenheit zu begegnen. Selbst die Frage, warum ein so fleißiger Mann seinen Betrieb als Malermeister aufgeben mußte, weil er zu wenig Geld damit verdiente, ließ sich nun beantworten. Wer nicht soviel Beziehungskompetenz und Toleranz für Kränkungen hat, daß er durchzusetzen vermag, für seine Leistung bezahlt zu werden, kann in einer von Konkurrenz bestimmten Arbeitswelt keinen selbständigen Beruf ausüben. Marias Vater gab schließlich seinen Einmannbetrieb auf und nahm eine Stellung in einer Firma an.

Marias Vater konnte zwar arbeiten, aber die soziale Nähe und die potentiellen Konflikte, unbezahlte Rechnungen einzulösen, überforderten ihn. Seine Frau war zu anlehnungsbedürftig, um diese Lücken im Verhalten ihres Partners ausfüllen zu können. So blieb der Malermeister jemand, der weder in seiner Familie noch in seinem Beruf Halt fand, sondern nur in seiner Arbeit; wenig Wunder, daß er in den Berichten aus der Kindheit seiner Tochter wie eine Leerstelle erschien, die von den Klagen der Mutter ausgefüllt war, wie ein wirklich guter Mann / Vater auszusehen hätte. Allerdings gewann Maria durch diese Schwäche des Vaters und der Mutter den Freiraum, ein eigenes, rigides, aber auch Halt gebendes Über-Ich aufzubauen, das ihr beruflichen Erfolg, Beliebtheit bei ihren Bekannten, aber nur geringe Freiräume in ihrer erotischen Entfaltung gab. Gefördert wurde diese Entwicklung sicher durch die frühe Verantwortung, die sie als älteste Schwester zu tragen hatte.

Die wirtschaftliche Untüchtigkeit der heimgekehrten Soldaten führte nach dem Krieg in vielen Ehen zu großen Schwierigkeiten, die ein aufmerksamer Beobachter in den Kindheitsschilderungen der Zeit nach 1945 entdecken kann. Der Krieg kann das männliche Selbstbewußtsein nicht nur zerstören, sondern auch steigern. Der Frieden stellt diese kriegerische Steigerung in Frage; mit den Zerstörungen geht er vielleicht noch gnadenloser um.

Im «Pelzkragen» habe ich beschrieben, wie der Sohn miterlebt, daß seine stolze und selbständige Mutter zurücktreten muß, um den Vater an ihren Platz zu lassen. Wenn sich der Vater erholte und seine Traumatisierung kompensieren konnte, entwickelte sich die Familie einigermaßen normal. Als ich «Wilhelm» kennenlernte, war er ein sehr erfolgreicher, glücklich verheirateter Arzt.

Gefährlicher wurde die Situation, wenn der Vater das prekäre «zivile» Selbstbewußtsein wieder verlor, welches er in der Erleichterung gewonnen hatte, mit heiler Haut davongekommen zu sein. Narzißtisch erhöht kränkbar, konnte er bald ohne die «kriegerischen» Mittel der Spannungsabfuhr nicht mehr auskommen: Gewalt und / oder Betäubung. Marias Vater betäubte sich durch seinen Arbeitszwang. Pauls Vater prügelte seine Kinder und betrog rücksichtslos seine Frau. Der Vater von Franz führte die Polygamie in der Nachkriegsfamilie ein.

In den Fallgeschichten «Einsame Freiheit»★ habe ich in «Das Opfer» die Geschichte Evelyns erzählt, die (ähnlich wie Maria) keine befriedigenden Beziehungen zu Männern aufbauen konnte, weil sie ebenfalls traumatische Erfahrungen mit einem Soldatenvater gemacht hatte. Auch dieser war unfähig, sein Handwerk so auszuüben, daß er genügend verdiente, und fing an zu trinken. Wie Marias Vater konnte auch hier ein Handwerksmeister keine Zahlungsforderungen stellen.

Die Mutter war zu stolz, bei den Schuldnern vorzusprechen, und schickte ihre halbwüchsige Tochter. Dieser war es unendlich peinlich, wie eine Bettlerin zu den Kunden zu gehen und deren Ausreden

---

★ Wolfgang Schmidbauer: *Einsame Freiheit. Therapiegespräche mit Frauen*. Reinbek: Rowohlt 1993. 1995 als Taschenbuch mit dem Titel *Kein Glück mit Männern. Fallgeschichten zur Nähe–Angst* überarbeitet aufgelegt. – Als ich die gesammelten Fallgeschichten noch einmal durchging, erkannte ich, daß die meisten Frauen, die ich dort analysiert hatte, prägende Erfahrungen mit traumatisierten Soldatenvätern gemacht hatten. In «Kriegskind und Friedensschwester» ging ich zum erstenmal der Familiendynamik nach, die zwischen dem im Krieg geborenen, an die Mutter gebundenen und dem nach der Heimkehr des Vaters gezeugten Kind entsteht. Ich achtete aber noch nicht auf die spezifischen Auswirkungen der Prozesse, die ich hier Zentralisation nenne.

über sich ergehen zu lassen. Vater und Mutter wetteiferten darin, das Kind auf dem Heimweg abzupassen und ihm das mühsam eroberte Geld abzunehmen: der Vater, um seinen Kameraden im Wirtshaus eine Runde zu spendieren, die Mutter, um sich das Haushaltsgeld zu holen.*

In der ländlichen Heimat meiner väterlichen Großeltern habe ich als Kind noch miterlebt, wie die in den Höfen einquartierten Flüchtlinge verachtet wurden. Aber dennoch gab es Liebesbeziehungen, entstanden neue Bindungen, wurden Kinder gezeugt und in Spannungen hineingeboren, an denen sie schuldlos waren und die sie doch quälten.

---

* Die Traumatisierung der Töchter in der erwähnten Sammlung von Fallgeschichten läßt sich in zwei Typen zusammenfassen: Stark beeinträchtigte Frauen, die bis zur Therapie fast jede intime Beziehung vermieden hatten, hatten Väter, die so traumatisiert waren, daß sie in den Familien neben der dominanten Mutter praktisch keine Rolle spielten. Die konflikthaft beziehungsfähigen Frauen hatten während der Kindheit eine enge Vaterbeziehung aufgebaut. Diese zerbrach nach der Pubertät an der Unfähigkeit des Vaters, mit der Autonomie der Töchter umzugehen. Der traumatisierte, narzißtisch extrem verwundbare Vater konnte seine Tochter nicht loslassen und sie nicht mit anderen Männern teilen. Diese Situation spiegelte sich in den erotischen Beziehungen der Töchter, die zwar die Phase der Verliebtheit herstellen und genießen konnten, aber nicht in der Lage waren, mit den Anforderungen von Trennung und Wiederannäherung in einer alltagstauglichen Liebesbeziehung umzugehen.

Ein Waschzwang

Der fast fünfzigjährigen, gepflegten Frau, die über heftige Depressionen und Selbstmordgedanken im Zusammenhang mit einem Waschzwang klagt, wird erst in einem längeren therapeutischen Prozeß klar, wie sehr ihr gegenwärtiger Zustand mit einer frühen Umwelt zusammenhängt, die in der Nachkriegszeit recht typisch war.

Marion ist die Tochter einer Vertriebenen aus dem Sudetenland, die nach der Vertreibung in einem Einödhof zwangsuntergebracht wurde. Der Bruder des Hoferben, selbst in einer unterdrückten Position, auf dem Hof wie ein Knecht beschäftigt, verliebt sich in die vier Jahre ältere Frau. Sie wird schwanger, aber er darf nach einem Gebot seiner Eltern auf gar keinen Fall die «Rucksacktschechin» heiraten. Sie gibt das Mädchen Marion zu Pflegeeltern. «Warte, bis sie fünfzehn Jahre alt ist, dann kannst du sie zurückholen, und sie kann als Magd arbeiten», sagt die Bäuerin zur Geliebten ihres Sohnes.

Aber das Kind schreit Tag und Nacht, die Pflegeeltern verlieren die Geduld und bringen Marion zurück. In zäher Überzeugungsarbeit setzt die Mutter nach drei Jahren die Heirat durch. Sie muß allen beweisen, daß sie keine Schlampe ist. Das Kind sieht immer aus wie aus dem Ei gepellt, es darf sich nie schmutzig machen, den Hofhund nicht streicheln, nicht in den Stall gehen.

Als Zwanzigjährige verliebt sich Marion in einen Mann; sie bleibt bei ihm, obwohl er sie schlecht behandelt und immer wieder schlägt. Am schlimmsten ist das Erlebnis einer Abtreibung in einer jugoslawischen Klinik. Sie kann sich nach diesem Erlebnis, durch das sie sich beschmutzt und entwertet fühlt, von ihm lösen, hat aber in den nachfolgenden Männerbekanntschaften immer wieder das Empfinden, ausgenützt zu werden, und löst die Beziehungen rasch.

Schließlich heiratet sie einen Mann, mit dem sie sich sicher fühlt. Er überläßt die sexuelle Aktivität weitgehend ihr, ist zuverlässig, still, immer freundlich. Er will keine Kinder. Sie ist damit einverstanden. Sie wollen gemeinsam reisen, das Leben genießen. Die folgenden zwei Jahre empfindet Marion als die schönsten ihres Lebens, nur stört es sie, daß sie noch getrennt wohnen.

Als ihr Mann schließlich mit ihr in eine Wohnung ziehen will, fürchtet sich Marion plötzlich, ohne zu wissen, warum. Sie vermutet, daß es damit zusammenhängt, daß diese Wohnung im selben Stadtviertel liegt wie die des Mannes, mit dem sie ihr erstes, leidenschaftliches Verhältnis hatte, das mit der Abtreibung endete. Kaum hat das Paar den Umzug hinter sich, bricht bei Marion ein Waschzwang aus, der fast ihre ganze Freizeit ausfüllt. Sie muß jeden Tag mehrmals die Unterwäsche wechseln, ihr Mann muß vor der Wohnung die Schuhe ausziehen, sie selbst reinigt sich bis zu zweihundertmal am Tag Hände, Unterarme, Genitalien. Sexualität wird unmöglich.

Angesichts der verführerischen Möglichkeit, vielleicht zum erstenmal in ihrem Leben ein Stück erotischer Geborgenheit und «Heimat» zu genießen, macht das Kind der vertriebenen Mutter ihren Haushalt zum Fegefeuer, aus dem jede unbeschwerte Möglichkeit verschwindet, sich gehenzulassen, Lust zu nehmen und zu geben. Der einst zwischen väterlicher und mütterlicher Familie tobende Kampf, wer das saubere, richtige, ordentliche Leben verkörpert und wer für Schmutz, Armut und Chaos steht, entspinnt sich nun zwischen den Eheleuten und in der zwangskranken Marion selbst.

In diesem Kampf wiederholt sich die Rivalität zwischen den Flüchtlingen, die den Stallgeruch der Bauern verabscheuen und alles verloren haben außer ihrem Stolz, und der eingesessenen Landwirtsfamilie, die alles Dahergelaufene verabscheut. Und während das Trauma der Vertreibung in der Mutter die kindliche Sicherheit und das Heimatgefühl zerstört haben, die sie einst besaß, muß die Tochter den Frieden der gemeinsamen Wohnung zerstören, sobald sie ihn endlich gewonnen hat. Die eigenen traumatischen Erfahrungen während des Heranreifens zur Weiblichkeit★ haben dazu wohl

---

★ Die Auslösung einer Zwangssymptomatik durch eine unter traumatischen Umständen (unsteril, ohne ausreichende Narkose) vorgenommene Abtreibung habe ich auch in einem weiteren Fall beobachtet; diesmal allerdings ohne die Verzöge-

ebenso beigetragen wie die verinnerlichten Bilder ihrer kindlichen Umgebung.

Die Mutter hatte durch extreme Sauberkeit den äußeren Vorwurf der sexuellen Triebhaftigkeit und der berechnend eingegangenen Schwangerschaft («die Flüchtlingshure hat meinem Sohn ein Kind angehängt») bekämpft. Die Tochter wehrte sich mit demselben Mittel gegen die innere Verführung, sich zu Hause zu fühlen, sich anzulehnen, die tiefe Abhängigkeit der Mutterschaft zu riskieren.

rung, mit der sie bei Marion auftrat. Der Waschzwang wehrt eine ambivalent erlebte Sexualität und einen bedrohlich-sehnsüchtig erlebten Kinderwunsch ab.

10 Diffuse Verwundbarkeit

Wer seinen Alltag lebt, denkt selten daran, wie störbar und komplex die seelischen Leistungen sind, welche dies ermöglichen. Eine Ahnung, wie viele Informationen unser Nervensystem ständig auswertet und nur gefiltert weitergibt, gewinnt der Konsument jener Rauschgifte, die Halluzinogene genannt werden. Sie öffnen dem geistig Gesunden eine Tür in die Welt des Geisteskranken, der Dinge wahrnimmt, die es nicht gibt, und von Eindrücken überwältigt wird, die dem Durchschnittsmenschen nichts anhaben können.

Wer Meskalin oder LSD nimmt, bemerkt, wie sich die Farbwahrnehmung intensiviert und wie die Dinge um ihn aus ihren festen Umrissen heraustreten, zu atmen, zu tappen beginnen, sich im Rhythmus seiner eigenen inneren oder äußeren Bewegungen verändern. Er kann sich minuten- oder stundenlang verzückt in den Anblick einer Blume oder der eigenen Hand vertiefen und denken, er hätte diese noch nie wahrhaft gesehen.

Dennoch habe ich mich nie mit den schwärmerischen Schilderungen solcher Erlebnisse einverstanden erklären können, seit ich eigene Erfahrungen mit Meskalin sammelte.* Ich war damals, Anfang der sechziger Jahre, durch Aldous Huxleys Text *Die Pforten der Wahrnehmung* angeregt. Zu deutlich schien mir, daß der Erlebnisreichtum durch einen Verzicht auf Ordnung erkauft ist, daß die passive Vertiefung wie die grandiose Überschätzung ihre Existenz nicht so sehr einer Steigerung der geistigen und emotionalen Kräfte verdanken wie einer Abschwächung der Kritikfähigkeit und ihrer elementaren Vorläufer in der Realitätswahrnehmung und Konstanterhaltung der Umwelt. Es fiel mir schwer, derartige Erleuchtungen zu idealisieren, ohne skeptisch darauf hinzuweisen, mit welchen Verlusten ihre Entstehung erkauft ist.

Die chronische Traumatisierung überfordert jene seelischen Mechanismen, die uns im Alltag vor übermächtigen Reizen schützen. Es sind Fälle beschrieben worden, in denen sich die Opfer der zermürbenden Grabenkämpfe durch minimale Reize, die ein Gesunder problemlos ausblendet, etwa das Ticken einer Uhr, ähnlich gequält fühlten wie unter der berüchtigten chinesischen Folter.** Graves beschreibt, wie laute Geräusche bei ihm noch Jahre nach Kriegsende unkontrollierbares Zittern auslösten. In den neueren Forschungen zum Posttrauma-

---

* Vgl. Wolfgang Schmidbauer / Jürgen vom Scheidt: *Handbuch der Rauschdrogen*. München: Nymphenburger 1972; letzte Auflage 1997, Artikel «Meskalin»
** Sie besteht darin, daß auf eine Stelle des kahlrasierten Schädels in regelmäßigen Abständen ein Wassertropfen fällt.

tischen Syndrom ist diese diffuse Steigerung der Reizempfindlichkeit eines der diagnostischen Kriterien.

In der therapeutischen Praxis lassen sich ähnliche, freilich meist abgemilderte Reaktionen in der Übersensibilität nach traumatischen Erfahrungen beobachten. Ich habe erlebt, daß manche Erwachsene in Panik oder Tränen ausbrechen, wenn sie beispielsweise während einer Gruppenselbsterfahrung angeschrien werden. Sie wurden als Kinder durch lautstarke Auseinandersetzungen der Eltern in ihrem Reizschutz verletzt. Es ist im Einzelfall eine fesselnde Rekonstruktionsaufgabe, dann zu klären, was dazu führt, daß die Erneuerung des traumatischen Reizes (oder eines ihm ähnlichen Signals) dazu führt, die Angstreaktion wieder auszulösen. Ihre Voraussetzung ist eine Regression, die gewissermaßen zu einem Kurzschluß führt. Der Erwachsene urteilt nicht rational über die Gefahren der Situation, sondern antwortet so, als ob er wieder ein Kind wäre.

In vielen Fällen steht dahinter, daß er den traumatischen Konflikt nur scheinbar bewältigt hat. Die Tochter eines zerstrittenen Ehepaares heiratet einen sanften Mann, der niemals die Stimme erhebt. So hat sie sich eine Gegenwelt aufgebaut, die durch das Geschrei in der Gruppe plötzlich zusammenbricht. Die Schreier in der Gruppe hingegen haben ihr Angeschrienwerden dadurch bewältigt, daß sie nun selbst schreien: Nicht durch Verdrängung und Vermeidung, sondern durch Identifizierung mit dem Aggressor.

Von den traumatisierten Vätern wird sehr häufig berichtet, sie seien «reizbar», «empfindlich», «cholerisch», «kränkbar», «immer beleidigt». Aber auch der Rückzug, die fehlende Präsenz, der Alkoholismus lassen sich als Folgen problematischer Verarbeitungsversuche dieser erhöhten Verletzlichkeit verstehen. Die psychischen Grundlagen des Reizschutzes sind zusammengebrochen; der Verlust wird durch chemische Krücken (betäubende Drogen) oder durch Flucht aus potentiellen Streßsituationen ausgeglichen.

Der Vater im «Pelzkragen» zeigt die Unfähigkeit, mit einer Wiederkehr des Traumas umzugehen, in seiner Aktion. Mein Großvater, dessen Persönlichkeitsveränderung nach dem Ersten Weltkrieg ich schon beschrieben habe (siehe Seite 17 f.), schützte sich durch ein striktes Ritual, das er von seiner Frühpensionierung im Alter von etwas über fünfzig Jahren bis zu seinem Tod mit zweiundachtzig Jahren aufrechterhielt. Ich fasse hier seine Merkwürdigkeiten noch einmal unter dem Gesichtspunkt der gesteigerten Reizbarkeit zusammen: Wenn er aus dem Haus ging, trug er eine Gletscherbrille, die seine Augen vor Zugluft schützte. Er stopfte Wattepfropfe in die Ohren, bekleidete sich sommers wie winters mit Mantel und Hut. Er konnte keinen Lärm ertragen, spielte nicht mehr Klavier (was er früher gerne getan hatte), aß nur ausgewählte Speisen, reiste immer an denselben Urlaubsort, fuhr nie Auto.

Die meiste Zeit verbrachte er in seiner Bibliothek, die er immer wieder liebevoll ordnete, abstaubte, katalogisierte. In den Büchern, die ich von ihm geerbt habe, finde ich heute noch gelegentlich Zettel in seiner peniblen Schrift, in denen er ein Zitat korrigiert oder die Quellen unbelegter Zitate angibt; einmal hielt ich einen Kalender mit einzelnen Versen deutscher Dichter in Händen, die er alle in den Originaltexten nachgeschlagen und mit einem Quellenvermerk versehen hatte.

Die Großmutter besuchte Bekannte, ging schwimmen, einkaufen, plauderte mit den Nachbarn und arbeitete in ihrem Garten. Der Großvater mied alles, was ihn aufregen konnte, und eigentlich – so war mein kindliches Urteil – regte ihn alles auf.

Der reizbare Vater, der seine Irritierbarkeit entweder durch Alkohol dämpft oder sich ganz aus der Familie und ihren Auseinandersetzungen zurückzieht, liefert die Töchter einer mütterlichen Übermacht aus, die sie nicht durch Identifizierung und Loslösung von der Mutter verarbeiten können, sondern nur durch potentiell lebenslange Gegenabhängigkeit.

Die zwanghaften Distanzierungsversuche von der Mutter und ihren Surrogaten setzen die ursprüngliche Abhängigkeit fort. Sie wird auch auf die Partner übertragen, die nicht als erotisch anziehende

Männer, sondern als anfänglich idealisierte, später kontrollierend erlebte Elterngestalten gesucht werden. Solche Töchter wählen ihre Männer unbewußt nach dem Gesichtspunkt aus, daß diese tüchtig, zuverlässig und von ihnen abhängig sind. Die kindliche Abhängigkeit der so früh zur Stütze der Mutter gereiften Töchter wird durch ihre Versorgung abhängiger Männer vertuscht.

Die väterliche Traumatisierung ist offensichtlich gerade in den Fällen folgenschwer, in denen der Vater untertaucht, verschwindet, der Mutter das Feld und die Verantwortung überläßt, die sie allein gar nicht tragen kann, ohne einen großen Teil auf die Töchter (oder Söhne) abzuladen. Weil über Erlebnisse und Wünsche mit den Vätern nicht gesprochen werden kann, sondern nur über das, was richtig ist oder falsch, haben die Kinder wenige Auseinandersetzungsmöglichkeiten. Dieses Klischee bestimmt dann auch, wie die erwachsenen Kinder mit ihren Eltern umgehen. Entweder sind die Väter im Unrecht, oder sie selbst.

Eine Germanistin klagte zu Beginn ihrer Analyse über ihren Vater, der stets geistesabwesend, in seinen Beruf als Lehrer vernarrt und völlig von ihrer Mutter abhängig gewesen sei. Nie habe er mit ihr eine Bergtour unternommen oder sei mit ihr ins Schwimmbad gegangen, sie verlange ja nicht viel, aber das täten doch sonst alle Väter. Der Analytiker war sehr überrascht, als er nach einigen Monaten von ihr erfuhr, daß ihr Vater eigentlich Berufssoldat werden wollte. Im Krieg sei er so schwer verletzt worden, daß er diesen Plan aufgeben mußte.

Der Analytiker fragte jetzt nach der Art dieser schweren Verletzung und erfuhr schließlich, daß der Vater doppelbeinamputiert war und sich mühsam mit Hilfe zweier Prothesen bewegte. Die Klage der Tochter über die ausgefallenen Schwimmbadbesuche und Bergtouren schien nun absurd, war es aber auf einer anderen Ebene durchaus nicht: In der Verleugnung der Körperbehinderung steckte die defensive Idealisierung des abwesenden Vaters. Seine körperliche und wohl auch emotionale Behinderung zur Kenntnis zu nehmen hätte die Analysandin überfordert. Daher zog sie sich in die Anklagehaltung zurück, in der die Idealisierung aufrechterhalten werden konnte: Der Vater ist nicht der, der nicht anders sein kann, als er ist, sondern der, der «richtig» sein könnte, wenn er nur wollte. Auch hier zeigt sich, daß eine faschistische Position der beste Abwehrmechanismus* ist, um die psychischen Folgen erträglich zu machen, die der Faschismus anrichtet oder angerichtet hat. Denn gerade im Faschismus hat die Phantasie immer eine zentrale Rolle gespielt, daß großes, leidenschaftliches, unbedingtes Wollen tatsächlich eine unerwünschte Realität ungeschehen macht. Das Verschweigen und Vertuschen der Kriegsverletzung spiegelt eine for-

---

* Wer die Entwicklungen der deutschen Nachkriegszeit verfolgt, entdeckt solche faschistischen Denkfiguren als Abwehr der eigenen Verstricktheit fast durchgängig.

cierte Normalisierung, die für die Nachkriegszeit charakteristisch war und deren Folgen wir in den Analysen der Kriegskinder und -enkel beobachten.

«Frühstörung», Trauma und Borderline-Persönlichkeit

Die Bindung aller Erlebnisqualitäten von sexueller Anziehung, Geborgenheit und Sicherheit an die Idealisierung eines Partners (oder einer Partnerin) wird heute als Kennzeichen der Borderline-Persönlichkeitsstruktur beschrieben. Diesen Menschen gelingt es nicht, Ambivalenzen zu tolerieren und damit zu leben, daß jeder Mensch für jeden anderen nicht nur positive, sondern auch negative Aspekte hat, daß er nicht nur gibt, sondern auch nimmt, nicht nur bereichert, sondern auch verarmen läßt. Der Satz der traumatisierten Mutter einer Patientin «Ich kann nur lieben, wo ich bewundere» gehört in diese Dynamik.

Wenn die Betroffenen diese Bedürftigkeit nach Idealisierung nicht in ihre realen Gefühle und in die Begegnung mit ihren Liebespartnern einbetten können, scheitern Versuche, eine intime Beziehung aufzubauen. Das liegt entweder daran, daß der/die «Richtige» hienieden nicht auffindbar ist, oder daran, daß verheißungsvolle Anfänge unweigerlich in erkaltete, von Streit bestimmte, durch äußeren Zwang oder heftige Verlustangst aufrechterhaltene Beziehungen führen.*

Das Idealisierungsbedürfnis in den Intimbeziehungen drückt in vielen Fällen den verzweifelten Versuch aus, die traumatisierten Familienzustände auszugleichen. Die Kinder bemühen sich, ihre Eltern zu versöhnen und die Konflikte in der Ehe zu verkleinern. Sie versuchen beispielsweise, einer deprimierten Mutter zu «helfen», indem sie Lügengeschichten erzählen, die den Wünschen ihrer Mutter entgegenkommen, daß ihre Tochter in der Schule beliebt und erfolgreich sei.**

Wo Eltern die Belastungen durch Kriegs- und Nachkriegserlebnisse nicht verarbeiten konnten, entsteht in den Kindern ein Motiv, dafür zu sorgen, daß es den Eltern gutgeht und Konflikte die Familie nicht sprengen. Die Loslösung von den Eltern durch eine stabile Identifizierung mit ihren ideali-

---

* Jerold J. Kreisman / Hal Straus: *Ich hasse dich – verlaß mich nicht. Die schwarzweiße Welt der Borderline-Persönlichkeit*. München: Kösel 1992, sowie Otto F. Kernberg: «Borderline Personality Organization». In: *Journal of the Psychoanalytic Association*, 15, 1967, S. 641 f. Deutsch in ders.: *Borderline-Störungen und pathologischer Narzißmus*. Frankfurt: Suhrkamp 1983; vgl. auch Roy R. Grinker et al.: *The Borderline Syndrome*. New York: Basic Books 1968.
** Diese Pseudologie einer Tochter, welche dazu dienen soll, das Selbstgefühl der Mutter zu stärken, habe ich in den traumatisierten Familien öfter beobachtet. Erfunden werden gute Leistungen, vor allem aber soziale Beliebtheit, «richtige Freundinnen» usw.

sierten Anteilen bleibt aus. Die Fähigkeit, sich abzugrenzen und starke Gefühle in Erotik oder Aggression zuzulassen, wird zugunsten schuldbewußter Selbstkontrolle blockiert. Spätere Ehepartner «erben» diese Elternbeziehungen.

Dabei spielt häufig eine Rolle, daß sich Angehörige der «zweiten Generation» unbewußt erkennen und anziehen.* Die infantilen Züge der Mutter sollen durch eigene, mütterliche (aber auch konkurrierende) Bemühungen ausgeglichen werden. Die Mutter müßte besser sein, als sie ist.

Die Spaltungs- und Idealisierungstendenzen der Borderline-Struktur sprechen für einen verzweifelten Versuch, erneute Traumatisierungen zu vermeiden. Das Streben nach absoluter Sicherheit und garantierter Perfektion riskiert aber die Katastrophe, weil es die Realitätsbewältigung erschwert. Der Höhenflug in die Welt der problemlosen Idealisierung wird mit einem Absturz bezahlt. Die totale Liebe weckt den totalen Haß, das blinde Vertrauen ein ebenso blindes Mißtrauen.

Borderline bedeutet an sich die Grenzlinie zwi-

---

* Helen Epstein: *Die Kinder des Holocaust*. München: Beck 1987, beschreibt dies für die Kinder der überlebenden KZ-Häftlinge; ich selbst habe ähnliche Beobachtungen unter den Kindern vaterloser Familien und unter denen von traumatisierten Vätern gemacht. Es ist zu erwarten, daß die Merkmale der Aggressions- und Sexualangst, der fürsorglichen Verantwortung und der Abspaltung negativer Gefühle die Partner anziehen und zusammenhalten.

schen Neurose und Geisteskrankheit. Der Ausdruck ist noch in einer anderen Richtung gültig: Diese Kranken verlieren schnell die Grenze zwischen ihrer eigenen Person und anderen Menschen. Sie können nicht umhin, andere für ihre inneren Erlebnisse verantwortlich zu machen und sich beispielsweise an ihnen für Unrecht zu rächen, das sie sich selbst angetan haben.

Wer darauf achtet, entdeckt bei vielen Patienten mit Borderline-Symptomatik traumatisierte Eltern.* Die Idealisierungsmechanismen mit ihrer starren Orientierung an richtig / falsch, gut / schlecht, normal / krank kompensieren Störungen der Einfühlung. Massive Zentralisation führt dazu, daß differenzierte Über-Ich-Strukturen abgebaut und an die Außenwelt abgetreten werden. In der Vermittlung moralischer Normen an die Kinder können dann Primitivstrukturen nach dem Muster dominieren: «Was werden die Nachbarn sagen!» oder «Prügel haben auch mir nicht geschadet», «Das Leben ist ein Kampf, in dem sich die Starken durchsetzen».

Die Orientierung an der Einfühlung wird bei einer Borderline-Persönlichkeit durch Orientie-

---

* Das heißt, daß es durchaus etwas wie eine Tradition psychischer Störungen gibt. Diese Erkenntnis ist ebenso hilfreich, wie sie dem an Idealisierungen gebundenen Patienten kleinkariert und «zuwenig» erscheint. Er möchte schließlich «ganz gesund» werden und bequemt sich nur mit Mühe, seine Störung ernst zu nehmen und sich darauf einzustellen.

rung am Schmerz ersetzt.* Wir können den elementaren Schmerz der Selbstverletzung beobachten, wenn sich solche Menschen mit Nadeln stechen oder mit Rasierklingen schneiden; den Schmerzschrei, wenn eine durch Forderungen und Ansprüche überwältigte Bezugsperson die Beziehung nicht mehr ertragen kann; Schmerz, den Strafe und Verfolgung nach Normverletzungen – im Extremfall nach kriminellen Delikten – bewirken.

Zur Geschichte und Gegenwart der Borderline-Struktur scheinen verwöhnende Beziehungen ebenso zu gehören wie zur Geschichte und Gegenwart gesunder Menschen einfühlungsbestimmte. In einer einfühlenden Beziehung wird die versorgende Person geschont und bestätigt, so daß sich ihre Funktionen stabilisieren und verläßlicher werden können. In einer verwöhnenden Beziehung wird sie ausgebeutet und so lange leergesogen, bis die Verwöhnung plötzlich in einen traumatischen Objektverlust umschlägt.

So führt die Verwöhnung notwendigerweise zum Trauma; umgekehrt steigert das Trauma die Ansprüche an Verwöhnung, weil die Einfühlungsfähigkeit beeinträchtigt wird und sich viele Wünsche

---

* Daher wirken Borderline-Personen oft so lange angepaßt, wie es jemanden gibt, der über ihnen steht und ihnen Schmerz zufügen kann. Sie kennen aber kein Halten mehr, wenn sie selbst die Macht an sich reißen können.

nach einer Entschädigung – einer reparativen Verwöhnung – angesammelt haben.★

Solche Prozesse bestimmen auch die seelischen Veränderungen, die mit der bereits erwähnten Formel «durch den Krieg verroht» zusammengefaßt werden. «Verroht» heißt, daß der Krieger sich nicht an Einfühlung, sondern an Schmerz orientiert – er sucht ihn zu vermeiden, indem er ihn zufügt, und kann sich nicht darauf verlassen, daß die Früchte seiner Einfühlung jemals reifen. Fressen, Saufen, Huren bestimmen sein Verhalten in der Kampfpause; er darf plündern, weil er nicht weiß, wie lange er noch lebt und ob er die Früchte schonenden Verhaltens jemals ernten wird. Diese Roheit setzt Folgen, die sie unentbehrlich machen; die im Truppenverband äußerlich stabilisierte oder im Chaos des Krieges nicht weiter auffallende Orientierung am Schmerz und die Ansprüche an Verwöhnung werden im Frieden gefährlich. Sie laden den Familien schwere Lasten auf, die noch Jahrzehnte später fortwirken.

Die Frage liegt nahe, ob die Zentralisationsfolgen der traumatisierten Kriegsteilnehmer besonders

---

★ Die klinische Frage, ab welcher Schwere die Störung man von Borderline-Persönlichkeit sprechen sollte, ist vielfach diskutiert worden. Sie hängt mit der Frage zusammen, wie viele Lebensbereiche sozusagen intakt geblieben sind. Das Problem der zentralisationsbedingten Störungen ist ähnlich zu sehen. Solche Diagnosen haben intuitive Anteile; Motive aus seelischen Bereichen spielen mit, die in der Psychoanalyse unter dem Begriff der Gegenübertragung untersucht werden.

krasse Formen zeittypischer Beschädigungen darstellen. Wer das Leben vor hundert Jahren, als in Deutschland die Mehrheit der Bevölkerung noch in Dorfgemeinschaften lebte, mit den Existenzbedingungen in den gegenwärtigen Metropolen vergleicht, findet viele Hinweise darauf, daß die seelischen Folgen von Konkurrenzdruck, Ruhelosigkeit, Lärmbelastung, Bedrohung durch Kriminalität, kurz: die chronische Überlastung des Reizschutzes nur besonders widerstandskräftige Menschen gänzlich ungeschoren läßt. Die Widerstandskraft gegen Regressionen und Primitivreaktionen schwindet. So treten psychische Risiken an die Stelle der körperlichen, welche vor hundert Jahren die Menschen erheblich stärker bedrohten als gegenwärtig.

11 Die Folgen der Vaterdeprivation für die Töchter

«Die Auswirkungen der frühen Vaterdeprivation führen zu einer Reihe von Verhaltensweisen, die landläufig als konstitutiv für den weiblichen Charakter angesehen werden und ganz wesentlich die heterosexuellen Beziehungsmuster bestimmen.»*

Männer und Frauen wachsen von Frauen umgeben auf, seit die Entwicklung der Industriegesellschaft den Arbeitsplatz der Männer mehrheitlich aus dem Haus herausgenommen hat. Was dem Psychoanalytiker als «weiblich» begegnet, ist somit gar nicht von dieser sozialen Situation zu trennen. Die von Freud als Folgen eines Peniswunsches/Penisneides beschriebenen Erscheinungen werden inzwischen als Versuch gesehen, die frühe Vaterberaubung auszugleichen.

Wenn das kleine Mädchen keinen Mann hat, den es wie eine Frau begehren kann, sondern nur eine Mutter, dann muß es «phallisch»** werden, das

---

* Gudrun Gläser: «Zur Auswirkung präödipaler Vaterdeprivation auf weibliches Wollen, Wünschen und Begehren.» In: *Forum Psychoanal.* 1994, 10: 245–259, S. 256
** Die «phallische Frau» ist ein sprachlich problematischer Be-

heißt Begehren, Aktivität als «männlich» einordnen. Viele Frauen ordnen tatsächlich Männer als Begehrende und Frauen als Begehrte ein, schrecken vor erotischer Aktivität zurück und versuchen immer wieder, enttäuschende Männer durch Idealisierungen zu retten und die Schuld für das Scheitern einer Beziehung bei sich selbst zu finden.

Die Frau wird sich aufgrund einer Vaterdeprivation eher in männliche Wünsche einfühlen. So kann der Mann nicht erkennen, «was das Weib will», wie Freuds resignierte Feststellung lautet. Manche Psychoanalytikerinnen haben daraus die Forderung abgeleitet, ein Mädchen, das feminin orientiert sein soll, ohne phallisch zu wirken, brauche die Anwesenheit des Vaters schon vor dem Ödipuskomplex (also dem Alter von drei bis sechs Jahren). Mir scheint diese Lösung zu einfach und interkulturell wenig plausibel: Sehr selbstbewußte und «feminin» orientierte Frauen wachsen beispielsweise in vielen afrikanischen Kulturen auch dann heran, wenn Männer oder Väter in der Erziehung keine Funktion haben. Die entscheidende Variable scheint mir eher das Selbstgefühl der Mutter:

> griff. Er besagt, daß eine Frau über ihre inneren, femininen Wünsche unsicher ist, diese nicht offen äußern und selbstbewußt vertreten kann. Lebt sie die phallische Position offen-aggressiv, dann werden Männer manipuliert, als Rivalen besiegt und letztlich verachtet; ist die Aggression neutralisiert, werden Männer überschätzt. Die phallische Frau ist dann besonders nachgiebig und rücksichtsvoll, klammert sich an männliche Autorität, verachtet Frauen und kann Zufriedenheit nur in der Anerkennung durch einen Mann finden.

Gibt ihr die Kultur die Möglichkeit, Frauen ohne den Bezug auf einen Mann als emotional, «rund» und «stark» zu imaginieren?

Die selbstunsichere Frau sucht nach Spiegelung, Bestätigung, Verläßlichkeit. Sie ist zu großen Vorleistungen nicht nur bereit, sondern geradezu gezwungen; sie kann sich männliche Partner nicht unter dem Gesichtspunkt ihrer eigenen Interessen aussuchen, sondern will unbedingt eine gebende Situation herstellen. Auf der Suche nach dem idealisierten Objekt ihres Begehrens ist die Frau dazu bereit, ihre Wünsche als den Sexualwunsch auszugeben, den sie bei ihrem «Partner» wahrnimmt.★ Doch was sie geben und empfangen möchte, ist tragischerweise oft das Gegenteil von dem, was die Männer sich wünschen, die sich eine intime Beziehung ohne sexuelle Befriedigung nicht vorstellen können.

Die Folgen dieser Situation sehen so aus: Weil die Frau um die männliche Liebe wirbt, weckt sie das Begehren; da ihre Bedürfnisse aber vorwiegend auf einer prägenitalen Ebene angesiedelt sind, kann sie sich mit der körperlichen Vereinigung nicht befreunden und in ihr einen wesentlichen Weg sehen, ihrem Partner nahezukommen. Sie «läßt ihn machen». Das gelingt ihr nur selten, ohne ihr Selbstbewußtsein weiter zu beeinträchtigen. Viele

---

★ In dieser Dynamik wurzeln manche Fälle von sexuellen Abstinenzverletzungen während oder nach «Abschluß» einer Therapie.

der deprivierten Frauen entwickeln die Phantasie, sich mit ihrer sexuellen Hingabe Zuwendung zu erkaufen, wie sich Schulkinder bei ihren Klassenkameraden mit Bonbons beliebt machen.

Die Frage liegt nahe, wie vaterdeprivierte Frauen mit ihren Söhnen umgehen. Nach meinem Eindruck können sie diese besser idealisieren als verstehen. Sie versuchen häufig, ihre Söhne zu entsexualisieren, stecken sie in extremen Fällen in Mädchenkleider. Dadurch werden die Söhne in eine phallische Position gedrängt, die ihnen den emotionalen Austausch mit Frauen erschwert. So erziehen die vaterdeprivierten Mütter ihre Söhne zu Männern, die ihren Töchtern dasselbe Schicksal bereiten werden, unter dem auch sie litten. Der Mann, dessen Mutter seine Männlichkeit nicht spiegeln konnte, wird Frauen eher als gefährlich oder zumindest «schwierig» empfinden. Dann neigt er dazu, sich nicht in einem umfassenden Sinn für Frauen zu interessieren, sondern sich von ihnen zurückzuziehen, wenn er seine sexuellen Wünsche befriedigt hat.

Unter den Kriegs- und Nachkriegstöchtern ist die Vaterdeprivation nicht die Ausnahme, sondern die Regel.

Der auch präödipal präsente Vater kann entmachtet werden, ohne die Liebe der Kinder zu verlieren. Er bleibt ein Vertrauter, auch wenn die sexuellen Interessen der Töchter sie an andere Männer binden. Der früh abwesende Vater und das deprivierte

Mädchen hingegen versuchen nicht selten, durch große Idealisierungsanstrengungen und Verwöhnungsversuche den Mangel an wirklichem Vertrauen zu kompensieren.

In einem Fall schenkte der traumatisierte, während der frühen Kindheit völlig abwesende Vater seiner Tochter gegen die Einrede der Mutter zum achtzehnten Geburtstag ein Auto; andere Väter kauften Pelzmäntel, finanzierten teure Reisen oder nahmen die Töchter zu beruflichen Terminen mit. «Ich durfte mit dem Vater Motorrad fahren; meine Mutter hat er nie mitgenommen!» «Mein Vater hat mich in seinem Taxi mitgenommen und im Wirtshaus gesagt, daß ich ein richtiger Kumpel bin, ganz anders als mein homosexueller Bruder.» Entsprechend problematisch ist dann die Loslösung: Die Tochter hat Mühe, an dem verwöhnenden Vater vorbei andere Männer anziehend zu finden; der Vater kann oft nicht ohne destruktive Entwertungen und Aggressionen die sexuelle Reife seines Kindes akzeptieren. In vielen Fällen wird die einst verwöhnte und idealisierte Tochter angesichts ihrer Bemühungen um sexuelle Selbstbestimmung entwertet.

Weil sich der Vater nicht mehr im Mittelpunkt ihres Lebens sieht, läßt er sie fallen; stiller Rückzug ist dabei noch die harmloseste (und doch für die Töchter sehr schmerzliche) Verarbeitung. Einer dieser Väter sagte: «Männern den Kopf verdrehen, das ist alles, was du kannst!» Sehr viele beschimpften während der Ablösungsphase ihre Töchter als Huren.

Angesichts der auffälligen Reaktionsbildungen der Töchter gegen sämtliche Möglichkeiten, irgendeinen Nutzen aus ihrer sexuellen Anziehungskraft zu ziehen, ist gerade die Anklage der Tochter als Nutte grotesk. Eine Analysandin, die von ihrem Vater in dieser Weise behandelt worden war, trat eine attraktive Stelle nicht an, weil sie einmal mit einem leitenden Mitarbeiter der betreffenden Firma geschlafen hatte und jeden Anschein vermeiden wollte, sie verdanke ihm (der mit ihrer Einstellung nicht das geringste zu tun hatte) ihren Posten.

Die Frau erlebt den erotischen Austausch nicht als Basis der Beziehung, sondern bemüht sich, «mehr» zu geben und nach einer kürzeren oder längeren Phase der Vorleistungen auch mehr zu verlangen. So hofft sie, den erlebten Mangel auszugleichen. Um die Beziehung zu erhalten und sich vor ihrer aufkommenden Enttäuschungsaggression zu schützen, definiert sie den Mann als «gut, aber zu schwach». Die «schwachen Männer» halten, so mutmaßt sie, den «starken Frauen» nicht stand. (Der «gute, schwache Vater» und die «böse, dominante Mutter» sind nicht nur ein charakteristisches Motiv von Märchen, sondern auch eine häufig als «real» geschilderte Kindheitserinnerung.) Der schwache Partner wird durch Idealisierung geschützt (er will ja stark sein, aber er schafft es nicht); die Frau sucht die Ursachen ihrer Unzufriedenheit in sich selbst. Sie hat Fehler gemacht, sie hat etwas nicht klar genug gesagt, hat zu früh oder zu spät eine Forderung gestellt, eine Aggression geäußert.

Paula, eine Bibliothekarin, die Tochter eines cholerischen Soldaten, entschuldigt zehn Jahre lang ihren verheirateten Geliebten Norbert gegenüber ihren Freundinnen, wenn diese bemerken, ihr Verhältnis habe doch keine Zukunft. Norbert sagt, er habe Schuldgefühle, sich zu trennen, weil die Kinder noch so klein seien, weil sein Vater krank sei, weil seine Frau mit Selbstmord drohe. Nur selten, wenn sie etwas getrunken hat, macht ihm Paula Vorwürfe. Am nächsten Tag bittet sie unter Tränen, es ihr nicht übelzunehmen. Schließlich erlebt Paula auch die «wunderschönen Wochenenden» als belastend, die sie mit ihrem Freund verbringt. Er ist so merkwürdig verschlossen. Sie erkrankt an einem Bandscheibenvorfall.

Jetzt gesteht ihr Norbert, er habe seit geraumer Zeit eine neue Geliebte, die erheblich jünger sei als sie; er habe es nicht fertiggebracht, ihr das zu sagen, und empfinde so immense Selbstanklagen, daß er sie in nächster Zeit nicht mehr sehen könne. Paula fühlt sich in einer Zwickmühle: Sie kann ihm keine Vorwürfe machen, er hat doch schon Schuldgefühle. Soll sie ihm gut zureden, er müsse sich nichts vorwerfen?

Paula suchte in dem, was sie Norbert an Bewunderung und Verständnis für seine Schwächen gab, alles gutzumachen, was sie selbst nicht empfing. Sie verhielt sich so, als erwarte sie letztlich von ihm, Verantwortung für ihre Bedürfnisse zu übernehmen. An solchen Situationen läßt sich modellhaft aufzeigen, wie die männlichen und weiblichen Reaktionen auf die Vaterdeprivation ineinandergreifen können. Der abwesende Vater gibt dem Sohn die Phantasie, der einzige Geliebte der Mutter zu sein. So wird seine Größenvorstellung stimuliert und gleichzeitig seine Angst, die unentbehrliche mütterliche Liebe zu verlieren.

Der in seinen phallischen Phantasien derart bestätigte Mann* sucht die Lösung seiner Verlustängste in Eroberungen. Norbert hatte immer mindestens zwei Frauen. So war er vor Verlusten geschützt und bestätigte sich zugleich seine Gefährdung durch sie, denn er mußte immer wieder fürchten, daß sein doppeltes Spiel durchschaut würde. Er war im Grunde ebenso an die Phantasie eines ideal spendenden Objekts gebunden wie Paula; allerdings verarbeitete er die Kränkung, daß seine Frau diese Rolle nicht spielen konnte, anders als sie. Er suchte sich eine Geliebte und erhielt doch die Ehe aufrecht.

---

* Zur «phallischen» oder «genitalen» Beziehung: Im ersten Fall ist der Mann an die ödipale Phantasie einer Eroberung der Mutter gebunden, der er letztlich nicht «gewachsen» ist. Eine häufige Lösung der vaterdeprivierten Männer sieht so aus, daß sie zwanghaft Frauen erobern müssen oder versuchen, das bedrohliche mütterliche Objekt aufzuspalten, zum Beispiel in die entsexualisierte Hausfrau und die aufregende Geliebte, in die Madonna und die Hure.

Man kann daraus schließen, daß der Kontakt mit der Mutter für die Söhne etwas anderes bedeutet als für die Töchter. Die Söhne werden durch die Abwesenheit des Vaters darin bestätigt, daß sie die Mutter haben können, ihr aber nicht genügen. So drehen sie die Situation um: Sie brauchen viele Frauen, um befriedigt zu sein. Diese Phantasie kann depressiv abgewehrt oder aggressiv befriedigt werden. Norbert kombinierte beides: Er klagte über seine heftigen Schuldgefühle und rechtfertigte aus diesem Leid, daß er Paula fallenlassen mußte.

In den Fallskizzen über Karl und Paul (siehe Seite 195f.) sind die Extremformen beider Reaktionen dargestellt: Während Karl seiner Freundin äußerlich treu blieb, aber nicht mit ihr schlief und unter heftigen Schuldgefühlen litt, weil er von Phantasien über attraktivere, erotisch bereitwilligere Partnerinnen nicht loskam, konfrontierte Paul seine Partnerinnen mit sexuellen Wünschen, die sie nicht befriedigen könnten und derentwegen er einfach nicht treu sein dürfe, wenn er ehrlich sein wolle.

Für die in der Kriegs- und Nachkriegszeit geborenen Frauen war es außerordentlich erschwert, Weiblichkeit als etwas zu erleben, das auf einen Mann (und nicht auf ein Kind) bezogen ist.* Sie hatten weder eine ausreichende frühe Beziehung zum Vater, noch konnten sie ihre Mütter als Frauen

* Gudrun Brockhaus beschreibt in *Schauder und Idylle. Faschismus als Erlebnisangebot* diese Struktur weiblicher Bedürfnisse als charakteristisch für die nationalsozialistische Frauenliteratur.

erleben, die einen Mann begehren und von ihm begehrt werden. Diese Situation führt unter anderem dazu, daß sexuelle Aktivität als «männlich» gilt und ein tiefes Mißtrauen entsteht, ob erotische Anziehung mit Verläßlichkeit, Geborgenheit und Zärtlichkeit vereinbar ist. Die vaterberaubten Frauen verarbeiten diese Situation in verschiedenen Formen:

1. Partnerlosigkeit, von gelegentlichen erotischen Abenteuern unterbrochen. Gute Beziehungen zu Freundinnen und zur Arbeit kompensieren oft heftige Einsamkeitsgefühle.

2. Entsexualisierte Partnerschaft, die Geborgenheit bietet, während «Erotik nicht so wichtig ist».

3. Spaltung zwischen Geborgenheit und Sexualität. Neben dem «Muttermann», der als verläßlich, aber sexuell wenig attraktiv erlebt wird, dominieren «Vatermänner» die erotische Phantasie.

Der englische Kinderanalytiker Donald W. Winnicott* hat die «Kreuzidentifikation in der Urszene» beschrieben. Damit ist gemeint, daß Kinder die sexuelle Beziehung zwischen ihren Eltern in einem Gemisch aus realer Erfahrung und phantastischer Interpretation schon sehr früh erleben und zum strukturbildenden Element in der Entwicklung ihres eigenen Begehrens machen. Auf diese

* D. W. Winnicott: *Reifungsprozesse und fördernde Umwelt.* München: Kindler: 1974 (Original 1958) sowie *Vom Spiel zur Kreativität*, Stuttgart: Klett-Cotta 1973 (Original 1971)

Weise kann das Kind verstehen und einordnen, was in ihm selbst geschieht. Seine eigene Erregung spiegelt sich sowohl in der des Vaters wie in jener der Mutter.

Beide Partner der Urszene werden als Identifikationsobjekte gebraucht, um die Überzeugung zu verankern, daß die sexuellen Wünsche von anderen geteilt werden und daher nicht bedrohlich, sondern annehmbar sind. Winnicotts Auffassung erweitert die Aussagen Freuds über die traumatischen Folgen der Beobachtung der «Urszene», des elterlichen Verkehrs. An Freuds Hypothese hat mich schon immer gestört, daß nach vielen ethnographischen und historischen Berichten die Beobachtung der genitalen Liebe Erwachsener in traditionellen Kulturen Teil des kindlichen Alltags ist und keineswegs zu sexuellen Störungen führen muß.★

Diese Störungen werden eher dann mit der Urszene verbunden, wenn das Kind traumatische Erfahrungen mit Sexualität machen mußte (wenn es zum Beispiel Mißbrauchserfahrungen in diese Szene projiziert) oder aber wenn das Kind – Mädchen wie Junge – keine ausreichenden frühkindlichen Beziehungen zu beiden Elternteilen aufnehmen konnte. Dann hat es auch zu wenige Möglichkeiten erlebt, Vater und Mutter nicht nur als fürsorglich, sondern auch als begehrend zu erken-

---

★ Ausführlich belegt in Wolfgang Schmidbauer: *Vom Es zum Ich. Evolutionstheorie und Psychoanalyse.* München: List 1975

nen und in dieser Erkenntnis seine eigenen erotischen Wünsche als Teil der eigenen Person und als «gerecht» zu erleben.

Die Tochter einer Vertriebenen

Die Kindheit einer Analysandin, die ich hier Laura nenne, wurde von dem Flüchtlingsschicksal ihrer Mutter geprägt. Diese war mit ihrer ganzen Gymnasialklasse in ein Lazarett zum Arbeitsdienst eingesetzt worden. Sie erlebte die Jahre 1944 bis 1946 getrennt von ihren Eltern, ohne Möglichkeiten, zu erfahren, wo sich diese befanden, in ständiger Todesangst, weil die Lazaretthelferinnen oft erst wenige Stunden vor dem Zusammenbruch eines Frontabschnitts verlegt wurden. Den Vater, von dem sie sich als Siebzehnjährige verabschiedet hatte, sah sie nie wieder; er war als Zwangsarbeiter in einem Bergwerk umgekommen. Die Mutter, eine hohe NS-Funktionärin, verbüßte eine Haftstrafe, als die Tochter sie endlich wiedergefunden hatte.

Während der Analyse begann Laura, ihre Mutter genauer nach der Zeit um 1945 zu befragen. Zum ersten Mal ahnte sie, was das damals siebzehnjährige Mädchen durchgemacht hatte, das aus seiner behüteten Position als einzige Tochter einer der angesehensten Familien der Kleinstadt plötzlich nicht nur die Eltern, sondern auch den gewohnten Lebensrahmen verloren hatte. Die Mutter der Analysandin konnte psychisch nur überleben, indem sie alle Erinnerungen verdrängte.

Selbst im Jahr 1995, als Mutter und Tochter nach einem Spaziergang mit dem Enkel am Rand des Spielplatzes saßen und schwatzten, kämpfte die Vertriebene mit den Tränen und konnte sich nicht vorstellen, ein Wiedersehen mit ihrer Heimatstadt und dem Elternhaus zu ertragen. Lauras Eltern lernten sich kennen, als sich beide beruflich etabliert hatten – der Vater als selbständiger Handwerksmeister mit einem eigenen Betrieb; die Mutter als Leiterin einer Versicherungsagentur. Die Ehe war für beide ein Versuch, die erlittenen Ängste auszugleichen und aneinander den Halt zu gewinnen, den die Ursprungsfamilien nicht bieten konnten. Als kurz hintereinander ein Sohn und eine Tochter geboren wurden, schien das Glück perfekt.

Bald geriet der Vater in wirtschaftliche Schwierigkeiten. Er hatte seinen Betrieb so lange vergrößert, um in der boomenden Nachkriegswirtschaft mitzuhalten, bis er von der Organisation so überfordert war, daß er, um sich entspannen zu können, mehr und mehr Alkohol brauchte. Das führte zu einem Beinahe-Konkurs, den er nur durch die Hilfe seiner Frau abwenden konnte. Seither arbeitete er allein mit einem Lehrling; Lauras Mutter, die nie ganz aufgehört hatte zu arbeiten, verdiente mit ihrer Agentur mehr als der Vater.

Dieser konnte die Dominanz seiner Frau nicht ertragen; es kam zu den typischen Szenen zwischen einer tüchtigen, aber von Trennungsängsten bestimmten Frau und einem unter Alkoholeinfluß rebellischen, nüchtern reuigen Partner. Die Mutter arbeitete rastlos und erzog ihre Tochter in einem Klima ängstlicher Aufmerksamkeit und ständiger Kontrolle.

Laura erlebte sich zu Beginn der Analyse als Kind, das immer versucht hatte, es der Mutter recht zu machen, zwischen ihr und dem Bruder zu vermitteln und den Vater daran zu hindern, auf Mutter oder Bruder tätlich loszugehen. Sie habe den Vater immer gehaßt und vergeblich versucht, die Mutter dazu zu bewegen, ihn zu verlassen. Als sie gemerkt hatte, daß die Mutter Geheimnisse, die sie ihr allein anvertraut hatte, dem Vater verriet und in ihrem Tagebuch las, kapselte sich Laura auch von ihr ab, durchlebte eine Phase riskanten Konsums von Haschisch, LSD und Amphetaminen, achtete aber immer darauf, unauffällig gute Schulleistungen zu bringen.

Die frühe Abwesenheit des Vaters, der nur am Wochenende (und dann entweder angetrunken oder total erschöpft) zu Hause war, führte zu einer extrem engen Bindung zwischen Laura und der von zwanghaften Sicherheits- und Leistungsforderungen getriebenen Mutter. Wenn – selten genug – der Vater kam, erlebte ihn das kleine Mädchen als lustiger und emotional zugänglicher als die Mutter, doch waren zu Beginn der Analyse diese Erinnerungen völlig von der traumatischen Szene der Pubertät überlagert. Der Vater flirtete mit seiner Tochter und entwertete sie, ließ durchblicken, daß er sie für ein Flittchen halte, und kaufte ihr nicht den von ihr gewünschten, einfachen Kaninchenmantel, sondern einen teuren Luchs.

Die gespannte Atmosphäre entlud sich, als der Vater seine siebzehnjährige Tochter schlug und sie daraufhin das Haus verließ, zu einer Freundin zog und nur durch Vermittlung der Mutter bewogen werden konnte zurückzukommen. Damals preßte die Mutter dem Vater das Versprechen ab, Laura nie wieder anzurühren. Er hielt sich daran, aber das Verhältnis entspannte sich nicht wieder. Der Vater vermied es auch noch gegenüber der Siebenunddreißigjährigen, mit ihr in einem Raum allein zu sein oder mit ihr zu telefonieren; war er am Apparat, wenn sie anrief, um eine Verabredung wegen des Enkels zu treffen, gab er den Hörer an die Mutter weiter, die dann sagte, sie müsse den Vater fragen, ob er einverstanden sei, das Kind zu hüten.

In Lauras Analyse wurde deutlich, wie stark die Sicherheitsbedürfnisse der traumatisierten Mutter die Kreativität und das Selbstvertrauen der Tochter gelähmt hatten. Während die Mutter ebenso wie der Vater die frühen Verletzungen durch eine forcierte Verselbständigung und betonte Unabhängigkeit gegen außen kompensierten, suchten sie in der Familie die Kinder ängstlich vor jedem selbständigen Schritt zu beschützen und ihnen alle eigenen Erfahrungen abzunehmen.

Sie durften keine Geschenke von Verwandten annehmen, ohne die Eltern zu fragen. Sie sollten nicht allein verreisen. Die Eltern vermittelten den Kindern das Bild einer bedrohlichen Welt, in der es höchst gefährlich sei, auf Menschen zuzugehen und ihnen zu vertrauen. In der Folge konnte Laura nur dort erfolgreich und selbstbewußt arbeiten, wo ihr die Tätigkeit keine Freude machte. Sie mißtraute sich selbst, sobald sie eine Aufgabe angehen sollte, die sie interessierte. Ungeliebte Arbeit erledigte sie zur großen Zufriedenheit ihrer Vorgesetzten.

Die erste Hälfte von Lauras Analyse war durch ihre Entwertungshaltungen geprägt. Sie bemühte sich, alle Regeln einzuhalten, und klagte, daß sie keine Fortschritte mache, daß der Analytiker so wenig voranbringe, daß es mit ihr aber auch ohnehin sinnlos sei, daß sie niemals Arbeit finden würde, wenn sie nicht wieder in ihre ungeliebte Bürotätigkeit zurückkehre, daß sie keine Lust auf ihren Ehemann habe und noch weniger Lust auf andere Männer oder Frauen. Nur ihr kleiner Sohn lockte ihr gelegentlich andere Aussagen ab.

Ich deutete ihre Einfälle vor allem im Rahmen einer Vaterübertragung, die auch aus ihren Träumen sprach: Sie schlief im Traum auf der Couch, während ich im Nebenzimmer am Schreibtisch arbeitete. Sie besuchte in einem anderen Traum einen mächtigen, aber unangenehmen Guru, auf den sie schließlich mit einer Art Pistole anlegte und schoß, ohne ihn zu treffen. Ich versuchte auch die Kontaktabbrüche zu bearbeiten, die wie eine Mauer zwischen Laura und ihrem Vater standen. Seit er sie als Siebzehnjährige geschlagen hatte, waren sie sich aus dem Weg gegangen.

Sie hatte damals zwar auf die Bitten ihrer Mutter hin die Anzeige zurückgenommen und war auch ins Elternhaus zurückgekehrt, aber sie hatte nie wieder mit ihrem Vater ein Wort der Annäherung ausgetauscht. Sie konnte seine Angebote nicht annehmen. Es war ihr peinlich, und sie schaltete ihren Ehemann ein, wenn es in ihrem Haushalt etwas zu reparieren gab, das in sein Handwerk schlug. Er half immer gerne, aber sie konnte seine Zuwendung nicht ertragen.

Allmählich erkannte Laura, wie sehr ihr Umgang mit mir diese Vaterenttäuschung nachzeichnete. Sie wollte um jeden Preis unabhängig und kontrolliert bleiben, keinerlei Abhängigkeit zulassen, mich rational und kritisch auf Distanz halten. Die Analyse brachte ihr nichts, ihre Träume erzählte sie immer zuerst ihrem Partner und berichtete auch, was dieser dazu gesagt habe. Sie klagte dort auch über mich und berichtete mir dann, daß ihr Mann sie getröstet und auf einen gemeinsamen Bekannten verwiesen habe, von dem er gehört hatte, ich verstünde mein Handwerk. Die häufigere Situation, daß der Analytiker zum Vertrauten wird und der Ehepartner aus diesem Bündnis ausgeschlossen bleibt, war geradezu umgedreht: Laura betonte, daß mir nicht zu trauen sei und ihr Ehemann weit mehr über sie wissen dürfe als ich.

In der Übertragung erlebte sie den Analytiker immer wieder als strafende, überfürsorgliche Mutter, die ihr die Sexualität mit dem Ehemann und die Verwirklichung ihrer Begabungen in einem Beruf aufzwingen wolle. Allmählich baute die Patientin ihre Ängste ab, sich wieder eine außerhäusliche Arbeit zu suchen, und erhielt schließlich ein Angebot, sich auf eine attraktive Halbtagsstelle zu bewerben. Nach dem Bewerbungsgespräch, das erfolgreich verlaufen war, kam sie mit folgendem Traum in die Stunde: «Ich gehe durch dunkle Gänge auf ein Licht zu. Ich komme an eine schwere eiserne Tür, und ich weiß, wenn ich da durchgehe, kann ich nie wieder zurück, ich muß nach vorne, egal, was passiert.»

Die Mutter hatte dem Kind ein Introjekt der eigenen größten Gefahr weitergegeben. Sie suchte ihrer Tochter zu vermitteln, daß diese sich gegen Ereignisse wappnen müsse, die sie unvorbereitet und jäh überfallen hatten: der Zusammenbruch der Welt der Eltern, die Gefängnisstrafe für ihre idealisierte Mutter. In diesem Appell, eine Wiederholung des Traumas um jeden Preis zu vermeiden, mußte dieser als der am meisten von der Mutter mit Gefühlen besetzte Vorstellungsinhalt auch von der Tochter übernommen werden.

Unter traditionellen Umständen ist es sinnvoll,

daß die Erwachsenen alles, was sie aus eigenen traumatischen Erfahrungen gelernt haben, an ihre Kinder weitergeben. Wenn Rotkäppchen ein Erlebnis mit einem Wolf hat, ist es nicht ungünstig, wenn es – zur Frau herangewachsen – der eigenen Tochter eine gehörige Angst vor Wölfen vermittelt. Diese sind nach wie vor gefährlich, kommen nach wie vor in der Umwelt der nächsten Generationen vor.

Die Botschaften von Lauras Mutter waren erheblich widersprüchlicher: Einerseits soll sich die Tochter ganz auf sich verlassen und unabhängig bleiben, anderseits soll sie einen Mann finden, der ihr jene Sicherheit bietet, welche der abwesende Vater der Mutter nicht gab. Einerseits soll die Tochter durch eine steile Karriere in einem angesehenen Beruf alle Kränkungen des Selbstgefühls durch Nazi-Verstrickung und Flüchtlingsschicksal ausgleichen, anderseits soll sie unbedingt vermeiden, etwas zu tun, was auffällt und Spaß macht.

Die mütterliche Identität des Flüchtlingsmädchens, das sich durchschlägt und auf keine Freundschaftsdienste rechnen kann, prägte das Verhalten der Patientin in einem Arbeitsfeld, in dem Karrieren durch Teamarbeit und klugen Umgang mit Abhängigkeiten aufgebaut werden. So legte die Mutter, ohne es zu beabsichtigen, durch ihren inneren Druck, ihre Tochter abzusichern und sie besonders erfolgreich zu machen, deren Selbstverwirklichung Fesseln an.

Als die Patientin eine Stelle suchte, sagte sie der Mutter kein Wort davon, bis sie eine feste Zusage hatte. Sie erinnerte sich, wie sie als Kind schwimmen lernen sollte, es aber so lange nicht fertigbrachte, wie die Mutter zusah und Anleitungen gab. Sie mußte einsam üben, um endlich Vertrauen in ihre Fähigkeiten zu gewinnen. Und sie war über das Erreichte nicht stolz, sondern ängstlich, weil sie es gemein fand, daß sie ihre Mutter enttäuschte.

Die Analyse der Tochter wirkte auf die Mutter zurück. Weil die Tochter begann, mit ihr über die Vergangenheit zu sprechen, beschäftigte sich auch die Mutter zum ersten Mal mit bisher völlig tabuisierten Lebensbereichen. Ihre Vergangenheit, der traumatische Zusammenbruch ihrer eigenen Mutter-Beziehung und die unterdrückte Trauer über den Tod ihres Vaters in einem sowjetischen Arbeitslager wurden so zu Themen für die Familie und schließlich sogar zum Anlaß für eine Reise in die verlorene Heimat.

12 Das Not-Matriarchat

Das blutige Handwerk scheint auch in Zeiten, in denen der Tod industriell produziert wird, eine Domäne des Mannes. Während er damit beschäftigt ist, «im Felde» zu kämpfen, übernehmen Frauen zu Hause die Macht. Gleicht die Familie des Patriarchats der Pyramide, von deren Spitze aus der Hausvater über Frauen, Kinder und Dienstboten regiert, so wird sie in Kriegszeiten zu einem Kunstgebilde, wo Frauen den leeren Mantel des Patriarchen nach wie vor hochhalten, dahinter aber die Entscheidungen treffen.

Der (Familien-)Therapeut findet in den Familien so intensiv vom Krieg betroffener Nationen wie der deutschen zahlreiche Beispiele, wie vor allem Mütter-Töchter-Bündnisse die abwesenden oder beschädigt zurückkehrenden Männer entmachten, gängeln, unterschwellig beherrschen.

Den Kindern solcher Familien begegnen Konflikte durch diese Lage an drei Krisenpunkten:

1. Die Mütter sind durch die multiplen Rollenanforderungen überfordert, ungeduldig, latent aggressiv. Verspielte, fröhliche oder fordernde Seiten der Kinder werden unterdrückt, sie stören beim Kampf um das Lebensnotwendige. «Das Klima in

meiner Familie läßt sich durch das Sprichwort zusammenfassen: ‹Den Vogel, der am fröhlichsten singt, frißt die Katze!›», sagt eine Betroffene.

2. Es gibt in der Dyade Mutter – Kind keine Bindungsalternative, wenn der Vater fehlt oder stark traumatisiert und dadurch nicht belastbar ist. Entwicklungsschritte zu einer autonomen Verarbeitung der Realität werden erschwert, wenn der Prozeß der Triangulierung blockiert ist, in dem sich die symbiotische Verbindung zu einem Dritten hin erweitert.

3. Die Bewältigung des Ödipus-Komplexes mißlingt. Eine klare Abgrenzung von «männlich» und «weiblich» und eine wechselseitige Idealisierung dieser Positionen würde diese Identifizierung erleichtern. Die in den beschädigten Familien häufig anzutreffende wechselseitige Entwertung der Eltern führt zu massiven Störungen der eigenen Geschlechtsrolle, zu Angst vor Hingabe und latenter Verachtung der eigenen wie der gegengeschlechtlichen Sexualität.

Beispiel 1: Die Mutter erzählt ihren drei Töchtern, daß sie viel lieber als den Vater einen Nachbarssohn in ihrer sudetendeutschen Heimat geheiratet hätte. Der sei ein richtiger Mann gewesen. Der Vater revanchiert sich, indem er sich beim Mittagessen darüber ausläßt, wie übelriechend und widerwärtig die Sexualorgane von Frauen seien. Die beiden verheirateten Töchter können nicht schwanger werden; eine adoptiert schließlich zwei Kinder. Die mittlere Tochter sucht Halt in masochistisch bestimmten Beziehungen zu älteren Männern, die sie schließlich in die Analyse führen.

Beispiel 2: Die Tochter weiß, daß sie vorehelich gezeugt wurde. Die Mutter erzählt ihr, daß der Stiefvater impotent sei. Sie ist die Vertraute der mütterlichen Entwertung und Verachtung von Sexualität, die dem Schutz vor einer Enttäuschung durch den impotenten Mann dient. Die Folge ist eine bis zum Zeitpunkt der Analyse im Alter von einundvierzig Jahren bestehende sexuelle Empfindungslosigkeit.

Beispiel 3: Die Eltern lernten sich durch eine Anzeige kennen, die die Mutter des Ehemannes in einem kirchlichen Blatt aufgegeben hatte, um ihren Sohn endlich zu verheiraten. In der elterlichen Ehe erlebt die Tochter, daß die Mutter ständig über das sexuelle Desinteresse und die Potenzschwäche ihres Mannes klagt. Sie behauptet, er habe mit ihr nur so oft geschlafen, wie Kinder gezeugt worden seien. Gleichzeitig warnt sie die Tochter davor, sich auf eine sexuelle Beziehung einzulassen, weil sie dadurch die Kontrolle über ihr Leben verlöre. Der Vater macht in jedem zweiten Satz eine zotige Anspielung und unterstellt der Tochter schon eine rabiate Promiskuität, als diese noch Jungfrau ist. («Du hast Schatten unter den Augen, hast es wohl mit einem ganzen Regiment getrieben!»)

In solchen Nachkriegsehen wird die bereits beschriebene Vaterdeprivation des Mädchens durch die Kompensationsversuche der Eltern vertieft. Die Mütter können mit der einfühlungsarmen, vergröberten Triebhaftigkeit der Männer nicht umgehen und ziehen ihre Kinder ins Vertrauen. Die Väter greifen auf einen primitiven, militärischen Mechanismus der sexuellen Selbstbestätigung zurück: Sexualisierung als Dauer-Potenzbeweis und Entwertung des Kontaktes mit Frauen, der so aller Chancen von Geheimnis und Lust beraubt wird.

Die psychische Folge des beschriebenen «Not-Matriarchats» scheint in erster Linie ein Verlust an Unbekümmertheit zu sein. Die in der Kriegs- und Nachkriegszeit geborenen Kinder sind die deutschen Leser, welche Dale Carnegies Buch mit dem Titel «Sorge dich nicht, lebe!» zum Bestseller gemacht haben. Leben ist Überleben. Überleben heißt, sich Sorgen zu machen, wie es weitergehen wird. Diese Haltung erscheint bei den Betroffenen sehr ausgeprägt. Die Einfühlungsarmut, die unter dem Druck des Not-Matriarchats und der traumatisierten Männer entsteht, führt zu einer Verschmälerung der inneren Toleranz bei den Kindern. Sie können angesichts einer wesentlichen Entscheidung nicht mehr eine optimistische Phantasie gleichberechtigt neben einer pessimistischen entwickeln und dann zwischen beiden Szenarios wählen. Sie verfallen eher in einen quälenden Grübelzwang, in dem die Phantasien sich gegenseitig bekämpfen und unterdrücken, so daß keine Handlungsmöglichkeiten außer der unmittelbaren Pflichterfüllung übrigbleiben.

Ein solcher Patient verlor jedes sexuelle Interesse, als seine Frau sich ein Kind wünschte, obwohl er selbst rational eine Familie gründen wollte. Er kämpfte ständig mit der Phantasie, daß dieses Kind alle körperlichen Mängel aufweisen würde, die er und seine Frau hatten oder auch nur haben könnten. Obwohl er gut verdiente, fürchtete er zu verarmen. Seine früher eher zurückhaltende Frau war erotisch viel ansprechbarer geworden, seit sie sich zu dem gemeinsamen Kind durchgerungen hatten. Den Rat des Therapeuten, erst einmal das Sexualleben zu genießen, angesichts der Schwangerschaft könne er sich immer noch Sorgen machen, kehrte er um. Er müsse durch angestrengte therapeutische Leistung zuerst alle seine Sorgen bezwingen, um dann sorgenfrei die Schwangerschaft zu riskieren.

Eine fünfundvierzigjährige Patientin, Tochter einer Kriegerwitwe, klagte über ständige Empfindungen, ausgenützt zu werden und sich nicht gegen ihre Kolleginnen und Verwandten durchsetzen zu können. Dahinter stand ein unbewußter Neid auf alle Personen, die unbekümmert mit ihren Wünschen und Pflichten umgingen. Sie «mußte» einfach die Krankenstation, auf der sie arbeitete, perfekt hinterlassen, auch wenn sie dazu eigentlich keine Zeit mehr hatte, und fühlte sich von ihren Kolleginnen ausgenützt, die es nicht so genau nahmen.

Einmal sollte sie eine Kollegin von der Bahnstation abholen und mit zur Arbeit nehmen. Wegen einer Baustelle war der gesamte Verkehr gesperrt, so daß sie erheblich verspätet am Bahnhof eintraf. Dennoch wartete sie dort eine ganze Weile und rief dann in der Klinik an, um zu erfahren, daß die Freundin mit dem Zug gefahren war, weil sie den Stau beobachtet und gedacht hatte, die Fahrerin wäre längst umgekehrt. Diese brach in Tränen aus und konnte sich tagelang nicht über ihre «Dummheit» beruhigen. Sie spiele immer für alle den Deppen. Niemand danke es ihr durch die geringste Rücksicht und Aufmerksamkeit. Hinter diesen Selbstanklagen verbarg sich ihr Haß auf die Freundin. Die Patientin war rasend vor Sehnsucht nach deren Unbekümmertheit.

In solchen Szenen wird deutlich, wie sehr das weibliche Selbstgefühl bei den Frauen, die unter dem Not-Matriarchat aufgewachsen sind, an Bemutterung gebunden ist. Dieses Bild behindert sie sehr in ihren Liebesbeziehungen. Sie versuchen, ihre fortbestehende Sehnsucht, doch noch die umfassende und befriedigende Mutter-Beziehung zu finden, ebenso abzuwehren wie teilweise zu erfüllen, indem sie andere bemuttern. Dann sind nicht sie die Abhängigen, die potentiell Verlassenen, Hilflosen, sondern es sind andere, die von ihnen versorgt und gerettet werden. Diese Gesten der Fürsorge erlauben es auch, die heftige Wut zu kontrollieren, die das Mädchen im Not-Matriarchat empfunden hat.

Diese Wut wird in den Dienst der Helfer-Ideale gestellt und richtet sich als indirekte Aggression zum Beispiel gegen «schlechte Helfer», etwa nachlässige Krankenschwestern, eigensüchtige Kolleginnen. Ein anderer Teil der Wut wird durch depressive oder zwanghafte Abwehrstrukturen gebunden, die gerade in den helfenden Berufen sehr verbreitet sind.

Auch hier ist es nur im Einzelfall möglich, die «normalen» Einflüsse in belasteten Familien von den Kriegsfolgen zu unterscheiden. Auch sollte beachtet werden, daß Situationen wie das Not-Matriarchat ungewöhnliche Kreativität freisetzen können und viele Frauen in der Kriegs- und Nachkriegszeit Kräfte entwickelt haben, die ihnen und ihren Kindern Mut und Zuversicht einflößten. Nicht alles davon wurde in der Restauration, die zur Zeit des wirtschaftlichen Aufschwungs einsetzte, rückgängig gemacht.

In dem folgenden Fallbericht wird deutlich, wie das Not-Matriarchat, in dem die Mutter lebte (und an dessen Überforderungen sie erkrankte), von der Tochter übernommen wird. Auch sie ist eine gute Mutter und tüchtige Firmenchefin, aber in ihrem Selbstbewußtsein als Frau erheblich beeinträchtigt; sie kann sich selbst nicht hochschätzen, auch wenn sie für andere Erstaunliches erreicht – wie die Wiederverheiratung des Vaters nach dem Tod der Mutter.

«Ich wollte immer nur weg...»

Eine zweiundvierzigjährige Frau, die nach einer sehr unruhigen Zeit mit vielen Auslandsaufenthalten eine Boutique in einer Kleinstadt aufgebaut hat, sucht wegen anfallsartiger Zustände von Angst und Verzweiflung therapeutische Hilfe. «Alle Beziehungen entgleiten mir, ich kann niemanden halten, obwohl mich wundert, wie viele Menschen immer noch auf mich zugehen. Ich bin oft verzweifelt, weil ich so allein leben muß, auch der Vater von Karlheinz ist mir weggelaufen, und ich werde mit meinem achtjährigen Sohn nicht fertig, ich mache alles falsch, habe zu wenig Geduld, schreie ihn an, er ist schon bald genauso kontaktgestört wie ich. In letzter Zeit bin ich ganz sicher, daß ich in zwei Jahren an einem Gehirnschlag sterben muß, wie meine Mutter auch. Die hatte in diesem Alter ihren ersten Schlaganfall; nach sechs Jahren starb sie dann an ihrem zweiten.

Ich spüre manchmal etwas wie einen elektrischen Schlag im Gehirn. Morgens nach dem Aufwachen war einmal mein Arm wie gelähmt. Ich war schon bei verschiedenen Neurologen und bin durchuntersucht worden, sie haben aber nichts gefunden. Ich habe mir Bücher gekauft und gelesen, daß man einen drohenden Schlaganfall nicht immer nachweisen kann. Jetzt denke ich daran, in eine Klinik zu gehen, wo das noch gründlicher gemacht werden soll. Ich hatte dieselben Symptome schon vor zwei Jahren. Damals habe ich sehr viel gearbeitet und sehr viel Kaffee getrunken. Als es mir so schlecht ging, hörte ich damit auf. Die Anfälle verschwanden. Ich vergesse immer wieder, auf mich aufzupassen. Das erschreckt mich. Ich will noch nicht aufgeben.»

Ihr Bericht über den Tod der Mutter wirkt wie ein Film, in dem farbige und deutliche Bilder mit verwischten Schwarzweißaufnahmen wechseln und gelegentlich der Streifen reißt; sie sagt dann etwa: «Das ist lange vorbei! Das interessiert doch niemanden! Vielleicht sollten wir von etwas anderem reden!»

Erika wurde in den fünfziger Jahren auf einem Bauernhof in der Oberpfalz geboren. Ihr Vater war der Sohn eines Gutsverwalters auf Rügen. Von seiner Vorgeschichte erzählte er der Tochter, daß sein größter Wunsch gewesen sei, Polizist zu werden. Dort habe es aber im Dritten Reich keine freien Stellen gegeben; man habe ihm daher geraten, in die SS einzutreten, die Männer brauche. Man habe ihm auch versichert, daß es später möglich sei, von der SS zur regulären Polizei überzuwechseln.

Über das, was er im Krieg getan hatte, sprach Erikas Vater nie. Er war nach der deutschen Kapitulation untergetaucht, hatte sich als Knecht verdingt und war schließlich in das Dorf gekommen, in dem Erikas Mutter als Witwe einen Hof bewirtschaftete, den sie von ihrem ersten Mann geerbt hatte. Dieser war im Krieg gefallen; er hatte seine Tochter, die elf Jahre älter war als Erika, als Nacherbin eingesetzt.

Weil ihr Vater noch längere Zeit keine gültigen Papiere hatte, verzögerte sich die Heirat der Eltern. Erika erinnerte sich an ihre Mutter als abgearbeitete Frau, die von der Aufgabe überfordert war, den Hof zu führen und die so unterschiedlich alten Kinder zusammenzuhalten. Die älteste Tochter und Hoferbin hatte immer eine privilegierte Position. Der Vater arbeitete als Kraftfahrer; am Abend und am Wochenende war er betrunken und unzugänglich.

Es gab im Dorf viele Verwandte des verstorbenen ersten Mannes; eine Tante und ein Onkel kamen gelegentlich zu Besuch. Die Tante hatte ein Geschäft in der nächsten Großstadt und war kinderlos; Erika erinnerte sich daran, daß sie irgendwann mit schlechtem Gewissen entdeckte, daß sie diese Tante mehr liebte als die Muter und es ihr auch egal war, wenn die Mutter das merkte.

Als Erika neun Jahre alt war, kam sie eines Tages zu spät von der Schule nach Hause. Sie war noch bei einer Freundin gewesen, und die beiden Mädchen hatten sich die Fingernägel rot lackiert, das war in den Augen von Erikas Mutter eine Sünde. Erika wollte die hübschen roten Nägel behalten und den Zorn der Mutter vermeiden, und so trödelte sie auf dem Weg, bis einer ihrer Cousins ihr entgegenkam und ihr sagte, ihre Mutter liege im Krankenhaus, sie habe einen Schlaganfall erlitten.

Die Mutter überlebte den ersten Schlaganfall. Beim zweiten, sechs Jahre später, war die jetzt fünfzehnjährige Erika zu Hause, als die Mutter vom Einkaufen zurückkam und sagte, ihr sei so schwindlig, sie müsse sich hinlegen. Im Bett verlor sie dann bald die Sprache. Das Mädchen versuchte verzweifelt, sie zum Reden zu bringen. Es wußte nicht, sollte es bei der Mutter bleiben oder Hilfe holen. Endlich schrieb die Mutter auf einen Zettel, sie sollte den Arzt verständigen.

Nachdem die Mutter im Krankenhaus gestorben war, fühlte Erika keine Trauer, sondern nur eine Art kalter Wut. Ihre große Schwester, die schon verheiratet war und auf das Hoferbe gewartet hatte, machte ihr klar, daß sie fortmußten: Erika, ihr Vater und ihr vier Jahre jüngerer Bruder, der im Krankenhaus lag, weil er nach dem ersten Schlaganfall der Mutter ein schweres Bronchialasthma entwickelt hatte.

Der Vater war schon immer zurückgezogen und schwermütig gewesen. Jetzt erkrankte er an einer Depression, konnte nichts entscheiden, klammerte sich an seine Kinder. Die Fünzehnjährige entschied sich, eine Heiratsanzeige aufzugeben und mit den interessierten Frauen Kontakt zu knüpfen, um wieder eine Familie zu haben. Es gelang ihr auch, eine Frau zu finden, die verwitwet war und eine Tochter in Erikas Alter hatte. Der Vater und die neue Mutter waren einverstanden; die von Erika gegründete Familie zog zusammen. Nach wenigen Monaten kam es zu einem heftigen Streit zwischen Erika und ihrer Stiefschwester. Diese hatte einen Freund, der sich in Erika verliebte.

Die Stiefmutter schlug sich in dem Konflikt auf die Seite ihrer leiblichen Tochter; der Vater blieb stumm und apathisch. Die Stiefmutter stellte Erika vor die Wahl, entweder klein beizugeben oder zu gehen. Erika ging: Sie fuhr zu ihrer Lieblingstante in die Großstadt und sagte: «Hier bin ich, du mußt mich irgendwo unterbringen, ich will bei dir im Geschäft lernen.» Der Bruder kam später in ein Heim, das auf asthmakranke Kinder spezialisiert war; als Erika ausgelernt hatte, zog sie in die süddeutsche Großstadt in der Nähe dieses Heims. Sie schaute nur nach vorn, arbeitete in verschiedenen Positionen, verliebte sich in Männer und trennte sich meist schon nach einer Nacht von ihnen. Ihr Lebensgefühl seit dieser Zeit faßte sie in die Worte: «Ich wollte immer nur weg!»

Die Mutter wurde für Erika zum Symbol einer Verschmelzung von Ruhe und Tod. Ihr Lebensgefühl erinnerte sie an einen über die Wasserfläche geschnellten, flachen Stein: nur die Geschwindigkeit, mit der er den Kontakt aufnimmt und wieder verliert, rettet ihn vor dem Untergang.

Das Aggressionsproblem ist auch die zentrale Frage in der Verarbeitung des Not-Matriarchats. Wie kann die Tochter mit ihrer heftigen Wut gegen die enttäuschende Mutter umgehen? In diesem Abwehrkampf werden vor allem Identifizierungen eingesetzt, die in wechselnden Schattierungen reale Aspekte der Mutter und Ideal-Anteile (die Mutter, die sich das Kind wünschte) bewahren.

Die Identifizierung mit dem verachteten Vater

Eine der bewegendsten Lebensgeschichten, die ich im Rahmen meiner Arbeit kennenlernte, ist die von Ilaria.

Sie kam nach mehreren, hochgefährlichen Selbstmordversuchen (einmal lenkte sie ihren Kleinwagen auf der Autobahn gegen die Leitplanke) in Behandlung. Am Telefon hatte ihre Stimme klar und sehr energisch geklungen, mit einem fremden Akzent, den ich nicht einordnen konnte. Zum Erstgespräch erschien eine unerwartet zierliche, lebhafte Frau, die jünger wirkte als ihre etwas über fünfzig Jahre. Die fast harte Stimme paßte wenig zu der femininen Ausstrahlung und einem manchmal aufblitzenden, burschikosen Charme. Der Blick war mißtrauisch, kämpferisch; wenn die Erzählung in Bereiche kam, in denen es besonders grausam zuging, erstarrte ein Lachen in Ilarias Gesicht, und ihre Stimme klang wie eine gesprungene Glocke.

Ich gebe ihre Lebensgeschichte etwa so wieder,

wie sie mir diese erzählte, habe allerdings alle persönlichen Daten und Ortsangaben verändert.

«Geboren bin ich in Palermo, ich bin Sizilianerin, aber meine Mutter war Deutsche, Halbjüdin. Sie war in Hamburg geboren und mit einem Arzt verlobt. Kurz vor ihrer Heirat kamen diese Rassengesetze. Sie durfte ihn nicht heiraten. Er wollte in Deutschland bleiben, er hat sie weggeschickt. Sie ist nach Italien gegangen und hat am Strand meinen Vater kennengelernt.

Er war Offizier bei den Faschisten, und er hat sie geheiratet. In Italien gab es diese Rassengesetze nicht; wenn man getauft war und die Kinder katholisch erzogen wurden, war alles in Ordnung. Als ich geboren wurde, war schon Krieg. Mein Vater trat in den Geheimdienst ein und wurde im Lauf des Krieges Chef der politischen Polizei in Venetien. Er hat viele Leute gefoltert und umgebracht, auch mit eigenen Händen. Er war berüchtigt. Nach dem Krieg haben sie ihn gesucht, aber er hatte sich in Padua versteckt. Die Partisanen sind jede Woche zu uns gekommen, haben die Wohnung durchsucht und meine Mutter bedroht, sie auch geschlagen und vergewaltigt. Ich erinnere mich noch an die Stiefel, die Stimmen und das Licht.

Mich hat damals ein Kindermädchen zu sich genommen, damit sie mir nichts taten. Nach einigen Monaten haben sie meinen Vater gefunden und gleich erschossen. Meine Mutter ist nach Sizilien gegangen, wo uns niemand kannte. Mich hat sie in ein Internat getan. Wir waren immer zusammen, Kinder von Helden der Partei, deren Väter von den Kommunisten und den Partisanen umgebracht worden waren. Jede hatte ein Bild des Vaters auf dem Nachttisch stehen. Am Todestag wurde es bekränzt, mit Lorbeer oder Blumen im Frühling. Und wir gelobten, immer an sie zu denken und an die Sache, für die sie gestorben waren. Meine Mutter wollte davon nichts wissen. Ihr war es peinlich, daß es mich gab, sie wollte nichts mehr mit dem zu tun haben, was mein Vater verbrochen hatte. Sie heiratete einen anderen Mann, er war älter als sie, ein Rechtsanwalt aus einer alten sizilianischen Familie. Ich war immer im Internat, und in den Ferien war ich in einer Villa bei einer Gräfin. Die Partei hat für mich gesorgt, Essen und Kleidung, Schule, meine Mutter mußte für nichts aufkommen.

Wir waren eine Gruppe. Dann haben wir es ihnen heimgezahlt, denen, die unsere Väter auf dem Gewissen hatten. Wir haben wirklich Dinge gemacht, die ich nicht erzählen will, obwohl es verjährt ist, Anschläge, wir haben vielleicht niemanden umgebracht, aber es fehlte nicht viel. Immer gegen die Kommunisten, die Partisanen, die Parteibüros, ich will darüber nicht reden.

Ich habe einen Mann kennengelernt und mich verliebt. Ich wollte ihn heiraten, meine Mutter war dagegen. Sie hatte genug von Soldaten. Er war Offizier der italienischen Armee. Die Offiziere dort brauchten damals eine Heiratserlaubnis. Er hat angefragt und meinen Namen angegeben. Sie hörten den Namen meines Vaters, ich wollte keinen anderen annehmen. Und alle dort wußten, was er im Krieg getan hatte. Meinem Verlobten wurde verboten, mich zu heiraten.

Er hat die Beziehung zu mir beendet. Da habe ich meinen ersten Selbstmordversuch gemacht. Ich habe damals bei meiner Mutter gewohnt, sie hat mich gefunden, hat mich auspumpen lassen und hat mir Vorwürfe gemacht. Ich habe es nicht ausgehalten und bin nach Deutschland gegangen, habe mir dort eine Stelle gesucht. Auf dem Oktoberfest lernte ich meinen Mann kennen. Ich habe ihn geheiratet, als ich schwanger war.

Dann hatte er andere Frauen, und ich habe mich von ihm scheiden lassen. Ich habe mich nicht umgebracht, ich hatte ja meinen Sohn zu versorgen. Als ihm die Freundin weggelaufen ist, kam mein geschiedener Mann wieder zu mir, und ich konnte nicht nein sagen, ich habe ihn sogar wieder geheiratet, weil es mein Sohn wollte. Aber es ist weitergegangen mit den Freundinnen, und obwohl er ein Geschäft hatte und einen großen Wagen fuhr, habe ich keinen Pfennig von ihm gekriegt, als ich mich das zweite Mal scheiden ließ. Ich mußte immer arbeiten. Ich versuchte, mich umzubringen, aber es hat nicht geklappt. Auch einen Brustkrebs habe ich überstanden, daran sterben doch andere Leute. Mein Sohn ist jetzt so groß, der braucht mich nicht mehr. In der Nervenklinik war auch Gruppentherapie. Da hat die Ärztin mir den Mund verboten, weil ich einen so verderblichen Einfluß auf die anderen habe. Sie hat mich hinausgeschmissen, weil ich gesagt habe, ich finde es ganz richtig, sich umzubringen, wenn man schon daran denkt.»

Ilaria hat sich angesichts der Eindringlinge, die ihre Mutter bedrohten und vergewaltigten, mit den Aggressoren identifiziert, um die Angst abzuwehren, das Schicksal der Mutter teilen zu müssen. Später dienten dann die Geschichten, die sie über ihren Vater hörte, zum Ausbau dieser Identifizierung.*

Ilarias Bindung an ihren Mörder-Vater wurde durch das abweisende Verhalten der Mutter nach dem Zusammenbruch des Faschismus verstärkt. Die Mutter, die ihre jüdische Abstammung verleugnet hatte, um im Nationalsozialismus zu überleben, richtete jetzt denselben Mechanismus gegen die Ehe mit dem faschistischen Offizier. Sie versuchte, ihre Tochter, die ihr die eigene Vergangenheit ins

---

* Judith Kestenberg hat vorgeschlagen, bei den Kindern der Traumatisierten von sozusagen «verschärften» Formen der Identifizierung auszugehen, für die sie den Begriff der «Transposition» vorschlägt. Daran ist die Nähe zum Übertragungsbegriff (engl. «transference») problematisch. Vielleicht hängen diese und andere Begriffsneubildungen mit dem ebenso begreiflichen wie unerfüllbaren Wunsch zusammen, eine eigene Sprache (oder Sprachlosigkeit, wie in Adornos «Verbot» der Lyrik nach Auschwitz) zu erfinden, welche der Singularität der Grausamkeiten des Holocausts entspricht.

Gedächtnis rief, aus ihrem Gesichtskreis zu entfernen. Ilaria kämpfte immer wieder mit dem Gedanken, daß sie wegen ihrer jüdischen Abstammung nicht lebensberechtigt sei; sie konnte den rationalisierten Kompromiß, daß die Judenvernichtung ein Gedanke Hitlers, nicht Mussolinis* gewesen sei, nicht immer aufrechterhalten, wie es auch ihre dauernde Suizidalität beweist.

In ihren Selbstmordwünschen hatte sie den Widerspruch der Ehe ihrer Eltern, dem faschistischen Offizier, der sich in den Dienst der Gestapo stellt, und der Halbjüdin, die von der Deportation bedroht ist, durch eine eigene Personalunion von Mörder und Opfer «gelöst». Wie tief dieser unbewußte Wiederholungszwang in ihr Leben eingriff, zeigt auch der erste Selbstmordversuch nach der gescheiterten Verlobung mit einem Offizier der «neuen» italienischen Armee: Weil es dem Verlobten nicht gelungen war, Ilaria so zu retten, wie der Vater die Mutter vor den Nazis gerettet hatte, wollte sie sterben.

Warum hat Ilaria die faschistische Überzeugung in ihrer provozierenden Weise beibehalten? Ein

---

* Diese Existenz «im Schatten» des größeren und grausameren Diktators hat wohl auch dazu geführt, daß Mussolini nach wie vor in Italien auch öffentlich verehrt wird. Besonders beliebt ist ein Papst-Zitat, in dem ihn Pius XII. als «Mann der Vorsehung» feierte; einen kritischeren, aber gleichzeitig verniedlichenden Satz habe ich von dem Journalisten Paolo Pavolini gehört: «Mussolini ist der Affe, der dem Löwen den Käfig aufgemacht hat!»

Motiv ist wohl die Desidentifizierung von der «wetterwendischen» Mutter, die sich zweimal als «Verräterin» erwiesen hatte. Ilarias kämpferischer Faschismus wirkte aufgesetzt. Er wurde vom Interviewer ganz anders erlebt als der anderer radikal rechts denkender Personen, die er in Italien und Deutschland kennengelernt hatte. Er hatte die Vorstellung, daß Ilaria in einem rechtsradikalen deutschen Milieu gerade nicht mit den Wölfen geheult, sondern sich auch dort irgendeinen Anlaß gesucht hätte, um sich gegen die Mehrheit zu stellen. Ilaria vergewisserte sich auch immer wieder, ob der Analytiker bereit sei, sie sich und der Therapiegruppe, an der sie teilnehmen wollte, zuzumuten.

Ilarias provokante Dissidenz diente dazu, eine Aggressionsspannung zur Umwelt aufrechtzuerhalten, die sie von ihrer mörderischen Wut entlastete, welche mit der Introjektion des mordenden Vaters, vielleicht aber auch mit Ilarias eigenem Haß gegen die mütterliche Verräterin zusammenhing. Eine ähnliche Funktion haben wohl Ilarias Beteuerungen, daß ihr Vater wirklich Menschen eigenhändig umgebracht habe, sie ihn aber auch wirklich immer noch liebe und verehre. In ihr war nicht nur der Täter, sondern es waren auch die Opfer präsent geblieben, während die wirklichen Täter ja in der Regel die Leiden der Opfer verdrängen und sich damit rechtfertigen, nur Befehle ausgeführt zu haben.

Indem sie an ihm festhielt, rettete Ilaria den Vater, so wie der Vater die Mutter vor den Nazis gerettet hatte. Während die Mutter das Andenken an den Vater in einer neuen Ehe verdrängte und sich innerlich von der Tochter zurückzog, hielt Ilaria bewußt am Vater, unbewußt aber an dessen Opfern fest. In den Suizidphantasien und Suizidversuchen identifizierte sie sich mit beiden, mit dem Henker und mit dem Opfer.

Was in Ilarias Geschichte manifest wird, bleibt in den deutschen Verarbeitungen des NS-Vernichtungskrieges eher latent. Wie die leidenschaftlich geführte Diskussion um die Verbrechen der Wehrmacht in dem Krieg gegen die Sowjetunion zeigt, besteht hier ein großer Nachholbedarf an Aufklärung. Erst in den neunziger Jahren bröckelt der Mythos von der «anständigen» Wehrmacht und ihrer sicheren Distanz zu den mörderischen Taten der SS.*

Versteckte Kinder

Ein spezifisches Trauma der Verfolgungen betrifft Kinder, die unter dem Druck der Todesangst eine Rolle spielen oder sich von ihren leiblichen Eltern

---

* Vgl. Heribert Prantl (Hg.): *Wehrmachtsverbrechen. Eine deutsche Kontroverse*. Hamburg: Hoffmann und Campe 1997, sowie die Dokumentation von Hannes Heer und Klaus Naumann: *Vernichtungskrieg. Verbrechen der Wehrmacht 1941–1944*. Hamburg: HIS 1995

trennen mußten. In Frankreich wurde angesichts der drohenden Deportation von Mitbürgern jüdischer Abstammung ein eigenes Programm entwickelt, das es Müttern ermöglichte, ihre Kinder in unverdächtigen Familien unterzubringen. Eine ergreifende Geschichte aus dieser Zeit habe ich auf einem Symposion in Wien erfahren.* Sie stammt von Françoise Mandelbaum-Reiner, einer französischen Linguistin, die als Kind jüdischer Einwanderer in Paris bei einer armen französischen Familie versteckt wurde.

Sie schilderte plastisch den Schmerz ihrer Mutter, die ihre Tochter weggeben mußte, um selbst untertauchen zu können, nachdem der Vater von Françoise Mandelbaum bereits nach Auschwitz deportiert worden war. Die Mutter flehte ihre Tochter an, sich von ihr zu trennen und von nun an kein Wort Jiddisch, ihre «Muttersprache», mehr zu sprechen, um nicht sich und die Tarneltern in Lebensgefahr zu bringen. Das Kind verbrachte die nächsten Jahre in einem Vorort von Paris bei einer Arbeiterfamilie und verlernte vollständig die eigene Muttersprache.

Als sich nach der Befreiung Frankreichs Mutter und Tochter wiedersahen, konnten sie nicht mehr miteinander sprechen. Die Mutter begrüßte die Tochter im vertrauten Jiddisch. Die Tochter hatte diese Sprache in sich vollständig unterdrückt und

---

* Symposion «Heimatgedanken» im Jüdischen Museum Wien, 26. 2. bis 1. 3. 1995, Konzept: Joachim Riedl

stand der Mutter ratlos gegenüber: einer Fremden und doch Vertrauten, die Unverständliches sagte. Françoise Mandelbaum-Reiner hat später Linguistik studiert; ihre Lebensaufgabe, als ich sie kennenlernte, war die Arbeit mit straffälligen Jugendlichen, denen es nicht gelingt, angemessen mit ihrer Umwelt zu kommunizieren.

In Frankreich gibt es eine eigene Organisation der während der Judenverfolgung versteckten Kinder. Es ist sicher sehr schwierig für Nicht-Betroffene, sich in die existentielle Unsicherheit einzufühlen, die durch eine solche Biographie entsteht. Ich zitiere hier noch einige Sätze aus Mandelbaums Vortrag in Wien, die ich aus dem englischen Original übersetze: «Überall, wo man mich willkommen heißt, fühle ich mich zu Hause. Aber selbst zu Hause, bei der Arbeit, an den vertrautesten Orten, genügt der geringste Ausdruck von Ablehnung, um mich fremd zu fühlen. Ich bin sogleich an die Zeiten des Zweiten Weltkriegs erinnert, an die Nazistimmen, an meine Kindheit als kleines jüdisches Mädchen, das von armen französischen Familien in den Pariser Vorstädten versteckt wird, Familien, die ihr Leben riskierten, um Juden vor der Ausrottung zu bewahren, und die von der Wahrheit wußten, während andere uns immer noch glauben machen wollen, sie hätten damals nicht im geringsten gewußt, was geschah ... Immer noch lebe ich mit der lauernden Angst, daß ich, jedesmal wenn ich hinter mir die Tür zu meinem Büro, meiner Wohnung oder meinem Auto schließe, nie wieder fähig sein werde, sie zu öffnen – wenn ich überhaupt zurückkomme.»

Claudia W., eine Frau in den Vierzigern, die eine kleine Abteilung für Lebensmittelchemie in einer Behörde leitet, kommt wegen Asthmaanfällen in Therapie. Bald stellt sich heraus, daß das Asthma mit großen inneren Spannungen zusammenhängt, die durch ein von heftigen Nähe-Sehnsüchten und Verschmelzungsängsten bestimmtes Verhalten in Beziehungen bedingt sind. Obwohl sie sich Ehe und Kinder wünscht, spielt sich Claudias erotisches Leben ausschließlich in ihrer Phantasie ab. Sie leidet fürchterliche Eifersuchtsqualen, wenn der Kollege, den sie heimlich liebt, mit anderen Frauen flirtet. Sie ist im Beruf sehr engagiert und anerkannt tüchtig, es gelingt ihr aber nicht, einem der von ihr verehrten Männer wirklich nahezukommen. Typisch ist eine Situation, die sie während der fünf Jahre dauernden «Beziehung» zu einem Kollegen erlebte. Sie machten öfter Wanderungen miteinander. Sie fühlte sich dann glücklich, in seiner Nähe zu sein. Eines Tages bot er ihr auf einer solchen Tour an, sich künftig zu duzen. Sie wurde rot und brachte kein Wort heraus, was er schließlich als Ablehnung auffaßte. Danach kehrten die beiden wieder zum «Sie» zurück und blieben dabei, obwohl sich Claudia in ihren Phantasien immer wieder Liebesszenen ausmalte.

Als ich die Rede von Françoise Mandelbaum

hörte, überlegte ich öfter, was von den Folgen, die sie beschrieb, auch für meine Klientin zutreffen mochte. Die extreme Verwundbarkeit für aggressive Äußerungen, über die Frau Mandelbaum berichtete, fand sich jedenfalls auch bei Claudia. Sie konnte niemandem böse sein, war aber ständig mit potentiellen Bosheiten beschäftigt, die von außen auf sie zukamen. Kollegen oder Mitarbeiter seien nicht so engagiert, pünktlich, genau und höflich wie sie selbst. Sie überlastete sich oft, weil sie sich nicht durchsetzen konnte; ihr Ventil waren dann Migräne- und Bronchitisanfälle, die sie einige Tage von der Arbeit fernhielten. Auch die Vermeidung einer sexuellen Beziehung konnte mit dieser Aggressionsproblematik zusammenhängen. Wenn die eigene Stärke, sich notfalls auch aggressiv abzugrenzen, nicht erlebt werden kann, sind nahe Beziehungen gefährlich; sie gewinnen einen verschlingenden Charakter.

Ich selbst fühlte mich oft von Claudia verschlungen und kontrolliert. Sie war so lieb, so bemüht, so aufmerksam, versuchte so angestrengt, alles anzunehmen und umzusetzen, was ich sagte, daß ich fast gelähmt war und beispielsweise die Sitzungen überzog, weil sie gar kein Ende finden konnte und mich, wenn ich energischer zum Aufbruch mahnte, anblickte wie ein gemartertes Geschöpf, freilich ohne den in ihren Blicken gebannten Vorwurf jemals laut werden zu lassen. Diese Situation besserte sich für mich, und es lockerte auch ihre Spannungen, als ich die Frage aufwarf, weshalb sie mir niemals widerspreche. Es sei doch gar nicht menschenmöglich, daß alles, was ich ihr sage, von ihr auch angenommen werden könne.

Obwohl Claudia längst in einer eigenen Wohnung lebte und für ihren Urlaub Fernreisen buchte, war sie eng mit ihrer Mutter verbunden. Sie telefonierte, wenn sie in Deutschland war, jeden Abend mit der Mutter und rechnete mit einem Vorwurf, wenn sie es nicht tat. «Meine Mutter kritisiert mich nur. Nichts, was ich mache, ist ihr recht.» Dennoch informierte sie die Mutter über fast alle Einzelheiten ihres Alltags, ebenso wie das die Mutter ihr gegenüber tat. Beide gingen inzwischen überbeschützend miteinander um. Jede suchte der anderen zu beweisen, daß sie selbst eine «gute», liebevolle, bemühte und fürsorgliche Partnerin sei, das Gegenüber jedoch undankbar und kritisch.

«Immer, wenn ich ihr etwas erzähle, findet sie etwas, was ich hätte besser machen sollen. Und wenn ich ihr nichts erzähle, beklagt sie sich darüber, daß ich sie so distanziert behandle. Wenn ich ihr sage, ich wüßte schon selbst, wie ich meine Arbeit machen solle, schilt sie mich für meinen Verfolgungswahn, ich könne sie einfach nicht verstehen. Sie würde jederzeit behaupten, daß sie mich liebt und mir alles Gute wünscht; ich aber fühle mich von ihr verfolgt.»

Im Verlauf der Behandlung konnte Claudia unter großen Ängsten ihre erste sexuelle Beziehung zu einem Mann aufnehmen, von der sie der Mutter nie etwas verriet. Die Neigung, alle Aggressionen nach außen zu projizieren und sich beim geringsten Anlaß verfolgt und bedroht zu fühlen, machte sich wieder bemerkbar, als diese Beziehung nach einigen Jahren zerbrach, weil der (erheblich jüngere) Mann, der sich aus einer Ehe befreit hatte, ihr nun eine seiner Kolleginnen vorzog und diese schließlich heiratete.

Obwohl Claudia nie ernsthaft an eine Ehe gedacht hatte, war sie bitter enttäuscht. Sie behauptete, es störe sie nicht im geringsten, daß ihr Freund sich von ihr trenne, der Altersunterschied habe ohnehin immer verdeutlicht, daß es niemals eine dauerhafte Beziehung sein könne. Aber er dürfe sie doch nicht so anblicken, als sei sie lästig, oder ihr sichtlich aus dem Weg gehen! Sie fürchtete sich plötzlich vor ihren anderen Kollegen, weil sie glaubte, ihr Exfreund rede schlecht über sie, behaupte, sie sei leicht zu haben. Die neue Partnerin des einstigen Freundes hatte eine Schwester, die ebenfalls in der Behörde arbeitete, und Claudia fühlte sich auch von dieser verfolgt. Sie werfe ihr lauernde Blicke zu, sie müsse alles wissen, ihr Exfreund habe ganz bestimmt alle Einzelheiten ihrer Liebschaft verraten.

In dieser Zeit gelang es nur mit Mühe, Claudia davon abzuhalten, sich in diesem Wahn zu verlieren und ihren Arbeitsplatz aufzugeben. Sie vermutete, daß alle von ihrer Liebesgeschichte wüßten und die

Kollegen sie mit Blicken und Anspielungen verfolgen würden. Glücklicherweise ließ sich dieser Wahn in dem stabiler gewordenen Kontakt mit dem Therapeuten unterbrechen, in Frage stellen und auflösen. Er tauchte schließlich nur in Krisensituationen wieder auf, und Claudia konnte sich von diesen Vorstellungen distanzieren.

Während Françoise Mandelbaum ganz klar wußte, wie sehr ihre Berufswahl und ihre Identität zwischen den Sprachen und Kulturen mit ihrem Kindheitsschicksal zusammenhing, erfuhr ich erst relativ spät von dem Kriegsschicksal Claudias. Sie stammte aus den Sudeten; ihre Mutter, Sekretärin in einem tschechischen Betrieb, sprach perfekt Tschechisch. Als sich die deutsche Niederlage abzeichnete, floh die Mutter mit Claudia nach Prag, wo sie beim Roten Kreuz Asyl suchen wollte. Auf dem Weg dorthin wurde sie von Soldaten der Roten Armee gefangengenommen und mit vielen anderen Frauen in einem Kinosaal eingeschlossen. Claudia erinnerte sich nur daran, daß ihr Mutter und Großmutter Tücher über das Gesicht warfen und ein russischer Soldat ihr ein Schmalzbrot gab. Sie rekonstruierte später, daß ihre Mutter und Großmutter vergewaltigt worden waren, ebenso wie viele andere Frauen; ihre Mutter wurde mit Gewehrkolben geschlagen.

Daß diese Szene in Claudias Erinnerungen so schwer zugänglich war, hing sicher damit zusammen, daß in ihrer Familie über die Vertreibung und die traumatischen Ereignisse während dieser kurzen

Gefangenschaft niemals gesprochen werden durfte. Claudia wurde schließlich mit ihrer Mutter und Großmutter wieder entlassen. Die Frauen konnten nicht in ihre Wohnung zurück, sondern tauchten bei entfernten tschechischen Verwandten unter.

Claudias Mutter wollte die Heimkehr des Vaters abwarten, der in russische Kriegsgefangenschaft geraten war. Sie sprach jetzt mit der Dreijährigen nur Tschechisch, um nicht aufzufallen; Claudia erinnert, daß sie die deutsche Sprache, die sie – 1941 geboren – bisher vorwiegend gesprochen hatte, rasch verlernte und mit den tschechischen Kindern in dem großen Hof spielte. Ihr Bruder wurde geboren, und die Familie blieb noch zwei ganze Jahre, weil der Vater – ein Ingenieur – von den Sowjets in einem Bergwerk in Karelien eingesetzt worden war und erst nach einem Unfall unter Tage freikam.

Nun emigrierte die Familie nach Deutschland und kam zuerst in ein Auffanglager für Vertriebene. Claudia hatte nach zwei weiteren Jahren in Bayern ihr ganzes Tschechisch wieder vergessen; sie erinnert sich, wie später, als sie in die Pubertät kam, ihre Eltern miteinander Tschechisch sprachen, wenn sie nicht wollten, daß die Kinder verstanden, worum es ging.

Hans Keilsohn* hat zweihundert jüdische Kin-

---

* Hans Keilson: *Sequentielle Traumatisierung bei Kindern. Deskriptiv-klinische und quantifizierend-statistische follow-Up-Untersuchung zum Schicksal der jüdischen Kriegswaisen in den Niederlanden.* (Forum der Psychiatrie, Neue Folge, 5) Stuttgart: Enke 1979

der nachuntersucht, die in den Niederlanden versteckt worden waren und ihre Eltern nicht mehr wiedergesehen haben. Er spricht von einem «sequentiellen Trauma»: die Reihung von Belastungen, nicht die einzelne Verletzung gefährden die psychische Stabilität. In den meisten Fällen sind es mehrere Trennungs- und Verlusterfahrungen, die später die seelische Entwicklung stören, zu übermäßigem Mißtrauen oder blindem Anklammern führen, Merkmalen, die sich auch in Claudias Verhalten beobachten ließen.

Dabei scheinen sich primäre und sekundäre Traumatisierung bei den versteckten Kindern zu ergänzen. Sie kommen, wenn die Eltern überlebt haben und die familiäre Situation überhaupt wiederhergestellt werden kann, zu Eltern zurück, welche ihrerseits traumatisiert wurden und daher gerade in ihrer Fähigkeit beeinträchtigt sind, ihren Kindern die notwendige Einfühlung zu gewähren und einen schützenden Raum für sie zu schaffen, der ihre Entwicklung erleichtert.

Eine sehr häufige Reaktion der Eltern auf das Trauma ist der pädagogische Perfektionismus. Da die Eltern vital verunsichert sind und sich unbewußt eine Mitschuld zuschreiben, daß gerade ihnen diese schrecklichen Dinge passiert sind, versuchen sie, ihre Kinder vor solchen Situationen zu «schützen», indem sie (wie es Claudia von ihrer Mutter berichtet) die Kinder immer darauf aufmerksam machen, daß die Welt voller Gefahren ist und nur durch höchste Wachsamkeit daran gehindert werden kann, vernichtende Qualitäten zu entfalten. Das blockiert vor allem die Fähigkeit, sich zu entspannen und sich in engen Beziehungen wohl zu fühlen. Es entstehen ausgeprägte Zustandsbilder eines Nähe-Angst-Syndroms: Einerseits kreisen intensive Sehnsüchte um eine erlösende, harmonische, absolut erfüllende und das schwache eigene Selbstgefühl in allen Krisen stützende Liebesbeziehung. Anderseits wird eine reale Liebesbeziehung zu einem notgedrungen unvollkommenen, ebenfalls bedürftigen Partner als bedrohlich erlebt.

In Claudias Fall führte diese Situation dazu, daß sie nie geheiratet hat, kinderlos geblieben ist und immer wieder sehr unter ihren Traum-Beziehungen gelitten hat.* In milderen Fällen kann eine Kompromißbildung stattfinden. Dann gelingen leidenschaftliche Beziehungen zu fernen oder gebundenen Partnerinnen oder Partnern, während der reale Partner, mit dem schließlich eine Familie gegründet wird, als «langweilig, aber treu» beschrieben wird. Oder aber es gibt eine Reihe von Verliebtheiten, in denen Partner oder Partnerinnen im-

---

* «Sie waren nicht in ihrer intellektuellen Entwicklung beeinträchtigt, wohl aber in ihrer sozialen Selbständigkeit, und sie blieben gewissermaßen zeitlebens in einer kindlichen Weise abhängig», faßt Lempp zusammen. Vgl. Reinhard Lempp: «Die Wandlungen der Spätfolgen nach Verfolgungstraumen im Kindesalter», in: Dirk Juelich (Hg.): *Geschichte als Trauma*. Frankfurt: Nexus 1991, S. 38

mer wieder totale Erfüllung versprechen, dann aber verlassen werden müssen, wenn deutlich wird, daß die Idealisierung bröckelt.

Unter medizinischen Aspekten hat Reinhard Lempp eine andere Qualität der Verfolgungstraumen im Kindesalter beschrieben: Die Spätfolgen nehmen eine andere Gestalt an, je nachdem, in welche Lebenssituation die Opfer geraten. Zunächst, wenn die Traumen verdrängt werden müssen, um überhaupt eine normale Lebensbewältigung zu ermöglichen, überwiegen diffuse vegetative Beschwerden und Schlaflosigkeit; an Verhaltensauffälligkeiten läßt sich eine regelrechte Arbeitswut beobachten. Die Belastungen sind bei älteren Kindern größer, vor allem, wenn sie die Hilflosigkeit und Angst ihrer Eltern gespürt haben. (Tatsächlich hat sich Claudias vier Jahre jüngerer Bruder von der Mutter lösen und eine eigene Familie gründen können. Er hat weit weniger Aggressionshemmungen und grenzt sich deutlicher von der «überspannten» Mutter ab).

Bei Kindern setzt das «Verfolgungssyndrom» oft erst nach einer Latenzzeit ein, in der sich ihr Zustand sogar gebessert hat, die vegetativen Symptome verschwanden, aber die Schlafstörungen und Alpträume meist bestehenblieben. Diese Stabilisierung ist oft der Tatsache geschuldet, daß die äußeren Umstände zunächst keine Beruhigung zulassen. In den ersten Jahren nach der Befreiung, in den Lagern für Verschleppte oder nach der Emigration wurde die psychische Traumatisierung verdrängt und die Aggression teils psychosomatisch gebunden, teils im Kampf gegen die äußeren Umstände neutralisiert.

Sobald sich die äußere Situation entspannt hat, die wirtschaftliche Existenz gesichert ist, das fremde Land (zum Beispiel Israel, Amerika) vertraut geworden ist, werden die belastenden Erinnerungen lebendig. Wenn jetzt schwere Depressionen und Angstzustände auftreten, hat dieses weitgehend symptomfreie Intervall bei Opfern der Nazi-Verfolgungen, die Entschädigungen beanspruchen wollten, zu inhumanen Urteilen von Gutachtern geführt. Die Ansprüche seien nicht verfolgungsbedingt, da keine durchgehende Symptomatik nachweisbar sei.* In einem Gutachten wird allen Ernstes behauptet, es könne keine ernstliche Beeinträchtigung vorliegen, weil die Betroffene 1947 zur israelischen Armee eingezogen worden sei: Der israelische Militärarzt hätte ihre Dienstunfähigkeit erkennen müssen.

Wer die Folge-Traumen der «Wiedergutmachung» beurteilen will, muß sich zunächst damit auseinandersetzen, daß viele der damit befaßten deutschen Beamten – Ärzte, Richter – die gleichen waren, die auch vor 1945 in den zuständigen Behörden gearbeitet hatten. Von zwangssterilisierten

---

* Über den Mangel an «Brückensymptomen» siehe auch Reinhard Lempps in der vorangehenden Fußnote zitierte Studie.

Patienten wurde berichtet, daß sie im Zug ihrer Anträge auf Entschädigung die Tür eines Gesundheitsamtes durchschritten – und vor demselben Arzt standen, der seinerzeit die Sterilisation empfohlen hatte.★

Die Verfolgten mußten genaue Angaben über Ort und Zeit ihrer KZ-Aufenthalte geben und Zeugen benennen, die eidesstattliche Erklärungen abgaben. Widersprüche wurden ihnen als Unzuverlässigkeit ausgelegt, ohne Rücksicht darauf, daß Extremtraumatisierte jedes Gefühl für Zeit und Ort verlieren. Oft ging die Abwehr der Verfolgten, die unter den traumatischen Bedingungen unterdrückten Affekte zuzulassen, ein unheilvolles Bündnis mit der Abwehr der Gutachter ein. Es entlastete die Ärzte (die häufig keine Selbsterfahrung in Psychotherapie und keine Kenntnisse von Psychodynamik hatten, sondern nur die klassische Psychiatrie beherrschten), wenn sie die Spätschäden sozusagen am Trauma vorbei auf konstitutionelle Bedingungen zurückführten. Der nach New York emigrierte Wiener Psychoanalytiker Kurt Eissler hat in diesem Zusammenhang zornig die Frage gestellt: Die Ermordung von wie vielen seiner Kinder muß ein Mensch symptomfrei ertragen

---

★ Barbara Vogt-Heyer: «Einige Gedanken zur deutschen Wiedergutmachung» in: Dirk Juelich (Hg.): *Geschichte als Trauma*, Frankfurt: Nexus 1991, S. 62. Vgl. auch Christian Pross: *Wiedergutmachung. Der Kleinkrieg gegen die Opfer*. Frankfurt: Athenäum 1988

können, um eine normale Konstitution zu haben?*

Obwohl William G. Niederland bereits 1968 das «Verfolgten-Syndrom» mit den Leitsymptomen Angst, Depression und psychosomatischen Störungen beschrieben hat, setzte sich eine differenzierte Betrachtung der Spätfolgen nur langsam durch. Hier ein Beispiel, an dem Niederland versuchte, die Skotome der Gutachter zu demonstrieren:

Einem sechzehnjährigen Lehrling war 1939 die Flucht aus dem Warschauer Ghetto gelungen. Er mußte allerdings alle Angehörigen zurücklassen. Ein Bauer versteckte ihn in einem hölzernen Verschlag, den er in einem Wäldchen unterirdisch anlegte. Der Junge durfte nur nachts sein Gefängnis verlassen, um Essen bei dem Bauern zu holen. Wenn deutsche Patrouillen in der Gegend waren, mußte er oft mehrere Tage in seinem hölzernen Sarg bleiben, in dem er sich gerade ausstrecken, aber kaum bewegen konnte. Als ihn nach fünf Jahren der Bauer aufforderte, doch herauszukommen, weigerte sich der junge Mann zunächst. Als er sich schließlich überreden ließ, war er fast blind und gelähmt. Er sagte dem Bauern, er solle ihn doch totschlagen. Er hatte als einziges Mitglied einer siebenköpfigen Familie überlebt.

Ein erster Gutachter machte für die mangelnde Kontaktfähigkeit, das stark beeinträchtigte Denk-

* Kurt Eissler in: *Psyche* 1963, 17, S. 241–261

vermögen und die Sprachstörungen des jungen Mannes angeborene Intelligenzmängel verantwortlich. Die Frage, ob es nicht doch einen Zusammenhang mit den schrecklichen Erfahrungen des Heranwachsenden geben könne, wurde nicht einmal gestellt; das Gutachten konzentrierte sich auf die Gehirnfunktionen, ohne im geringsten die Vorgeschichte des Probanden zu gewichten. Erst ein Obergutachter revidierte diese Aussage.

Der polnische Lehrling hat den Bruch in seiner Lebenslinie und den Verlust seiner Welt nicht verwunden. Er konnte nur noch gelegentlich Hilfsarbeiten als Bügler verrichten und lebte in einer engen, fast lichtlosen Kellerstube mit kahlen Wänden. Der Obergutachter sah darin eine erschütternde Wiederholung der traumatischen Situation.★

★ William G. Niederland: *Folgen der Verfolgung. Das Überlebenden-Syndrom. Seelenmord.* Frankfurt: Suhrkamp 1980

13 Das Trauma in der Gegenübertragung

Die traumatische Qualität von Erlebnissen hängt immer damit zusammen, daß sie die «normale» Welt der Betroffenen sprengen. Das heißt, die Opfer haben keine Norm, kein inneres Wertsystem, das sie auf diese traumatische Erfahrung vorbereitet und ihnen nachträglich hilft, sie einzuordnen und zu verstehen. Wenn in dieser Weise in ihrer Orientierung verwirrte und verletzte Menschen Kinder erziehen, geschieht es sehr häufig, daß sie in diesen äußere Repräsentanten der von ihnen verlorenen Werte sehen, die unbedingt in einer ganz bestimmten Weise funktionieren müssen, um nicht völlig verlorenzugehen.

Das bedeutet, daß Kinder gezwungen werden, Werte zu verwirklichen und auszufüllen, die bei den traumatisierten Eltern gefährdet und durch Verlusterfahrungen bedroht sind. Diese innere Situation macht die Eltern weitgehend unfähig, mit Individuationsschritten ihrer Kinder zurechtzukommen. Sie können es nicht ertragen, daß diese andere Werte anerkennen, als sie selbst.

Durch eine schwere Traumatisierung fällt ein Mensch sozusagen aus dem Weltvertrauen. Er kann es nicht in der Weise zurückgewinnen, die Personen zu eigen ist, die kein solches Schicksal hatten. Weil die Eltern ihre eigene Emotionalität und Triebhaftigkeit verstärkt als Quelle von inneren Gefahren erleben, werden sie zum Trauma für ihre Kinder. Sie können deren Wünsche nur für anmaßend, ihre Glücksgefühle nur für voreilig, ja dumm halten. Leistung macht nicht froh, wird aber immerhin anerkannt. Freude ist gefährlich, Spontaneität leichtsinnig.

Sowohl Traumatisierte wie auch von traumatisierten Eltern im Schatten des Wiederholungszwangs erzogene Patienten wecken charakteristische Gefühle bei den Personen, die ihnen begegnen. Im Folgenden sollen solche Gegenübertragungsprobleme mit traumatisierten Personen untersucht werden. Mein erstes Beispiel stammt aus der Analyse eines Patienten mit einer angeborenen Mißbildung.

Ich bewunderte die Tapferkeit, mit der er seine angeborene Behinderung (einen Klumpfuß) bewältigt hatte. Er war als Kind schon früh und immer wieder operiert worden, hatte lange in schmerzenden Gipsformen humpeln müssen und sich doch zu einer humorvollen, fleißigen und selbstkritischen Persönlichkeit entwickelt. Nach den Vorgesprächen legte sich Georg bereitwillig auf die Couch und teilte einen ersten Traum mit.

«Ich liege im Bett und kann mich nicht bewegen. Es ist aber nicht schlimm, weil um mich viele weiße

Gestalten stehen, die sich über mich beugen und mich schützen.» Er assoziierte zu diesen Gestalten Schutzengel, die ihn vor drohenden Angriffen bewahren würden, und schwieg dann. Ich fragte nach einer Weile, ob dieser drohende Angriff die Analyse sein könnte? Er schwieg weiter. Schließlich sagte ich, ich könne mir vorstellen, daß diese um sein Bett stehenden Gestalten die Chirurgen und ihre Helfer seien, die um einen Operationstisch stehen, und daß dieses Traumbild für seine Angst stehen könnte, die Analyse könnte ihn verletzen, wie er als Kind durch die Ärzte verletzt wurde, ohne daß er damals ausreichend in der Lage war, diese Ereignisse zu verstehen.

Diese Deutung erschien mir naheliegend. Dennoch konnte sie mir Georg viele Monate nicht verzeihen und sprach noch nach mehreren Jahren, als wir viele Stürme überstanden hatten, erbittert von meinem Versuch, ihm seine Schutzengel zu rauben. Ich versuchte, mit ihm zu klären, weshalb er meine Interpretation seines Traums nicht als Vorschlag aufgenommen hatte, den er annehmen oder ablehnen könne, sondern als Zerstörung seiner Sicht und als Bemächtigung. Ich lenkte das Gespräch auf die magische Überzeugung von der Macht der Worte und Gedanken, in der nicht mehr zwischen Phantasie und Tat unterschieden wird. Ob meine Bemühungen, mich zu rechtfertigen, erfolgreich waren, kann ich schlecht beurteilen. Jedenfalls entschloß er sich schließlich, weiterzuarbeiten und nicht mehr durch Schweigen seine Innenwelt vor meinen bedrohlichen Übergriffen zu schützen.

Einen wesentlichen Anteil am Gelingen dieser Analyse hatte vielleicht auch, daß ich nach etwa hundert Stunden, die wir im Liegen gearbeitet hatten, den Wunsch des Patienten akzeptierte, sich mir gegenüberzusetzen.* Georg hatte über seine Absicht gesprochen, einen anderen Therapeuten aufzusuchen, der ihm diese Form des Gesprächs erlaube. Liegen, das bedeute doch, unterlegen zu sein, und er verstehe jetzt nicht mehr, warum er sich anfangs auf die Couch gelegt habe, nur weil sich das in einer Analyse so gehöre.

Ich fragte ihn, weshalb er mich gar nicht gefragt habe, ob ich nicht ebenfalls im Sitzen mit ihm arbeiten wolle. Es stellte sich heraus, daß er tatsächlich meine methodischen Positionen viel unnachsichtiger beurteilte, als ich diese zu vertreten pflege. Das Liegen hatte er als von mir erzwungen erlebt; das Sitzen jetzt als Rebellion, die – anders als seine Versuche, gegen seinen Vater zu rebellieren – erfolgreich war.

Zunächst neigte ich dazu, die heftige Kränkung

---

* Ähnliche Erfahrungen mit traumatisierten Patienten berichtet auch M. Ehlert-Balzer: «Nach meiner Erfahrung gibt es einen traumaspezifischen Widerstand gegen das Coucharrangement. Viele Patienten erkennen in diesem ... unmittelbar das Ausgeliefertsein in der traumatischen Situation...» M. Ehlert-Balzer: «Das Trauma als Objektbeziehung» in: *Forum Psychoanalyse* 1996/12, S. 307

durch meine «unschuldige» Deutung dem Patienten zuzuordnen. An meinem Verhalten kritisierte ich allenfalls, ich hätte seine Verletzlichkeit nicht richtig eingeschätzt und seine Möglichkeiten zur Distanz von seinen inneren Bildern überfordert. Später erkannte ich, wie sehr ich verstrickt war. Ich hatte versucht, das Thema, welches mich selbst am meisten verunsicherte und berührte, frontal anzugehen. Es war nicht aggressiv gemeint, aber es war doch ein Versuch, mich mit meinen Ängsten, ob ich als Gesunder angemessen auf sein Trauma reagieren könne, in dem analytischen Rahmen sozusagen zwanghaft zur Geltung zu bringen. Ohne diesen inneren Druck hätte ich vielleicht keine Deutung geäußert, die der Auffassung Georgs so sehr widersprach.

Dieses Verhalten hing vielleicht damit zusammen, daß ich bei ihm etwas Abweisendes spürte. Er schien lieber in seiner eigenen, reichen geistigen Welt zu verharren und alles in ihr selbst mit Namen und Bedeutung versehen zu wollen, als mir einen Teil davon anzuvertrauen. Er pflegte zum Beispiel häufig dann einen winzigen Takt schneller zu reden oder die Sprechpausen zu verkürzen, wenn ich ansetzte, etwas zu sagen. In einer der ersten Stunden entwickelte er die Phantasie, er sei ein Engel, der draußen vor dem Fenster vorbeiflog und nun ihn auf der Couch liegen sah und mich dahinter. Zu diesem Engel erinnerte er Phantasien aus seiner Kindheit, in denen er sich wegen seines Fußes mit dem Teufel identifiziert hatte, dessen Hinken ein Zeichen seiner übermenschlichen Macht ist.

Ich hatte ihm eine zu frühe und naive Form von Verständnis und Anteilnahme mit seinem traumatischen Schicksal angeboten. Wenn ich mich nach meinen eigenen Absichten befrage, die ich mit dieser Deutung verfolgte, dann kann ich in ihr auch einen Versuch sehen, mich selbst als den guten, den nicht mit dem Messer oder der Gipsbinde quälenden Helfer aufzudrängen. Gerade diese gute Absicht war als Invasion erlebt worden, als Versuch, ihn zu vereinnahmen und ihm seine Schutzschichten zu nehmen. Und, das mußte ich nun einsehen, das war sie tatsächlich. Indem ich seine Schutzgeister so deutete, wie ich es tat, wollte ich ihn dazu bringen, zuzugestehen, daß seine Ängste nicht gerechtfertigt waren, daß die Analyse kein bedrohlicher Eingriff an einem wehrlosen Kind ist. Wie der Patient das erlebt hatte, zeigte er in einer Geschichte, die er wenige Stunden später erzählte und in der ich, diesmal ohne mich bemerkbar zu machen, sehr wohl einen Aspekt seiner Kritik an meinem Verhalten erkannte.

Er war, bereits ein erwachsener Mann, noch einmal zu einem Chirurgen gegangen, um eine Operation an seinem Fuß durchführen zu lassen, die ihm angeraten worden war. Er erhielt ein Sedativum und lag nun, nackt und frierend unter seinen Laken, einen ganzen Vormittag im Flur vor dem Operationsraum. Nach vier Stunden kam endlich der Chirurg und gestand dem Patienten, es sei vergessen worden, ihn auf die OP-Liste zu setzen, er bedauere das sehr und sei auch bereit, ihn jetzt noch zu operieren, aber er stehe jetzt seit fünf Stunden am Tisch und könne nicht versprechen, daß er optimal arbeiten werde, weil seine Konzentration bereits nachgelassen habe. Er schlage vor, morgen zu operieren. «Ich habe beschlossen, mit den Narben zu leben, so wie sie sind», sagte der Patient. «Ich bin aus der Klinik gegangen, sobald ich meine Kleider wieder hatte, und nie mehr dorthin zurück.»

Indem ich Georg behandelte, als sei er gar nicht traumatisiert, sondern könne über sein Trauma ganz ähnlich denken und sprechen wie über ein neutrales Ereignis seiner Lebensgeschichte, drückte ich meinen eigenen Wunsch nach Nivellierung aus.* Das Trauma unterscheidet den Traumatisierten vom Nichttraumatisierten. Nach den elementaren Gesetzen der seelischen Logik verkörpert es eine Gefahr, die mich verschont, ihn aber getroffen hat.

Neid ist ein ebenso universelles wie schambesetztes Gefühl. Er wird daher in den verschiedensten

---

* Der Therapeut versucht in dieser Situation fast zwangsläufig, sich als jemanden darzustellen, der ganz gewiß das Trauma nicht wiederholen wird – bei einer vergewaltigten Frau deklariert etwa der Psychologe, er sei zu «so etwas» ganz bestimmt nicht fähig, die Therapeutin solidarisiert sich «unter uns Frauen». Solche Manöver dienen, wie Ehlert-Balzer feststellt, dem Ziel, Rollenangeboten auszuweichen, die den nichttraumatisierten Helfer in die Nähe des sadistischen Verfolgers (des Täters) oder in die der verweigernden Elterngestalten rücken – der Eltern, die das Kind nicht beschützt, sondern dem Täter ausgeliefert haben. Ehlert-Balzer a. a. O., S. 308

Formen abgewehrt, verarbeitet und projiziert. Der Traumatisierte wird ihn durchaus dem Nichttraumatisierten gegenüber empfinden. Aber da er sich bereits lange und intensiv mit seiner Beschädigung auseinandersetzen mußte, ist er in sehr vielen Fällen weit weniger neidisch, als es ihm die Projektion des Gesunden unterstellt. Denn dieser ist von einer Begegnung gewissermaßen frisch getroffen, während der Traumatisierte sich längst in ein Gleichgewicht mit seinem Anders-Sein hineingefunden hat.

Mir scheint, daß sich solche Projektionen schon seit Urzeiten vor allem im Konzept des «bösen Blicks» niederschlagen, der seit Jahrtausenden die Folklore zahlreicher Völker bestimmt.

Dieser böse Blick, gegen den sich Süditaliener, Berber, Türken und viele andere durch Augen- oder Handamulette, phallische Korallenanhänger, in die Kleider genähte Spiegelchen, Quasten und dergleichen schützen, trifft die Schönen, die Glücklichen, die Gesunden, die Erfolgreichen, vor allem auch die wohlgeratenen Kinder und die zufriedenen Liebespaare. Er kommt von den Alten, den Häßlichen, den Benachteiligten, den Böswilligen. Hier stecken Prophezeiungen, die sich selbst erfüllen. Wer verfemt, ausgegrenzt, mit abwehrmagischen Gesten bedacht wird, weil ihm jemand unterstellt, er habe die «iettatura»*, wird dadurch kaum bewegt, freundlich zu blicken und seinen Mitmenschen wohlzuwollen.

* So wird der böse Blick in Italien genannt.

In dem Mythologem vom bösen Blick scheint ein pervertiertes Gerechtigkeits- und Gleichheitsprinzip zu wirken. Die Besitzlosen haben eine magische Macht, den Besitzenden den Genuß an ihrer Habe zu verderben. Dieser Mythos kehrt soziale Realitäten um. Man fragt sich, ob er nicht von Anbeginn weit stärker die Bedürfnisse und Ängste der Besitzenden formuliert hat als den realen Neid der Traumatisierten, Behinderten und Verarmten.

Allen Begegnungen, in denen wir einem Menschen gegenübertreten, der anders ist als wir selbst, ist eine verborgene aggressive Spannung gemeinsam. Sie wird im sogenannten zivilisierten Zusammenleben durch ethische Grundsätze gezügelt oder durch andere Gefühle – Neugier, Interesse, Sympathie, Liebe – neutralisiert. Ihre verborgene Persistenz sollte uns aber veranlassen, wachsam zu bleiben.

Das Rothschild-Phänomen

Im Herbst 1991 buchte eine Familie mit zwei kleinen Kindern einen Urlaub in der Türkei. Während einer Woche dieses Aufenthalts mußten Eltern und Kinder – zwei und ein halbes Jahr alt – mit zehn Schwerbehinderten, die zum Teil auf Rollstühle angewiesen waren, den Speisesaal teilen. «Die meisten [Behinderten] konnten das Essen nicht in normaler

Weise zu sich nehmen, es lief ihnen aus dem Mund in umgebundene Lätzchen. Sie wurden gefüttert, unter anderem auch mit einem spritzenähnlichen Instrument. Der Anblick war ekelerregend und beeinträchtigte das Wohlbefinden der Kläger und ihrer Kinder.»

Die beiden letzten Sätze stammen aus dem «Flensburger Urteil», das dem Kläger – der Familie mit den beiden Kindern – insofern Recht gibt, als der beklagte Reiseveranstalter zehn Prozent der Reisekosten ersetzen muß. Die Urteilsbegründung sucht auch mögliche Einwände zu entkräften:

«Entgegen der Ansicht der Beklagten wird die Menschenwürde der den Anlaß zur Minderung gebenden Behinderten durch die Zubilligung von Gewährleistungsansprüchen nicht verletzt. Es findet auch keine Ausgrenzung statt. Die Behinderten sind weder unmittelbar noch mittelbar von diesem Verfahren betroffen. Es geht nicht um ihre Rechte, sondern nur um die Frage, wer von den Parteien das Risiko dieser unter Umständen unvermeidlichen Beeinträchtigung des Reiseerfolgs der Kläger zu tragen hat. Eine Abweisung der Klage würde die unangenehme Begegnung mit den Behinderten nicht ungeschehen, sondern lediglich die Kläger allein durch sie belastet lassen.»

In dem Flensburger Urteil (das eine Entscheidung des Landgerichts Frankfurt vom 25. Februar 1980 ausdrücklich als Präzedenzfall anführt) wird in einer merkwürdigen Einseitigkeit psychologisch argumentiert. Die Richter sehen sich ohne weiteres in der Lage, sich in die «Normalfamilie» und auch in die beiden kleinen Kinder einzufühlen. Die Behinderten hingegen werden formalistisch behandelt: Da sie nicht zahlen müssen, geht sie das Ganze nichts an. Welche emotionalen Folgen es für einen Gelähmten hat, wenn sein Anblick von der Instanz, die Recht spricht, als «unangenehme Begegnung» und als «ekelerregend» beschrieben wird, scheint die Richter nur kurz zu beschäftigen. Daß dieses Urteil Ausgrenzung ist, wird sogar ausdrücklich verneint. Die Verwandlung von Mitleid in (latente) Aggression ist in der Diktion des Gerichtsurteils greifbar. Behinderte verleiden die «unbelastete Erholung», den «unbeschwerten Genuß», «beeinträchtigen das Wohlbefinden» durch «ekelerregenden Anblick».

Interessant ist hier vor allem, daß der Richter davon ausgeht, daß es für die betroffenen Eltern unmöglich war, wegzusehen, also nicht der ärgerlichen Faszination durch die Behinderten nachzugeben. Wir müssen uns einmal vorstellen, was alles entschädigungspflichtig wäre, wenn derlei Sensibilität allgemein durch Schadenersatzforderungen quittiert werden könnte. Die richterliche Erklärung beruht (wie die Alltagspsychologie in den meisten Fällen) auf Projektion, das heißt auf einer unüberlegten Hinausverlegung unbewußter Phantasien.

Die zugrunde liegenden Abwehrmechanismen illustriert ein jüdischer Witz: Zum Baron Rothschild kommt ein Schnorrer und erzählt eine schreckliche Leidensgeschichte. Der Reiche hört ihm zu, Mitleid und Rührung drücken sich in seinem Gesicht aus. Mit Tränen in den Augen klingelt der Baron schließlich nach dem Diener. Der Arme hofft auf eine gespickte Börse, der Reiche sagt: «Schmeißt ihn hinaus, er bricht mir das Herz!»

Angesichts der Not wird der emotionale Impuls, zu helfen, zur Bedrohung des eigenen Selbstgefühls. So wird die spontane Hilfsbereitschaft unterdrückt und in ihr Gegenteil verwandelt. Das entstehende Schuldgefühl vermischt sich mit der Angst vor dem Neid und der Rachsucht, die in die Fremden projiziert werden. Im Endergebnis wird dann der Mensch, der unser Mitleid erregt, mit besonderer Wut verfolgt – er soll aus unseren Augen, er soll verschwinden, um die lästige Konfrontation mit den beschriebenen Gefühlen loszuwerden.

In einem der von dem niedersächsischen Behindertenbeauftragten Karl Finke gesammelten Fälle hielt sich ein Rollstuhlfahrer in Mainz vor einem Buchladen auf, um die Auslage anzusehen. In der Nähe knutschte ein Pärchen. Nach dem zweiten Seitenblick kam der Mann drohend auf den Gelähmten zu, zückte ein Messer und sagte: «Wenn du weiter so blöd rüberguckst, dann kitzle ich dich mal!» Der Rollstuhlfahrer flüchtete in die Buchhandlung, gefolgt von dem empörten Liebhaber, der ihn beschimpfte und anspuckte. Auch hier ist die Thematik des (Sexual-)Neides in der Projektion deutlich. Der aggressive Mann hält den Behinderten für einen Spanner, der ihm die Befriedigung nicht gönnt, und verfolgt ihn mit einer Wut, die aus dem unbewußten und einer reifen Verarbeitung unzugänglichen Schuldgefühl stammt.

Der Neid des Traumatisierten auf den Nichttraumatisierten ist für diesen ebenso potentiell verletzend, wie umgekehrt die Projektion dieses Neides den Traumatisierten verletzt. Mitleid kann in Wut umschlagen, wenn diese Situation nicht reflektiert und geklärt werden kann. Eine wesentliche Rolle spielt dabei, daß für den Traumatisierten das Trauma in den meisten Fällen bereits längere Zeit zurückliegt. So hat er inzwischen Gegenkräfte entwickelt und kann seine Verwundungen kompensiert haben, die den «Normalen», der ihn zum ersten Mal sieht, entsetzen. Er findet es dann zum Beispiel verrückt, wenn ein Rollstuhlfahrer fröhlich ist oder ein Beinamputierter über seine Behinderung scherzt.

Bei psychischen Traumen ist die Lage durch die Schwierigkeiten, sie überhaupt wahrzunehmen, noch zusätzlich erschwert. Niemand würde einem Menschen, der mit einer abgerissenen Hand vor ihm steht, einen angenehmen Abend wünschen. Aber wenn ein Kollege, den wir flüchtig kennen, auf dem Weg in die Intensivstation zu seinem krebskranken Kind ist, wünschen wir ihm einen schönen Abend und wissen nicht, wie taktlos unsere Bemerkung ist.

Ich habe die Zentralisation als Verarbeitungsform des Traumas beschrieben. Dieses Konzept scheint auch angesichts der Gegenübertragungsprobleme sinnvoll. Nichtbehinderte, nichttraumatisierte Personen sind angesichts behinderter und / oder traumatisierter Menschen einer Versuchung ausgesetzt, die sich durchaus den Zentralisationen vergleichen läßt, mit denen die Psyche Traumatisierter nach einem neuen Gleichgewicht sucht. Sie wünschen sich eine einfache, einheitliche, berechenbare, verläßliche Welt, während die Realität diffus, komplex und in ihren Veränderungen nicht vorauszusehen ist.

In meiner Gegenübertragungsreaktion auf Georg wollte ich schnell und radikal mein Problem mit seiner Traumatisierung aus der Welt schaffen, selbst auf der guten Seite sein und alles Böse, allen Haß in die Vergangenheit entsorgen. Und gerade dadurch wurde ich verletzend, übergriffig und zu ebendem besserwisserischen Chirurgen, der einen Patienten übersieht und anschließend versucht, ihm die Folgen in die Schuhe zu schieben.

Im Rothschild-Phänomen versucht der Reiche, den Armen aus seiner Welt zu verbannen. Je mehr er sich dabei von seiner Mitleidswut leiten läßt, um so gefährlicher wird der Arme für ihn und er für den Armen.

Helfer wie Opfer wünschen sich angesichts des Traumas mehr Sicherheit und ein klares Wissen, wo es richtig ist, das Trauma als Behinderung zu akzeptieren, und wo es richtig ist, Wünsche nach Regression und Schonung zu bekämpfen. Aber dieses Wissen gibt es nicht von vornherein, es muß erst errungen werden, in jedem einzelnen Fall (und hier wieder in jeder biographischen Situation) neu. Ähnlich steht es um die therapeutische oder juristische Entscheidung, ob es richtiger ist, sich der Macht des Traumas zu beugen und den Traumatisierten zu schonen, oder aber, ihn aufzufordern, nach vorn zu sehen und so zu handeln, als sei er unbelastet.

Wer in ambivalenten Situationen behauptet, ganz klar zu sehen, trägt in der Regel mehr zu den Problemen bei als zu ihrer Lösung. Denn nicht die Alternative zwischen schonendem und forderndem Umgang ist für den Traumatisierten hilfreich, sondern eine Mischung dieser Haltungen, weder Verzärtelung noch Härte, sondern das liebevolle Maß beider.

Verwöhnung und Trauma sind in der seelischen Entwicklung und in der zwischenmenschlichen Intimität ohnedies eng verknüpft, weil jede Verwöhnung irgendwann in das Trauma führt und umgekehrt jede Traumatisierung Verwöhnungsansprüche stimuliert. Kinder, die nach einer traumatischen Trennung (etwa durch einen Unfall mit Krankenhausaufenthalt) besonders klammern, drücken diese Abhängigkeit von kompensatorischer Verwöhnung aus. Der Frontsoldat, der überzeugt ist, er könne künftig auf höfliche Umgangsformen verzichten, oder das Unfallopfer, welches sein Leid benützt, um einen Rentenantrag durchzusetzen, transponieren das Thema in die Welt der Erwachsenen.

Die typische Schaukel der Retraumatisierung sieht so aus, daß zunächst aus einer Mischung von Verständnis und Bequemlichkeit versucht wird, dem Verwöhnungsanspruch entgegenzukommen. Wächst er dann, wie es solche Ansprüche angesichts realer Verwöhnung tun, schnell ins unrealistische, wird der Impuls zur Wiedergutmachung zurückgenommen und die Schuld an der gescheiterten Interaktion dem Traumatisierten aufgebürdet. Dieser kontert mit seinem geheimen Wissen, daß ohnehin von Anfang an beabsichtigt war, ihm gar nichts zu geben. So entwerten sich Interaktionspartner, die ursprünglich aufeinander bezogen waren und sich umeinander bemühten, bis nichts von den guten Absichten übrig ist.

Ronja D., eine attraktive Vierzigjährige, Abteilungsleiterin in einem graphischen Betrieb, sucht wegen ihrer Panikattacken therapeutische Hilfe. Sie kommt aus einer typischen Nachkriegsehe; nach kurzen Aufbaujahren, in denen sich die beiden durch ihre Traumatisierungen (Vater: russische Kriegsgefangenschaft; Mutter: Flucht aus dem Sudetenland) cholerischen, höchst reizbaren Eltern einigermaßen vertragen und zwei Kinder gezeugt hatten, wurde die Situation so unhaltbar, daß der Vater die Familie verließ. Ronja und ihre Schwester blieben bei der Mutter, die als Lehrerin arbeitete, heimlich trank und nach einigen gescheiterten Versuchen mit Männern ein zweites Mal heiratete.

Mit dem Stiefvater begann die damals dreizehnjährige Ronja eine sexuelle Beziehung, deren Motivation sie gespalten beschreibt: Manchmal ist er ein bösartiger Verführer, ein Schwein; dann wieder ist sie selbst an allem schuld, ist freiwillig nachts zu ihm gekommen und hat sich ihm angeboten. Ihre Beteiligung und den Mißbrauch durch den Mann kann sie nicht zusammensehen: Entweder ist er der Mißbraucher, sie hat gar nichts getan, oder sie ist die Täterin, alle Bosheit kommt aus ihr, er ist ein Mann wie alle Männer. Es ist in solchen Gesprächen fast nicht möglich, Ronja für eine differenziertere Sichtweise zu gewinnen.

Ronja scheint zunächst keine auf ihr Trauma bezogenen Verwöhnungsansprüche zu äußern, bis sie eines Tages ein Mann in der Gruppe auffordert, nachher mit einigen anderen auf ein Bier zu gehen. Er ist verblüfft, als sie ihn auf der Straße stehenläßt und ihn in der nächsten Gruppensitzung angreift, er sei ein Schleimer und Schlappschwanz und solle gefälligst sofort sagen, ob er sie ins Bett zerren wolle oder nicht; sie jedenfalls könne ihm gleich sagen, sie finde derart schleimige Männer total abstoßend.

Diese Szene zeigt, wie das sexuelle Trauma unbewußte Wünsche nach Verwöhnung auslöst. Ronja möchte mit einer sofortigen Klärung «bedient» werden. Sie kann die Flirtsituation nicht annehmen und nicht auf die Möglichkeiten einer radikalen Aufwertung ihrer Dominanz und sexuellen Tugendfestigkeit verzichten, die sie durch die Entwertung der Männer als «Schweine» und «Schleimer» gewinnt.

Sie möchte die sexuelle Situation kontrollieren und nimmt sich dadurch Möglichkeiten, ihren Wunsch nach einer reiferen Liebesbeziehung zu erfüllen.

14 Das Sprechen mit Soldaten

Söhne und Töchter von Traumatisierten berichten, daß sie mit ihren Eltern nie «wirklich» gesprochen hätten. Diese Äußerung wurzelt in Erlebnissen der Adoleszenz, die das Elternbild bestimmen. In ihnen werden häufig Erfahrungen der Kindheit neu belebt. Die frühen Erfahrungen, welche die Gesprächsbasis zerstören, hängen mit sadistischen Qualitäten im Verhalten der beschädigten Eltern zusammen. Es wurde bereits beschrieben, wie die Traumatisierten dazu neigen, sich mit der Aggression, die ihnen widerfahren ist, zu identifizieren. So können sie aus Erleiden Aktivität machen und das Erlebte etwas besser bewältigen. Eine Szene, um diese sadistischen Durchbrüche im Verhalten der Traumatisierten zu beleuchten:

Eine heute siebenundfünfzigjährige Patientin mit schweren Depressionen erzählt ihre drei frühesten Kindheitserinnerungen. Die erste ist, daß sie nach der Flucht in einem ungeheizten Zimmer liegt, allein und fieberkrank, mit allen Kleidern und dem Wintermantel unter der Bettdecke. Sie fühlt sich verlassen und wartet verängstigt. Irgendwann kommt die Mutter, die Nahrung organisiert hat. Sie bringt der kranken Tochter einige Märchenfiguren aus Schokolade mit – «es gab ja nichts, unglaublich, daß sie so etwas gefunden hat! Sie hat mich also doch geliebt!» Die Patientin aß gierig die Schokolade. Sie mußte erbrechen; ihre Angina verschlechterte sich so, daß sie schließlich in ein Krankenhaus kam.

Die zweite Erinnerung ist, daß die Patientin auf einem Bahnsteig steht, stundenlang auf einen Zug warten muß. Wieder ist die Mutter fortgegangen und hat die Vierjährige allein gelassen. Sie singt Weihnachtslieder, worauf ihr einige Leute etwas schenken.

Die dritte Erinnerung betrifft wieder die Mutter. Sie hat sich zusammen mit ihrer Schwester entschieden, die Vierjährige einmal anders zu fotografieren als immer nur lächelnd. Zu diesem Zweck setzen die beiden Frauen das Kind auf eine hohe Kommode und behaupten, sie würden sie nicht mehr herunterheben. So entsteht das gewünschte Foto von der weinenden Tochter.

Allen drei Erinnerungen ist das Trauma der Verlassenheit gemeinsam. Vermutlich hat das kleine Mädchen mit großen Anstrengungen die Wut auf die Mutter verdrängt, deren Abwesenheit es nicht begreifen konnte. Während die Tochter in den ersten beiden Szenen für diese Leistung «belohnt» wird, erscheint in der dritten ein unerwartetes, sadistisches Element. Es steht für eine Qualität, die im Hintergrund der sozialen Konstrukte von Mutter- beziehungsweise Elternliebe wirkt und sich beispielsweise in den zahllosen verlassenen Kindern der Dritteweltländer abbildet. Bis zu einem gewissen Punkt ist das Kind ein kostbares Gut, das gepflegt und beschützt wird; ist dieser Punkt überschritten, ist es eine Last, ein nutzloser Esser.

Besonders belastet wird die seelische Strukturbildung des Kindes durch Eltern, die es weder genügend lieben noch eindeutig verstoßen, sondern in einem verwirrenden Mosaik bald liebevoll, bald sadistisch reagieren und mit Druck erzwingen, daß ihr Kind die eigenen Mängel an Liebesfähigkeit durch besondere Anstrengungen kompensiert.

Genauere Analyse zeigt, wie die Empfindung, daß ein «wirkliches» Gespräch nicht stattfinden konnte oder kann (denn manche dieser Eltern leben noch), auf einem komplexen Zusammenspiel zwischen den Generationen beruht. Die Stimmung eines friedlichen und konstruktiven Austauschs können die Traumatisierten nur durch Verdrängung ihrer schrecklichen Erfahrungen herstellen. Wenn sie in dieser Stimmung, in der eine «wirkliche» (genauer also: harmonische) Verständigung möglich sein könnte, an den Schrecken erinnert werden, ist diese Stimmung verloren. Also wehren sie das Gespräch ab, geben vor, sich nicht zu erinnern, nichts Besonderes oder aber so viel Grauenvolles erlebt zu haben, daß sie sich ohnehin keinem mitteilen können, der nicht selbst dabei war.

In der Bundestagsdebatte über die Ausstellung zu den Verbrechen der Wehrmacht hat Christa Nikkels, eine Abgeordnete der Bündnisgrünen, eine sehr persönliche und vielleicht gerade darin auch für viele Mitglieder der zweiten Generation gültige Rede gehalten. Ich zitiere hier den Teil, der die Gesprächsbasis zu ihrem Soldat-Vater betrifft:

«Er wurde 1908 geboren und ist 1991 gestorben. Er war nicht Parteimitglied. Er wurde zurückgestellt, weil er Bauer war. Später wurde er eingezogen. Meine Mutter hat mir erzählt, daß mein Vater in den fünfziger Jahren – er war ein gestandener Mann, der sein ganzes Leben lang schwer gearbeitet hat – keine Nacht bei offenem Fenster geschlafen und jede Nacht furchtbar von Feuer und Kindern geschrien hat. Sie sagte, daß es einfach grauenhaft war. Ich habe meinen Vater natürlich sehr geliebt. Er hat nie erzählt, wie es war, wenn man zum ersten Mal auf einen Menschen schießt. Heute wundert mich das. Allenfalls haben die Männer, wenn sie auf einer Familienfeier betrunken waren, die Geschichte erzählt, daß sie zur damaligen Zeit ins Ausland kamen, aber niemand hat gesagt, wie es war, wenn man zum ersten Mal auf jemanden schießen muß. Darüber hat keiner gesprochen.

In den letzten Jahren habe ich manchmal Menschen, die mir sehr nahestanden und das erlebt haben, danach gefragt. Sie können immer noch nicht darüber reden.

Vor einigen Jahren reichten sich unser Bundeskanzler und Präsident Reagan auf einem Friedhof in Bitburg die Hand. Dabei ist mir zum ersten Mal aufgefallen, daß mein Vater auf dem einzigen Foto, das es aus dieser Zeit gibt, eine Uniform trägt, die schwarz ist und auf der Totenköpfe sind. Damals war ich schon für die Grünen im Bundestag und habe es nicht gewagt, meinen Vater zu fragen, denn es fiel mir unendlich schwer. Ich habe es nicht übers Herz gebracht, ich konnte das nicht.»*

Dieses Verstummen herrscht vor allem dann vor, wenn es den Traumatisierten nicht gelingt, ihrem Leid einen Sinn zu geben und es zu idealisieren. Daher war es schon immer für die Soldaten der Verlierer schwerer, den Raub an ihrer Jugend und körperlichen Unversehrtheit zu verarbeiten, als für die Soldaten der Sieger. Nach dem verlorenen Zweiten Weltkrieg war es den deutschen Soldaten vollends unmöglich, den Dienst in einem destruktiven System nicht zu verleugnen. Die Massenvernichtung der Juden, die sinnlose und extrem verlustreiche Fortführung eines verlorenen Krieges (gerade die Frontsoldaten wußten das früher und genauer als alle anderen Gruppen der Bevölkerung) verstärkten Empfindungen, von allen Autoritäten im Stich gelassen zu sein und sich ganz allein oder im verschworenen Haufen durchschlagen zu müssen.

Wie bereits erwähnt, werden von den KZ-Überlebenden zwei Verarbeitungsmodi berichtet: Sie sprechen nie vom Trauma, oder sie sprechen nur vom Trauma. Die zweite Haltung kann verschie-

---

* *Die Zeit* 13 / 21. 3. 1997, S. 72

nes ausdrücken – Wünsche nach Zuwendung von Seiten der Familienangehörigen, Versuche einer aktiven Sinngebung. Wer sich erinnert und gegen die Verdrängung des Traumas kämpft, kann dazu beitragen, sich der Gefahren bewußt zu bleiben, die damals zu dem Trauma führten. In Deutschland sind solche Verarbeitungsformen erschwert. Ein ungerechter Krieg läßt sich nach einem Sieg vielleicht idealisieren, ein gerechter auch noch nach der Niederlage; wie aber mit einem ungerechten *und* verlorenen Krieg umgehen?

Viele haben Entlastung in der Dämonisierung Hitlers gesucht; er ist nach seinen für die große Mehrheit der Deutschen verheißungsvollen Anfängen verrückt, größenwahnsinnig oder zum Opfer falscher Berater geworden. Viele Soldaten – meine Mutter hat es auch von meinem Vater berichtet – malten sich aus, wie sie sich nach dem Ende des Krieges an den braunen Bonzen rächen und diese davonjagen würden; jetzt ginge das leider noch nicht, man müsse einig sein und das Vaterland schützen. Ich kann mich in den Druck zu solchen Argumenten einfühlen, und ich finde sie doch töricht und ausweichend.★

★ Dörte von Westernhagen: *Die Kinder der Täter. Das Dritte Reich und die Generation danach*. München: Kösel 1987, berichtet über ähnliche Äußerungen ihres Vaters. Sie stehen für einen Versuch, die zum Regime erstarrte nationalsozialistische Bewegung mit ihren eigenen Mitteln zu erneuern. Gegen den «größten Feldherrn aller Zeiten» tritt wieder der verwundete und enttäuschte Obergefreite von 1918 an.

Im typischen Fall versuchen Kinder traumatisierte Eltern so gut zu idealisieren, wie es ihnen möglich ist. Sind die Eltern zu sehr geschädigt, dann werden sie entwertet; die Kinder gehen ihnen aus dem Weg und kapseln sich ab. Diese Abkapselung wird in der Pubertät und Adoleszenz fortgeführt; sie kann schließlich, wenn die Kinder erwachsen sind, teilweise zu einer Art diplomatischer oder geschäftlicher Beziehung ermäßigt werden. Aber solche Kinder werden sich nicht beklagen, daß sie nicht «wirklich» mit ihren Eltern reden konnten, weil sie die Sehnsucht nach einer engeren Beziehung zu den Eltern gar nicht kennengelernt haben.

Wenn ein Kind zunächst versucht hat, die traumatisierten Eltern zu bewundern und zu überschätzen, wiederholen die Entidealisierungsprozesse der Pubertät das Trauma. Sie wecken sadistische Mechanismen, diesmal auf beiden Seiten; die Heranwachsenden erkennen die narzißtische Verwundbarkeit der Traumatisierten und revanchieren sich durch moralischen Dünkel, politische Besserwisserei und Entwertung aller Fürsorge, die sie bisher erfahren haben. Umgekehrt reagieren die Traumatisierten mit Wut und/oder Depression, Gegenentwertungen, Somatisierungen und Rückzug. Die Heranwachsenden, die das eigene Selbstgefühl in Frage stellen, werden zur Inkarnation des «Erzfeindes».*

---

* Daß KZ-Überlebende ihre Kinder im Streit als «kleinen Hit-

Die Tochter eines 1903 geborenen Vaters, der mit einer niedrigen Parteinummer in die NSDAP eingetreten war, berichtete in einer Analyse über die Phantasie, in der Nähe ihres Vaters sei ein schwarzer Strudel, der wie die schwarzen Löcher im Weltraum alle Energie aufsauge und vernichte. Sie erinnerte sich an keine Gespräche über die Partei- und Kriegserinnerungen des Vaters, sondern nur an sein Verstummen und später an heftige Auseinandersetzungen, als sie während des Studiums in Kontakt mit der Studentenbewegung kam und ihn mit seinen reaktionären politischen Haltungen konfrontierte.

Er beschimpfte sie nicht nur als «Kommunistenschwein» oder «Stalinistin», sondern auch als «Rotfront». Im Kontakt mit seiner Tochter, die er über alles geliebt hatte, als sie noch ein Kind war («man konnte mit ihm jeden Blödsinn machen und unendlich viel lachen, nur ernsthaft reden, das konnte man nicht»), belebte er die frühen Feindbilder aus den Saalschlachten zwischen den SA-Männern und den Kämpfern der kommunistischen Rotfront.

Ein Facharzt entwertet in einer Therapiegruppe seinen Vater als «Rohling und Dummkopf». Auch hier brachen während der Adoleszenz erbitterte Kämpfe aus. Als Student verlagerte der Sohn seine Verzweiflung über das Verstummtsein des Vaters auf ein anderes Gebiet. Er klagte diesen an, er habe ihn

ler» oder «schlimmer als Hitler» entwerten, wird oft beschrieben.

sexuell nie aufgeklärt und sei deshalb ein pädagogischer Versager. Der Vater rächte sich, indem er angetrunken auf einem Herrenabend seinen Gästen den Sohn mit dem Satz vorstellte: «Dies ist mein Sohn Hans, den ich sexuell nie aufgeklärt habe!»

Der Sohn berichtete später von seinem heimlichen Triumph, wenn bei Diskussionen mit dem Vater dieser, um seine Nervosität zu beruhigen, ein Glas Wein nach dem anderen hinunterschüttete, während der Sohn Wasser trank und sich schließlich dem lallenden Vater überlegen fühlte. Die Folge waren beim Sohn des Soldaten massive Selbstwertprobleme und starke Stimmungsschwankungen bis zur Suizidalität.

Zur normalen Pubertät und Adoleszenz gehört eine Ent-Idealisierung der Eltern. Sie führt auch bei nicht traumatisierten Eltern zu heftigen Konflikten mit den Kindern, die einerseits versorgt werden wollen, anderseits aber keine (zumindest keine den Eltern genügende) Anerkennung mehr dafür zeigen. Diese Situation ist um so schwieriger zu bewältigen, je kränkbarer und weniger einfühlend die Eltern sind. Diese Situation ist bei traumatisierten Soldaten oder Müttern mit einem Flüchtlingsschicksal fast regelrecht gegeben; in Deutschland trug sie zu den heftigen, für beide Seiten psychisch sehr belastenden Kämpfen zwischen den Generationen bei, die durch die Studentenbewegung eingeleitet wurden. Dämonisierung des Gegners, völlige Entwertung seiner Motive, schablonenhafte

Zeichnung von Beziehungen waren die Regel, als die narzißtisch besonders bedürftigen und auf die Bestätigung ihrer Verdrängungs- und Aufbauleistung angewiesenen Eltern ihren heranwachsenden Kindern begegneten, die alles in Frage stellten, was sie geschaffen hatten.

Wie deutlich sich solche ungelösten Konflikte der Deutschen in den Versuchen spiegeln, mit der Vergangenheit umzugehen, zeigen die Auseinandersetzungen über die oben bereits erwähnte, vom Hamburger Institut für Sozialforschung konzipierte Ausstellung über «Verbrechen der Wehrmacht». Die Intention der Ausstellungsmacher war es, die charakteristische Abwehr-Illusion (eine übrigens auch in Hollywood-Filmen bevorzugte Darstellung) zu hinterfragen, wonach Kriegsverbrechen an Zivilpersonen, Geiselerschießungen und der Mord an Juden Sache der Spezialabteilungen von Polizei und SS waren. Von diesen kriminellen Institutionen ließ sich dann eine saubere, ja regimekritische Haltung der Wehrmacht abgrenzen.*

In der zum Teil erbittert und persönlich verlet-

---

* Auch diese Position kenne ich aus Berichten meiner Mutter über Äußerungen meines Vaters aus dem Rußlandfeldzug: «Die Russen haben die Wehrmacht als Befreier begrüßt. Wenn uns nicht die SS durch ihre Schikanen und Deportationen alles kaputtgemacht hätte, wären wir mit Stalin fertig geworden.» Aber bereits im April 1941, also Monate vor dem Überfall auf die Sowjetunion, wurden sämtliche Generalstabsoffiziere bis hinunter zu den Divisionen instruiert, mit SS und SD zusammenzuarbeiten und das Rechtsempfinden den Kriegsnotwendigkeiten unterzuordnen.

zend geführten Diskussion wurde deutlich, daß die
«Reinheit» der Wehrmacht für viele Deutsche ein
schützenswertes Gut ist, trotz der Tatsache, daß nur
eine winzige Minderheit den Mann, auf den diese
Wehrmacht vereidigt wurde, nach wie vor idealisiert. Die Idealisierung der Wehrmacht ist defensiv und latent. Sie äußert sich in Forderungen,
von Verbrechen einzelner Wehrmachtsangehöriger
auszugehen und die Institution freizusprechen.
Schließlich sei sie auch im Nürnberger Kriegsverbrecherprozeß nicht als verbrecherische Einrichtung definiert worden.

Relativ besonnen, wenn man seine Äußerungen
im Bundestag mit den Hetztiraden lokaler CSU-Matadore in München* vergleicht, aber doch auch
deutlich um Ehrenrettung der Wehrmacht und Entwertung der Kritiker bemüht, ist die Rede Alfred
Dreggers im Bundestag während einer Debatte
über die Ausstellung:

«Diejenigen, die versuchen, die deutsche Wehrmacht pauschal als verbrecherische Organisation
darzustellen, sagen nicht die Wahrheit. Sie hetzen
und verleumden.»

In solchen Äußerungen werden die defensiven
Idealisierungen deutlich, mit denen Reste vaterländischer Institutionen gereinigt werden sollen.
Statt der realistischen Einsicht, daß eine auf einen

---

* Das CSU-Parteiblatt *Bayernkurier* spricht von einem moralischen Vernichtungsfeldzug gegen das deutsche Volk, zit. nach *Die Zeit* 13 / 21. 3. 1997, S. 48

Kriegsverbrecher vereidigte Institution, in der nachweislich Verbrechen geschehen sind, durchaus «verbrecherisch» genannt werden kann, ohne daß aber alle Mitglieder dieser Institution dadurch automatisch zu Kriminellen gestempelt werden, wird ebendieses Argument zu einer Rhetorik vom «ganzen Volk» umgedreht, das unmöglich «verbrecherisch» sein kann.

Das Volk wird also nach dem Konzept des totalen Krieges mit der Wehrmacht identifiziert: «Bei den Soldaten des Zweiten Weltkriegs und ihren Angehörigen geht es nicht um eine kleine, abgrenzbare Gruppe unseres Volkes, sondern um die gesamte Bevölkerung der damaligen Zeit. Fast alle Männer waren eingezogen. Natürlich waren auch die Mütter, die Schwestern, die Töchter und Freundinnen und Ehefrauen der Soldaten mit betroffen. Es geht in dieser Frage also um unser Verhältnis zu einer ganzen Generation unseres Volkes. Wer versucht – diese Versuche gibt es –, die gesamte Kriegsgeneration pauschal als Angehörige einer Verbrecherbande abzustempeln, der will Deutschland ins Mark treffen. Dagegen wehren wir uns.»★

Interessant ist, wie sich in diesem Argument für den «anständigen Soldaten» die Zentralisation spiegelt. Die Wehrmacht war eine hochkomplexe, hierarchische Organisation; eine Bande ist eben der verschworene Haufen, der im Kampf entsteht. Um

---

★ *Die Zeit* 13 / 21. 3. 1997, S. 48

die Wehrmacht zu retten, opfert Dregger die SS und die NSDAP als «verbrecherische» Institutionen. Analog opfert der rechts von Dregger stehende Schönhuber die SS der KZ und die «Parteibonzen», um die Waffen-SS zu retten. Das Motto der Zentralisation, Teile einer Ganzheit zu opfern, um deren Untergang aufzuschieben, kann also nicht nur in der Physiologie, sondern auch in der Psychologie und der Soziologie dokumentiert werden. Die gerettete, «gute» Institution wird dann in einem zweiten Schritt mit dem ganzen Volk identifiziert.

Aufschlußreich, wie dabei der weibliche Anhang der Soldaten betont wird. In seiner Rede billigt Dregger den Soldaten sowohl Freundinnen wie Ehefrauen zu, jeder hat auch noch eine Mutter, eine Tochter und eine Schwester. Und sie alle gehören zur Wehrmacht und schützen ihre Tugend.

In einer Institution, die einem Verbrecher dient, vergrößert Tüchtigkeit das Verbrechen. Carl Zuckmayer hat in seinem Stück *Des Teufels General* diese Problematik bereits kurz nach dem Krieg auf die Bühne gebracht. Die deutsche Debatte von 1997 lehrt auch, daß es für die Betroffenen fast unmöglich ist, diesen Widerspruch zu ertragen und die mit ihm verbundene Trauerarbeit zu leisten. Immer wieder, in Leserbriefen und Talk-Shows, wird ganz deutlich, daß es den Soldaten unzumutbar scheint, die Einsicht aufzunehmen, daß Desertation in ihrer Situation nicht nur «egoistisch» klüger, sondern auch ethisch wertvoller gewesen wäre als die opferbereite und tatkräftige Stabilisierung eines Regimes, das hinter den Frontlinien Vernichtungslager für die europäischen Juden und Sinti baute.

«Das Frontschwein steht wieder am Pranger», formuliert in einem Leserbrief ein Obergefreiter des Zweiten Weltkriegs seine Erbitterung. Seine Kernaussagen: Alle Kriege sind scheußlich, brutal und schonen die Zivilbevölkerung nicht. Daher gibt es auch keine besondere Qualität der deutschen Wehrmacht. Der Frontsoldat ist das Opfer einer «Kriegsmaschinerie», in die er sich «hoffnungslos verstrickt»; zum Dank kann er «keinem, der ihm mit intellektuellem Anspruch ins Gesicht spuckt, sagen, mit welchem Gefühl des Grauens er aus dem Heimaturlaub an die Front zurückkehrte und warum er nicht den Mut hatte, Selbstmord zu begehen, indem er einfach zu Hause blieb»★.

Ein anderer Leserbrief:

«Kein Vogel beschmutzt sein eigenes Nest! Leider sind wir Deutsche ungeschlagene Weltmeister in dieser traurigen Disziplin, was die ... Ausstellung beweist. Weder England noch Frankreich als Teilnehmer am Zweiten Weltkrieg würden sich solch einen Fauxpas leisten! Als Zwangsteilnehmer ... [nahm ich] am gesamten Rußlandfeldzug bis in den Kaukasus und zurück bis Ungarn an vorderster Front teil. Ich wurde dreimal teils schwer verwun-

---

★ *Süddeutsche Zeitung*, 21. 3. 1997, S. 10

det und durfte mit Glück und Gottes Hilfe mit 23 Jahren das Kriegsende erleben. Die besten Jahre meines Lebens wurden mir und vielen Kameraden durch diesen unglückseligen Krieg gestohlen. Wer entschädigt uns dafür? Und nun sollen wir uns noch diese diffamierende Ausstellung ansehen! Zweifellos werden hier Dinge gezeigt, welche leider – wie in jedem Krieg – tatsächlich geschehen sind. Trotzdem ist diese Ausstellung eine Beleidigung für all die vielen jungen Soldaten, welche nichts als ihre Pflicht, das Vaterland zu verteidigen, erfüllt haben.»*

Das Trauma der «geraubten Jugend» wird besonders schmerzlich empfunden, wenn kein Sieg das Opfer belohnt. Die eigene Nation ist zu negativer Grandiosität gesteigert («ungeschlagene Weltmeister in dieser traurigen Disziplin»); die Niederlage wird zum «faux pas», dem kleinen Höflichkeitsfehler, der Frankreich und England nicht getroffen hat, wohl aber uns. Es gibt keine Einfühlung in ein Gegenüber, das andere Meinungen hat; die Realität ist schwarz oder weiß, schmutzig oder sauber, Pflichterfüllung ist gut, sie fragt nicht nach Zusammenhängen.

Diese Unfähigkeit, zwischen individuellem Schicksal und institutioneller Dynamik zu differenzieren, gehört zu den Qualitäten des Soldaten: Er muß mit aller verfügbaren Energie handeln, um

---

* Leserbrief von U. Höppner, *Die Zeit* 13 / 21. 3. 1997, S. 72

überleben zu können, er darf sich nicht fragen, in welchen nichtmilitärischen Zusammenhängen seine Aktionen stehen. Die Institution – in diesem Fall die Wehrmacht – beutet diese blinde Handlungsbereitschaft aus, in der das Denken dazu benutzt wird, um die militärischen Aktionen zu planen, allenfalls dazu, um sie nachträglich zu rechtfertigen. Es darf nicht dazu dienen, nach ihrem Sinn zu fragen. Wenn aber die Institution in Frage gestellt wird, läßt sich erkennen, wie viele ihrer Opfer sich mit dem Aggressor identifiziert haben und jetzt meinen, die Institution schützen zu müssen, welche ihnen die besten Jahre geraubt hat. In ihrer defensiven Rhetorik spiegelt sich dann die militärische Denkhemmung, unter Umständen sogar die traumatisch bedingte Zentralisation.

Die Beziehung des Soldaten zu seinen Führern ist ambivalent: Er muß sie idealisieren, denn sonst könnte er nicht in dem geforderten Maß eigene Ängste und Wünsche in die militärische Disziplin kanalisieren. Oft haßt er sie auch, weil es letztlich sie sind, die ihn in Schmerz und Tod schicken. In militärischen Romanen und Kriegsfilmen wird diese Ambivalenz sehr oft als Kampf zwischen «guten» und «bösen» militärischen Vorgesetzten dargestellt. Die guten (die den Kampf kennen und teilen) fühlen für ihre Soldaten, schützen sie mütterlich, sorgen für sie; die bösen (die in der sicheren Etappe planen) lassen sie kalt krepieren und denken nur an ihre Karriere.

Ähnliche Spaltungen sind in vielen Heeren im Gegensatz von Mannschafts- und Offiziersdienstgraden verschlüsselt. Der oberste Mannschaftsführer ist die «Mutter der Kompanie»; die Soldaten bleiben unter sich und mißtrauen grundsätzlich allem, was ein Offizier sagt.

In einem anderen Leserbrief zur Wehrmachts-Ausstellung läßt der Autor, der sich selbst als einen der «Jungs der gemischten Flakabteilung 375 V» vorstellt, seinen antiintellektuellen Vorurteilen freien Lauf; Goldhagen* ist ein «Grünschnabel, dem noch die Aufarbeitung seines Neger- und Indianerproblems bevorsteht», Reemtsma** ein «Soziologe, der nachträglich bewerten will, was nicht mal die Landser zu verarbeiten vermögen», und Sommer*** glaubt, «wie üblich wortreich den großen Moralapostel ... spielen zu müssen». Dann kommt die Rhetorik der Entlastung gegen alle, die nicht dabei waren und deshalb draußen bleiben müssen:

«Wir ... haben hingesehen, als wir bei Preßburg vor einer riesigen Feldscheune voller bestialisch erschlagener Juden gestanden sind, sprachlos, erschüttert, hilflos. Das war 1944. Niemand wagte ein ein-

---

* Daniel Jonah Goldhagen, amerikanischer Politologe, Autor des Buches *Hitlers willige Vollstrecker. Ganz gewöhnliche Deutsche und der Holocaust*. Berlin: Siedler 1996
** Jan Philipp Reemtsma, Gründer des Hamburger Instituts für Sozialforschung, das die Ausstellung konzipiert hat, ist allerdings nicht Soziologe, sondern Germanist.
*** Theo Sommer, Mitherausgeber der *Zeit*.

ziges Wort, es hingen schon genügend aufgehängte Soldaten. Und wer desertierte, ist auch heute noch ein Deserteur! Wir waren eingezogene Wehrpflichtige, standen unter Eid und Befehl, es war der Staat, es waren die Eliten, die das Ungeheuerliche veranstalteten und durchführen ließen. Die Wehrmacht war bestenfalls ein gewissenlos mißbrauchtes Werkzeug. Niemand kann und darf die Verbrechen leugnen oder aufrechnen, die geschehen sind, aber wenn schon Ausstellung, dann bitte auch über die Trecks aus Ostpreußen, die zerbombten Städte, die Toten von Stalingrad, Hiroshima und Saigon. Das Verbrechen ist der Krieg! Und die Verbrecher sind die, die den ersten Schuß befehlen.»★

Auch hier zeigt sich die Entdifferenzierung des Denkens bis hin zu Verleugnungen, die dazu führen, daß der Autor in einem Satz Aufrechnungen verbietet und vollzieht. Wer Differenzierungen fordert, ist fremd; er kann keine Ahnung von den Ereignissen haben, die sich im Innern der Traumatisierten vollzogen haben. Diese psychologische Wahrheit wird zur Falschaussage, sobald behauptet wird, niemand außer den Traumatisierten selbst könne darüber aussagen, was geschehen ist.

Ein spezialisierter Historiker wird viel genauer als der betroffene Soldat ergründen können, was zu einer gegebenen Zeit an einem gegebenen Ort wirklich geschehen ist, welche Handlungsalternati-

★ *Die Zeit* 13 / 21. 3. 1997, S. 72

ven möglich und welche ungeeignet waren. Aber dieser Forscher bedroht allein durch seine Existenz den Traumatisierten, weil er seine Verdrängungs- und Verleugnungsstrategien nicht teilt, sondern in Frage stellt. Daher ist der ursprünglich der anarchistischen Szene entstammende Spruch «Wenn ich das Wort Kultur höre, entsichere ich meinen Revolver» von den Frontkämpfern unter den Nazis so gerne zitiert worden. Es müßte eigentlich lauten: «Wenn ich das Wort Differenzierung höre, entsichere ich meinen Revolver!» Und das gilt, was den verbalen Totschlag angeht, bis in die Gegenwart. In der rhetorischen Geste ist sich der Sprecher der Jungs von der Flak mit diesem antikulturellen Vorurteil durchaus einig. Daß er die erschlagenen Juden wirklich gesehen hat, erhebt ihn über alle, die sie nur aus Fotografien kennen.

Was bleibt den Kindern der Traumatisierten, wenn die Niederlage sie zwingt, auf die Idealisierung der Opfer ihrer Eltern zu verzichten, die doch auch eigene Opfer sind? Vielleicht ein geschärftes Bewußtsein für die Unverzichtbarkeit von Zivilcourage und Kreativität, eine Position, wie sie in der Bundestagsdebatte über die Wehrmacht Christa Nickels formuliert hat:

«Für mich steht außer Frage, daß ich, wenn ich jemals einem Deserteur helfen kann, weil er sich weigert, einen anderen Menschen zu erschießen, das tun werde. Ich glaube, wenn es wirklich etwas zu verteidigen gibt, was das eigene Leben wert ist, daß man es freiwillig tut, dann wird das ein Mensch in schwerster Not vielleicht auch tun. Aber man sollte Menschen nicht dazu abkommandieren. Ich glaube nicht, daß man ein Land lieben kann, wenn man nicht zuallererst gelernt hat, das Leben der anderen Menschen und auch sein eigenes zu lieben.»★

Wie sind Gespräche mit Traumatisierten zu führen?

Gerichtspsychologen wissen inzwischen, daß spontane Angaben traumatisierter Kinder fast immer die Realität wiedergeben, während Angaben, die auf drängende Fragen hin erfolgen, ebenso oft falsch wie richtig sind. Die psychoanalytische Arbeit bestätigt die Problematik von Fragen: Antworten verhüllen oft ebensoviel, wie sie preisgeben. Dennoch ist die Frage das zentrale Instrument, mit dem wir in ein Gespräch eintreten können, das die Geschichte einer Person erschließt. Es kommt freilich sehr darauf an, wie gefragt wird. Hier einige Regeln zur Gesprächsführung mit Traumatisierten.

Keine Bewertungen, auch keine subtilen. Also nicht: «Wie viele Menschen hast du umge-

---

★ *Die Zeit* 13 / 21. 3. 1997, S. 72

bracht?» Auch nicht: «Wann hast du zum ersten Mal auf Menschen geschossen?» Vielleicht: «Wie war das, in welchen Situationen wurde geschossen, hast du etwas gesehen, ich stelle mir vor, es war sehr laut ...»

Eigene Phantasie einsetzen, um Situationen zu konkretisieren. Beispiel: «An welchen Waffen wurdest du ausgebildet? Was gab es zu essen? Hast du im Freien übernachtet? Wie lange hat man Dienst tun müssen? Wann waren Pausen? Wann gab es frische Wäsche? Mit welchen Personen aus der Zivilbevölkerung war ein Gespräch möglich?» Zentralisation bedeutet auch konkretistisches Denken; kein Wunder, daß die meist abstrakten und intellektuellen Fragen, die das adoleszente Denken kennzeichnen, nicht beantwortet werden.

Umwege suchen und von dem Rahmen ausgehen, an dem während der Zeit der Traumatisierung der Traumatisierte Halt suchte. Soldaten zum Beispiel nach Regimentstraditionen fragen. Was unterschied das eigene Regiment von anderen? Welche Beziehungen hatte der Artillerist zum Infantristen, der Panzerfahrer zum Flieger – wo hat man sich kennengelernt, mit wem waren Gespräche möglich, auf wen konnte man sich verlassen? Flüchtlinge nach den Umständen der Flucht, den Angehörigen, den Strategien des Überlebens fragen

Also nicht: «Wie war das mit der Vertreibung», sondern eher: «Wann hast du zum ersten Mal gehört, daß du fort mußt? Wer ist vor dir gegangen, wer ist geblieben?»

Verweigerungen weder bekämpfen noch als definitiv ansehen. Der Traumatisierte weiß am besten, wann der Erinnerungsschmerz zu groß wird. Wenn er sich dann zurückziehen darf, kann er das nächste Mal einen Schritt weiter gehen. Beispiel: Nach den ersten, immer wieder von Tränen unterbrochenen Gesprächen über ihr Flüchtlingsschicksal als Heranwachsende kann sich die Mutter einer heute vierzigjährigen Frau entschließen, das bisher Undenkbare zu tun und in den Ort zu reisen, aus dem ihre Mutter und sie vertrieben und ihr Vater in ein Bergwerk deportiert wurde, wo er einige Monate später starb.

Gemeinsamkeiten suchen und betonen. Traumatisierte gehören zu einem Geheimbund, zu dem oft nur andere, analog Traumatisierte Zugang haben. In einem Fall, den ich während einer Analyse mit der Tochter eines Traumatisierten kennenlernte, erwies sich der sonst völlig unzugängliche Vater, der noch nie etwas von seiner Soldatenzeit erzählt hatte, in dem Augenblick als gesprächsbereit, als ihm die vierzigjährige Tochter erzählte, sie müsse sich einer Kieferoperation unterziehen. Sie erfuhr nun zum ersten Mal, wie er 1944 mit einer schweren Gesichtsverletzung in ein Lazarett gekommen war. Dort habe er die Operationswunden mangels anderer Desinfektionsmittel mit Schnaps gespült. Die bisher als «fremd» und «unwissend» abgewehrte Tochter war ihm durch ihre eigene Operation plötzlich nahegekommen.

Kinder und Liebende neigen zu symbiotischen Erlebnisformen, das heißt, sie stellen sich nicht vor, daß ihr Gesprächspartner autonom ist und für sich Verantwortung trägt, sondern daß es wichtig ist, alles ebenso zu empfinden und zu bewerten wie er. Im guten Fall stiftet diese symbiotische Erlebnisform große Geborgenheit und stärkt das Selbstgefühl. Ihr Nachteil ist das Risiko des Symbiosebruchs, in dem der Symbiosepartner, der die benötigte Harmonie verweigert, als Mörder des eigenen Selbstgefühls erlebt wird.

Die Zentralisation steigert symbiotische Bedürfnisse und erschwert es, Abstand von ihnen zu finden und autonomes Verhalten geliebter Menschen zu ertragen. («Ich habe es nicht übers Herz gebracht, ihn zu fragen», vergleiche Seite 310) Wer sich dem symbiotischen Sog der Traumatisierten nicht entziehen kann, muß ihr Schweigen idealisierend teilen oder als totale Verweigerung entwerten. Wer autonom mit ihnen umgeht, hat eine Chance, daß sie dem Fragenden zuliebe das

Schweigen brechen. Problematisch sind (falsche) Versprechungen wie die, daß das Sprechen über das Thema den Traumatisierten entlaste. Das kann sein, muß aber nicht sein. Wer eine relativ stabile Autonomie gewonnen hat, kann den Bruch des Verdrängungstabus konstruktiv verarbeiten, weil er sich durch das Verständnis und die Toleranz seiner Umwelt entlastet fühlt. Wer hingegen seine Autonomie mühsam durch die Verdrängung des Traumas rettet, findet nach der Aufhebung der Verdrängung möglicherweise nicht in sie zurück. Sie oder er erwarten Wiedergutmachungen, die so nicht geleistet werden können, und fühlen sich schließlich entwertet, abhängiger als vorher und frustriert.

Im Umgang mit Traumatisierten gilt ein Vers von Mignon aus «Wilhelm Meisters Lehrjahre» (VIII, 2. Kap.) von Goethe: «So laßt mich scheinen, bis ich werde.» Es ist wichtig, ihr verwundetes Selbstgefühl durch Anerkennung zu stärken und nicht durch Kritik oder Vorwürfe zu schwächen. Es wirkt paradox, jemanden für seine Mitteilungen zu loben, von dem wir den Eindruck haben, er sage uns viel zuwenig; dennoch ist diese Strategie nützlich, solange sie einem vertieften Verständnis für die Gesprächssituation entspringt und nicht rein taktisch vorgetragen wird. Der Gesprächspartner sollte keinen Druck ausüben, der dem traumatisierten Partner vermittelt, er werde abgelehnt, für schwach, unhöflich oder unkooperativ gehalten. Anderseits sollte er sich auch nicht mit dem Verstummten identifizieren, ihn durch Pseudo-Einverständnisse verwöhnen und gleich ihm glauben, daß es wirklich unmöglich ist, über schwerwiegende Verletzungen zu sprechen.

Das beste Gesprächsklima entsteht, wenn unterschiedliche Positionen auf einer Basis herzlicher Gefühle verhandelt werden können. «Ich glaube, daß es möglich ist, auch über die schmerzlichsten Erlebnisse zu sprechen, und ich wünsche es mir von dir. Aber wenn du es anders erlebst und diese Grenzen nicht überschreiten willst, ist unsere Gefühlsbeziehung ebenso in Ordnung; Meinungsgleichheit und Meinungsverschiedenheit tangieren sie nicht.»

Auf diese Weise entsteht ein Modell, wie mit Verletzungen umgegangen werden kann. Es setzt einen Raum voraus, der von Zuneigung getragen und von rivalisierenden Geltungswünschen befreit ist. Solche Räume gibt es immer wieder, in Familien, in Therapiesituationen, in Seminaren. Und sie sind an allen diesen Orten auch bedroht. Psychologische Regeln können Zivilcourage, Geduld, Kreativität und Interesse niemals ersetzen.

Literatur

Abel, Theodore: *Why Hitler Came into Power. An Answer Based on the Original Life Stories of Six Hundred of His Followers.* New York: Prentice Hall 1938
Adorno, Theodor W. / Frenkel-Brunswik, Else / Levinson, Daniel J. / Sanford, R. Nevitt: *The Authoritarian Personality.* New York: Wiley & Sons 1964 (Orig. 1950)
Adorno, Theodor W.: «Zum Verhältnis von Soziologie und Psychologie». In: ders.: *Gesammelte Schriften* 8. Frankfurt / M.: Suhrkamp 1972, S. 42–65
Adorno, Theodor W. et al.: *The Authoritarian Personality,* 2 Bde. New York: Wiley & Sons 1964 (Orig. 1950)
Albrecht, Gerd: *Film im Dritten Reich. Eine Dokumentation.* Köln 1974
American Psychiatric Association: *Diagnostic and Statistical Manual of Mental Disorders.* Washington 1987
Amery, Jean: *Reflexionen über Folter.* Stuttgart: Klett-Cotta 1977
Andrae, F.: *Auch gegen Frauen und Kinder. Der Krieg der deutschen Wehrmacht gegen die Zivilbevölkerung in Italien 1943–1945.* München: Piper 1994
Arendt, Hannah: *Eichmann in Jerusalem. Ein Bericht von der Banalität des Bösen.* München, Zürich: Piper 1986 (Orig. 1964)
Arnim, Gabriele von: *Das große Schweigen. Von der Schwierigkeit, mit den Schatten der Vergangenheit zu leben.* München: Droemersche Verlagsanstalt Th. Knaur Nachf. 1991
Bärsch, Claus-Ekkehard: *Erlösung und Vernichtung. Dr. phil. Joseph Goebbels.* München: Klaus Boer 1987
Bartov, O.: *Hitlers Wehrmacht. Soldaten, Fanatismus und die Brutalisierung des Krieges.* Reinbek: Rowohlt 1995
Bauer, F. J.: *Flüchtlinge und Flüchtlingspolitik in Bayern 1945–1950.* Stuttgart: Klett 1980
Bauman, Zygmunt: *Dialektik der Ordnung. Die Moderne und der Holocaust.* Hamburg: Europäische Verlagsanstalt 1992
Beck, Ulrich: *Risikogesellschaft. Auf dem Weg in eine andere Moderne.* Frankfurt / M.: Suhrkamp 1986
Becker, Hans / Becker, Sophinette: «Die Legende von der Bewältigung des Unerträglichen». In: *psychosozial* 1988 / 89, Heft 36, S. 44–54
Beradt, Charlotte: *Das Dritte Reich des Traums.* Frankfurt / M.: Suhrkamp 1994 (Orig. 1966)
Bergmann, Martin S. / Jucovy, Milton E. / Kestenberg, Judith S. (Hg.): *Kinder der Opfer. Kinder der Täter.* Frankfurt / M.: Fischer 1995
Berna-Glantz, Rosmarie / Dreyfus, Peter (Hg.): *Trauma – Konflikt – Deckerinnerung. Arbeitstagung der Mitteleuropäischen Psychoanalytischen Vereinigun-*

gen vom 4.–8. April 1982 in Murten. Stuttgart-Bad Cannstatt: fromman-holzboog 1984

Binion, Rudolph: «... *daß ihr mich gefunden habt*». *Hitler und die Deutschen: eine Psychohistorie.* Stuttgart: Klett-Cotta 1978

Bloch, Ernst: *Vom Hazard zur Katastrophe. Politische Aufsätze 1934–1939.* Frankfurt/M.: Suhrkamp 1972

Bohleber, Werner et al.: «Der Umgang mit der nationalsozialistischen Vergangenheit in der Beratungsarbeit. Probleme der zweiten und dritten Generation». In: R. Cogoy et al. (Hg.): *Erinnerung einer Profession. Erziehungsberatung, Jugendhilfe und Nationalsozialismus.* Münster: Votum 1989, S. 250–258

Breuer, Stefan: *Anatomie der Konservativen Revolution.* Darmstadt: Wissenschaftliche Buchgesellschaft 1993

Brockhaus, Gudrun: «Forschung als Mutprobe – Über einige Dilemmata der Gewaltforschung». In: R. Erb/W. Wagner (Hg.): *Zusammenschlagen.* Frankfurt/M.: Suhrkamp 1996

Brockhaus, Gudrun: «‹Seelenführung, aus den Mächten des Blutes gespeist ...› – Psychotherapie und Nationalsozialismus». In: H. Keupp/H. Bilden (Hg.): *Verunsicherungen. Das Subjekt im gesellschaftlichen Wandel.* Göttingen, Toronto, Zürich: Hogrefe 1989, S. 153–183

Brockhaus, Gudrun: «‹Schrecklich lieb ...›. Anmerkungen zu einer deutschen Heldenmutter». In: *Die Philosophin. Forum für feministische Theorie und Philosophie,* Heft 3, 1991, S. 26–50

Brockhaus, Gudrun: «Psychoanalytische Hitler-Deutungen». In: *Luzifer-Amor. Zeitschrift zur Geschichte der Psychoanalyse,* 5. Jahrgang, Heft 9, 1992, S. 8–24

Brockhaus, Gudrun: «Männerbilder und weibliche Sehnsüchte. Beispiele aus der NS-Literatur von Frauen». In: *Die Philosophin. Forum für feministische Theorie und Philosophie,* Heft 8, 1993, S. 8–23

Brockhaus, Gudrun: «Gleiches Blut. Symbiose und Gewalt in Hitlers ‹Mein Kampf›». In: J. Hohl/G. Reisbeck (Hg.): *Individuum, Lebenswelt, Gesellschaft.* München, Wien: Profil 1993

Brockhaus, Gudrun: *Schauder und Idylle. Faschismus als Erlebnisangebot.* München: Kunstmann 1997

Broszat, Martin/Fröhlich, Elke (Hg.): *Alltag und Widerstand. Bayern im Nationalsozialismus.* München: Piper 1987

Broszat, Martin: *Der Staat Hitlers. Grundlegung und Entwicklung seiner inneren Verfassung.* München: dtv 1969

Browning, Christopher: *Ganz normale Männer. Das Reserve-Polizeibataillon 101 und die «Endlösung» in Polen.* Reinbek: Rowohlt 1993

Brückner, Peter: *Das Abseits als sicherer Ort. Kindheit und Jugend zwischen 1933 und 1945.* Berlin: Wagenbach 1982

Cocks, Geoffrey: «Psychoanalyse, Psychotherapie und Nationalsozialismus». In: *Psyche,* Jg. 37, 1983, S. 1057–1106

Cogoy, Renate/Kluge, Irene/Meckler, Brigitte (Hg.): *Erinnerung einer Profession. Erziehungsberatung, Jugendhilfe und Nationalsozialismus.* Münster: Votum 1989

Dahmer, Helmut (Hg.): *Analytische Sozialpsychologie,* 2 Bde. Frankfurt/M.: Suhrkamp 1980

Dahmer, Helmut: «Derealisierung und Wiederholung». In: *Psyche*, Jg. 44, 1990, S. 133–143
Davidson, J. / Foa, E (Eds.): *Posttraumatic Stress Disorder: DSM-IV and beyond*. Washington: APA-Press 1993
Decken, Godele von der: *Emanzipation auf Abwegen. Frauenkultur und Frauenliteratur im Umkreis des Nationalsozialismus*. Frankfurt / M.: Athenäum 1988
Devereux, Georges: *Angst und Methode in den Verhaltenswissenschaften*. München: Hanser 1967
Diner, Dan: «Vorwort des Herausgebers». In: ders. (Hg.): *Zivilisationsbruch. Denken nach Auschwitz*. Frankfurt / M.: Fischer 1988, S. 7–14
Domarus, Max (Hg.): *Hitler, Reden und Proklamationen*. Band I: Triumph. München: Süddeutscher Verlag 1965
Eckstaedt, Anita: *Nationalsozialismus in der ‹zweiten Generation›. Psychoanalyse von Hörigkeitsverhältnissen*. Frankfurt / M.: Suhrkamp 1989
Edvardson, Cordelia: *Die Welt zusammenfügen*. München, Wien: Hanser 1989
Ehlert, M. / Lorke, B.: «Zur Psychodynamik der traumatischen Reaktion». In: *Psyche* 1988, 47, S. 502–532
Eickhoff, Friedrich-W.: «Über das ‹unbewußte entlehnte Schuldgefühl›. Einige fallbezogene Nachgedanken zum 34. Kongreß der IPV in Hamburg». In: D. Juelich (Hg.): *Geschichte als Trauma. Festschrift für Hans Keilson zu seinem 80. Geburtstag*. Frankfurt / M.: Nexus 1991, S. 49–58
Eissler, Kurt: «Die Ermordung von wievielen seiner Kinder muß ein Mensch symptomfrei ertragen können, um eine normale Konstitution zu haben?» In: *Psyche* 1963, 17, S. 241–261
Erikson, Erik H.: «Die Legende von Hitlers Kindheit». In: H. Dahmer (Hg.): *Analytische Sozialpsychologie*. Frankfurt / M.: Suhrkamp 1980, S. 257–281 (Orig. 1942; 1950)
Fest, Joachim: *Hitler. Eine Biographie*. Frankfurt / M., Berlin: Ullstein 1987 (Orig. 1973)
Freud, A.: «Comments on Trauma». In: S. Furst (Ed.) *Psychic Trauma*. New York: Basic Books 1977
Freud, A. / Burlingham, D.: *Children and War*. New York 1943
Freud, Sigmund: «Massenpsychologie und Ichanalyse». In: *GW* XIII, Frankfurt / M.: Fischer
Freud, Sigmund: *Gesammelte Werke*. Frankfurt / M. 1950
Friedländer, Saul: *Kitsch und Tod. Der Widerschein des Nazismus*. München: dtv 1984
Fromm, Erich: *Anatomie der menschlichen Destruktivität*. Reinbek: Rowohlt 1977
Fromm, Erich: *Arbeiter und Angestellte am Vorabend des Dritten Reiches. Eine sozialpsychologische Untersuchung*. München: dtv 1980
Goldhagen, Daniel Jonah: *Hitlers willige Vollstrecker. Ganz gewöhnliche Deutsche und der Holocaust*. Berlin: Siedler 1996
Göring, Matthias Heinrich: «Die nationalsozialistische Idee in der Psychotherapie». In: ders. (Hg.): *Deutsche Seelenheilkunde*. Leipzig: Hirzel 1934, S. 11–16
Greifenhagen, Martin: *Das Dilemma des Konservatismus in Deutschland*. Frankfurt / M.: Suhrkamp 1986

Grieswelle, Detlev: *Propaganda der Friedlosigkeit. Eine Studie zu Hitlers Rhetorik 1920–1933.* Stuttgart: Ferdinand Enke 1972

Grubrich-Simitis, I.: «Extremtraumatisierung als kumulatives Trauma». In: *Psyche* 1979, 33, S. 991–1023

Habermas, Jürgen: «Eine Art Schadensabwicklung». In: *«Historikerstreit»*. München: Piper 1987, S. 62–76

Haeberlin, Carl: «Die Bedeutung von Ludwig Klages und Hans Prinzhorn für die deutsche Psychotherapie». In: M. H. Göring (Hg.): *Deutsche Seelenheilkunde.* Leipzig: Hirzel 1934, S. 38–51

Haffner, Sebastian: *Anmerkungen zu Hitler.* Frankfurt/M.: Fischer 1991 (Orig. 1978)

Hardtmann, Gertrud: «Spuren des Nationalsozialismus bei nicht-jüdischen Kindern, Jugendlichen und ihren Familien». In: R. Cogoy et al. (Hg.): *Erinnerung einer Profession. Erziehungsberatung, Jugendhilfe und Nationalsozialismus.* Münster: Votum 1989, S. 231–240

Hardtmann, Gertrud: «Die Schatten der Vergangenheit». In: S. Bergmann et al. (Hg.): *Kinder der Opfer. Kinder der Täter.* Frankfurt/M.: Fischer 1995, S. 239–264

Haritos-Fatouros, Mika: «Die Ausbildung des Folterers. Trainingsprogramme der Obristendiktatur in Griechenland». In: J. P. Reemtsma (Hg.): *Folter: zur Analyse eines Herrschaftsmittels.* Hamburg: Junius 1991, S. 73–90

Hattingberg, Hans von: «Neue Richtung, neue Bindung». In: M. H. Göring (Hg.): *Deutsche Seelenheilkunde.* Leipzig: Hirzel 1934, S. 98–107

Haug, Wolfgang Fritz: *Vom hilflosen Antifaschismus zur Gnade der späten Geburt.* Berlin: Argument 1993

Heer, H./Naumann, K.: *Vernichtungskrieg. Verbrechen der Wehrmacht 1941–1945.* Hamburg: Hamburger Edition 1995

Heitmeyer, Wilhelm et al.: *Die Bielefelder Rechtsextremismus-Studie. Erste Langzeituntersuchung zur politischen Sozialisation männlicher Jugendlicher.* Weinheim/München: Juventa 1992

Hillgruber, Andreas: *Zweierlei Untergang. Die Zerschlagung des Deutschen Reiches und das Ende des europäischen Judentums.* Berlin: Siedler 1986

Hitler, Adolf: *Mein Kampf.* München: Eher 1938

Horkheimer, Max/Adorno, Theodor W.: *Dialektik der Aufklärung.* Frankfurt/M.: Fischer 1969 (Orig. 1947)

Höss, Rudolf: *Kommandant in Auschwitz. Autobiographische Aufzeichnungen.* München: dtv 1963

Jaeckel, Eberhard: *Hitlers Weltanschauung.* Stuttgart: Deutsche Verlagsanstalt 1986

Jahnke, K.-H.: *Hitlers letztes Aufgebot. Deutsche Jugend im sechsten Kriegsjahr 1944/1945.* Essen: Klartext-Verlag 1995

Juelich, Dierk (Hg.): *Geschichte als Trauma. Festschrift für Hans Keilson zu seinem 80. Geburtstag.* Frankfurt/M.: Nexus 1991

Jünger, Ernst: «Der Kampf als inneres Erlebnis». In: *Sämtliche Werke* Band 7, Stuttgart 1980 (Orig. 1922)

Jung, Carl Gustav: «Wotan». In: *Aufsätze zur Zeitgeschichte.* Zürich: Rascher 1946, S. 1–24

Kemper, Werner W.: «Selbstdarstellung». In: L. J. Pongratz (Hg.): *Psychotherapie in Selbstdarstellungen*. Bern: Hans Huber 1973, S. 259–345

Kershaw, Ian: *Der Hitler-Mythos. Volksmeinung und Propaganda im Dritten Reich*. Stuttgart: Deutsche Verlagsanstalt 1980

Kestenberg, Judith S.: «Vorwort zur deutschen Ausgabe». In: M. Bergmann et al. (Hg.): *Kinder der Opfer. Kinder der Täter*. Frankfurt / M.: Fischer 1995, S. 9–22

Kestenberg, Judith S.: «What a Psychoanalyst Learned from the Holocaust and Genocide». In: *Int. J. Psychoanal.* 1993, 74, S. 1117–1129

Kleinmann, A.: *Patients and Healers in the Kontext of Culture*. Berkeley: Univ. of California Press 1980

Koonz, Claudia: *Mothers in the Fatherland. Women, the Family and Nazi Politics*. London: Methuen 1988

Kotze, Hildegard von / Krausnick, Helmut: *«Es spricht der Führer». 7 exemplarische Hitler-Reden*. Gütersloh: Sigbert Mohn 1966

Langer, Walter C.: *Das Adolf-Hitler-Psychogramm. Eine Analyse seiner Person und seines Verhaltens*. Wien – München – Zürich: Molden 1973

Lanzmann, Claude: *Shoah*. München: dtv 1988

Lifton, R.: «Home from the War. The Psychology of Survival». *At Monthly*, November 1972, S. 17

Lifton, R.: *Death in Life*. New York: Touchstone 1977

Lifton, R.: *The Broken Connection*. New York: Touchstone 1979

Lockot, Regine: *Erinnern und Durcharbeiten. Zur Geschichte der Psychoanalyse und Psychotherapie im Nationalsozialismus*. Frankfurt / M.: Fischer 1985

Lohmann, Hans-Martin (Hg.): *Extremismus der Mitte. Vom rechten Verständnis deutscher Nation*. Frankfurt / M.: Fischer 1994

Maas, Utz: *«Als der Geist der Gemeinschaft eine Sprache fand». Sprache im Nationalsozialismus. Versuch einer historischen Argumentationsanalyse*. Opladen: Westdeutscher Verlag 1984

Mann, Thomas: *Betrachtungen eines Unpolitischen*. Frankfurt / M.: Fischer 1956 (Orig. 1919)

Mann, Thomas: «Gedanken im Kriege». In: ders.: *Essays*, Band 2: *Politik*. Frankfurt / M.: Fischer 1977 (Orig. 1914)

Marsella, A. J. et al.: *Amidst Peril and Pain. The Mental Health and Well-Being of the World's Refugees*. Washington: APA 1994

Maschmann, Melita: *Fazit. Mein Weg in der Hitler-Jugend*. München: dtv 1979 (Orig. 1963)

Massiczek, Albert: *Ich war Nazi. Faszination – Ernüchterung – Bruch; ein Lebensbericht*. Wien: Junius 1988

Meckel, Christoph: *Suchbild. Über meinen Vater*. Düsseldorf: Claasen 1980

Mennecke, Friedrich: *Innenansichten eines medizinischen Täters im Nationalsozialismus. Briefe eines ‹Euthanasiearztes› an seine Frau (1935–1944)*, 2 Bände. Hamburg: Hamburger Institut für Sozialforschung 1987

Miserez, D.: *Refugees: The Trauma of Exile*. Dordrecht: Nijhoff 1988

Mitscherlich, Alexander und Margarete: *Die Unfähigkeit zu trauern*. München, Zürich: Piper 1977

Mommsen, Hans: «Neues Geschichtsbewußtsein und Relativierung des Nationalsozialismus». In: ders.: «*Historikerstreit*». München: Piper 1987, S. 174–188

Mommsen, Hans: *Der Nationalsozialismus und die deutsche Gesellschaft. Ausgewählte Aufsätze*. Reinbek: Rowohlt 1991

Mommsen, Hans: «Die Realisierung des Utopischen: Die ‹Endlösung der Judenfrage› im ‹Dritten Reich›». In: ders.: *Der Nationalsozialismus und die deutsche Gesellschaft. Ausgewählte Aufsätze*. Reinbek: Rowohlt 1991, S. 184–232

Mommsen, Hans: «Nationalsozialismus als vorgetäuschte Modernisierung». In: ders.: *Der Nationalsozialismus und die deutsche Gesellschaft. Ausgewählte Aufsätze*. Reinbek: Rowohlt 1991, S. 405–436

Moser, Tilman: «Übertragung und Inszenierung. Der therapeutische Zugang zu geschichtlichen Katastrophen». In: K. Bell / K. Höhfeld (Eds.): *Psychoanalyse im Wandel*. Psychosozial-Verlag, Gießen 1995, S. 56–67

Moser, Tilman: *Dämonische Figuren. Die Wiederkehr des Dritten Reiches in der Psychotherapie*. Frankfurt / M.: Suhrkamp 1996

Mosse, George L.: *Der nationalsozialistische Alltag*. Meisenheim: Anton Hain 1993

Müller, Hans-Harald: *Der Krieg und die Schriftsteller: der Kriegsroman der Weimarer Republik*. Stuttgart: Metzler 1986

Müller, Senya: *Sprachwörterbuch im Nationalsozialismus. Die ideologische Beeinflussung von Duden, Sprach-Brockhaus und anderen Nachschlagewerken während des «Dritten Reichs»*. Stuttgart: M und P Verlag für Wissenschaft und Forschung 1994

Müller-Hohagen, Jürgen: «Folgen und Spätfolgen des Nationalsozialismus in Beratung und Psychotherapie». In: R. Cogoy et al. (Hg.): *Erinnerung einer Profession. Erziehungsberatung, Jugendhilfe und Nationalsozialismus*. Münster: Votum 1989, S. 241–249

Müller-Hohagen, Jürgen: «Komplizenschaft über Generationen». In: H. Welzer (Hg.): *Nationalsozialismus und Moderne*. Tübingen: edition diskord 1993, S. 26–60

Niethammer, Lutz / Plato, Alexander von (Hg.): *«Wir kriegen jetzt andere Zeiten». Auf der Suche nach der Erfahrung des Volkes in nachfaschistischen Ländern*. Berlin, Bonn: Dietz 1985

Nolte, Ernst: «Zwischen Geschichtslegende und Revisionismus». In: «*Historikerstreit*». München: Piper 1987, S. 13–35

Peukert, Detlev: *Volksgenossen und Gemeinschaftsfremde. Anpassung, Ausmerze und Aufbegehren unter dem Nationalsozialismus*. Köln: Bund 1982

Radkau, Joachim: «Die singende und die tote Jugend. Der Umgang mit Jugendmythen im italienischen und deutschen Faschismus». In: Th. Koebner et al.: «*Mit uns zieht die neue Zeit*». *Der Mythos Jugend*. Frankfurt / M.: Suhrkamp 1985, S. 97–127

Reemtsma, Jan Philipp (Hg.): *Folter: zur Analyse eines Herrschaftsmittels*. Hamburg: Junius 1991

Reich, Wilhelm: *Die Massenpsychologie des Faschismus*. Köln: Kiepenheuer & Witsch 1986 (Orig. 1930)

Reichel, Peter: *Der schöne Schein des Dritten Reiches. Faszination und Gewalt des Faschismus*. München / Wien: Hanser 1991

Ringer, Fritz: *Die Gelehrten. Der Niedergang der deutschen Mandarine 1890–1933*. München: dtv 1987 (Orig. 1969)
Rottgardt, Elke: *Elternhörigkeit. Nationalsozialismus in der Generation danach. Eltern-Kind-Verhältnisse vor dem Hintergrund der nationalsozialistischen Vergangenheit*. Hamburg: Verlag Dr. Kovac 1993
Salomon, Ernst von: «Der verlorene Haufe». In: E. Jünger (Hg.): *Krieg und Krieger*. Berlin: Junker und Dünnhaupt 1930
Salomon, Ernst von: *Die Geächteten*. Reinbek: Rowohlt 1986 (Orig. 1929)
Schäfer, Hans Dieter: *Das gespaltene Bewußtsein. Deutsche Kultur und Lebenswirklichkeit 1933–1945*. Frankfurt/M., Berlin, Wien: Ullstein 1981
Schäfer, Hans Dieter: *Berlin im Zweiten Weltkrieg. Der Untergang der Hauptstadt in Augenzeugenberichten*. München, Zürich: Piper 1985
Schmidt, Helmut et al.: *Kindheit und Jugend unter Hitler*. Berlin: Siedler 1992
Seesslen, Georg: «Kontinuität und Verdrängung. Das Überleben von Nazi-Klischees in der BRD». Vortrag Schwanberg 1995
Seesslen, Georg: *Tanz den Adolf Hitler. Faschismus in der populären Kultur*. Berlin: Bittermann, edition Tiamat 1994
Segev, Tom: *Die Soldaten des Bösen. Zur Geschichte der KZ-Kommandanten*. Reinbek: Rowohlt 1992
Sereny, Gitta: *Das Ringen mit der Wahrheit. Albert Speer und das deutsche Trauma*. München: Kindler 1995
Shatan, C. F.: «‹Zivile› und ‹militärische› Realitätswahrnehmung. Über die Folgen einer Absurdität». *Psyche* 1981, 35, S. 557–572
Shay, J.: *Achill in Vietnam. Kampftrauma und Persönlichkeitsverlust*. Aus dem Amerikanischen von Klaus Kochmann. Hamburger Edition 1998
Shengold, L.: *Seelenmord. Die Auswirkungen von Mißbrauch und Vernachlässigung in der Kindheit*. Frankfurt (Brandes) 1995
Simenauer, Erich: «Die zweite Generation – danach. Die Wiederkehr der Verfolgermentalität in Psychoanalysen». In: *Jahrbuch der Psychoanalyse. Beiträge zur Theorie und Praxis*, Bd. XII. Bern, Stuttgart, Wien: Hans Huber 1981, S. 8–17
Sofsky, Wolfgang: *Die Ordnung des Terrors: Das Konzentrationslager*. Frankfurt/M.: Fischer 1993
Sommer, Th. (Hg.): «Gehorsam bis zum Mord. Der verschwiegene Krieg der deutschen Wehrmacht». *Zeit-Punkte* Nr. 3/1995
Speer, Albert: *Spandauer Tagebücher*. Frankfurt/M., Berlin, Wien: Ullstein 1978
Speer, Albert: *Erinnerungen*. Frankfurt/M., Berlin: Ullstein 1990 (Orig. 1969)
Speier, Samy: «Der ges(ch)ichtslose Psychoanalytiker – die ges(ch)ichtslose Psychoanalyse». In: B. Heimannsberg/Ch. J. Schmidt (Hg.): *Das kollektive Schweigen: Nazivergangenheit und gebrochene Identität in der Psychotherapie*. Heidelberg: Asanger 1988, S. 13–24
Stern, J. P.: *Hitler. Der Führer und das Volk*. München: Hanser 1981
Sternheim-Peters, Eva: *Die Zeit der großen Täuschungen*. Bielefeld: Verlag Wissenschaft und Politik 1992
Streeck-Fischer, Annette: «‹Geil auf Gewalt›». In: *Psyche* 8, 46. Jg. 1992, S. 745–768
Tenner, Franziska: *Ehre, Blut und Mutterschaft. Getarnt unter Nazi-Frauen heute*. Berlin: Aufbau-Verlag 1994

Theweleit, Klaus: *Männerphantasien*. Bde. I, II. Frankfurt / M.: Stroemfeld / Roter Stern 1977 / 78
Trilling, Lionel: *Das Ende der Aufrichtigkeit*. Frankfurt / M.: Fischer 1989 (Orig. 1972)
Vogt, Rolf: «Warum sprechen die Deutschen nicht?» In: *Psyche* 10 / 1986, S. 896–902
Westernhagen, Dörte von: *Die Kinder der Täter. Das Dritte Reich und die Generation danach*. München: Kösel 1987
Wilson, J., Raphael, B. (Eds.): *International Handbook of Traumatic Stress Syndromes*. New York: Plenum Press 1993
Winkler, Lutz (Hg.): *Antifaschistische Literatur. Programme Autoren Werke*. Kronberg / Ts.: Scriptor Verlag 1977
Wirth, Hans Jürgen: «‹Voll auf Haß›. Zur Psychoanalyse des Ressentiments am Beispiel der Skinheads». In: psychosozial 12, Heft 40, S. 80–92
Young, James Edward: *Beschreiben des Holocaust. Darstellung und Folgen der Interpretation*. Frankfurt / M.: Jüdischer Verlag 1992

■ Judith Kestenberg hat vorgeschlagen, bei den Kindern der Traumatisierten von sozusagen «verschärften» Formen der Identifizierung auszugehen, für die sie den Begriff der «Transposition» vorschlägt. Daran ist die Nähe zum Übertragungsbegriff (engl. Transference) problematisch. Vielleicht hängen diese und andere Begriffsneubildungen mit dem ebenso begreiflichen wie unerfüllbaren Wunsch zusammen, eine eigene Sprache (oder Sprachlosigkeit, wie in Adornos «Verbot» der Lyrik nach Auschwitz) zu erfinden, welche der Singularität der Grausamkeiten des Holocaust entspricht.

■ Diese Existenz «im Schatten» des größeren und grausameren Diktators hat wohl auch dazu geführt, daß Mussolini nach wie vor in Italien auch öffentlich verehrt wird. Besonders beliebt ist ein Papst-Zitat, in dem ihn Pius XII. als «Mann der Vorsehung» feierte; einen kritischeren, aber gleichzeitig verniedlichenden Satz habe ich von dem Journalisten Paulo Pavolini gehört: «Mussolini ist der Affe, der dem Löwen den Käfig aufgemacht hat!»

■ Vgl. Heribert Prantl (Hg.), *Wehrmachtsverbrechen. Eine deutsche Kontroverse*. Hamburg (Campe) 1997 sowie die Dokumentation von Hannes Heer und Klaus Naumen: *Vernichtungskrieg. Verbrechen der Wehrmacht 1941–1944*. Hamburg: HIS 1995

■ Symposion «Heimatgedanken» im Jüdischen Museum Wien, 26. 2. bis 1. 3. 1995, Konzept: Joachim Riedl

■ H. Keilson, *Sequentielle Traumatisierung bei Kindern*. Stuttgart: (Enke) 1979

■ «Sie waren nicht in ihrer intellektuellen Entwicklung beeinträchtigt, wohl aber in ihrer sozialen Selbständigkeit, und sie blieben gewissermaßen zeitlebens in einer kindlichen Weise abhängig», faßt Lempp zusammen. Vgl. R. Lempp, «Die Wandlungen der Spätfolgen nach Verfolgungstraumen im Kindesalter», in: Dirk Juelich (Hg.), *Geschichte als Trauma*, Frankfurt / M. (Nexus) 1991, S. 38

■ Über den Mangel an «Brückensymptomen» siehe auch Lempp, Die Wandlungen der Spätfolgen nach Verfolgungstraumen im Kindesalter, in: Dirk Juelich (Hg.), *Geschichte als Trauma*. Frankfurt / M. (Nexus) 1991, S. 40

■ Barbara Vogt-Heyer, «Einige Gedanken zur deutschen Wiedergutmachung», in: Dirk Juelich (Hg.), *Geschichte als Trauma*. Frankfurt / M. (Nexus)

1991, S. 62. Vgl. a. Ch. Pross, *Wiedergutmachung. Der Kleinkrieg gegen die Opfer.* Frankfurt / M. (Athenäum) 1988
- Kurt Eisslerin: *Psyche* 1963, 17, S. 241–261
- W. G. Niederland, *Folgen der Verfolgung. Das Überlebenden-Syndrom. Seelenmord.* Frankfurt / M. (Suhrkamp) 1980
- Ähnliche Erfahrungen mit traumatisierten Patienten berichtet auch M. Ehlert-Balzer: «Nach meiner Erfahrung gibt es einen traumaspezifischen Widerstand gegen das Coucharrangement. Viele Patienten erkennen in diesem ... unmittelbar das Ausgeliefertsein in der traumatischen Situation ...» M. Ehlert-Balzer, «Das Trauma als Objektbeziehung», in: *Forum Psychoanalyse* (1996), 12, S. 307
- Der Therapeut versucht in dieser Situation fast zwangsläufig, sich als jemanden darzustellen, der ganz gewiß das Trauma nicht wiederholen wird – bei einer vergewaltigten Frau deklariert etwa der Psychologe, er sei zu «so etwas» ganz bestimmt nicht fähig, die Therapeutin solidarisiert sich «unter uns Frauen». Solche Manöver dienen, wie Ehlert-Balzer feststellt, dem Ziel, Rollenangeboten auszuweichen, die den nichttraumatisierten Helfer in die Nähe des sadistischen Verfolgers (des Täters) oder in die der verweigernden Elterngestalten rücken – der Eltern, die das Kind nicht beschützt, sondern dem Täter ausgeliefert haben. Ehlert-Balzer, a. a. O., S. 308
- So wird der böse Blick in Italien genannt.
- *Die Zeit* Nr. 13, 21. 3. 1997, S. 72
- Dörte von Westernhagen, *Die Kinder der Täter.* München (Kösel) 1987, berichtet über ähnliche Äußerungen ihres Vaters. Sie stehen für einen Versuch, die zum Regime erstarrte nationalsozialistische Bewegung mit ihren eigenen Mitteln zu erneuern. Gegen den «größten Feldherrn aller Zeiten» tritt wieder der verwundete und enttäuschte Obergefreite von 1918 an.
- Daß KZ-Überlebende ihre Kinder im Streit als «kleinen Hitler» oder «schlimmer als Hitler» entwerten, wird oft beschrieben.
- Auch diese Position kenne ich aus Berichten meiner Mutter über Äußerungen meines Vaters aus dem Rußlandfeldzug: «Die Russen haben die Wehrmacht als Befreier begrüßt. Wenn uns nicht die SS durch ihre Schikanen und Deportationen alles kaputt gemacht hätte, wären wir mit Stalin fertig geworden.» Aber bereits im April 1941 wurden sämtliche Generalstabsoffiziere bis hinunter zu den Divisionen instruiert, mit SS und SD zusammenzuarbeiten und das Rechtsempfinden den Kriegsnotwendigkeiten unterzuordnen.
- Das CSU-Parteiblatt *Bayernkurier* spricht von einem moralischen Vernichtungsfeldzug gegen das deutsche Volk, zit. n. *Die Zeit* 13, 21. 3. 1997, S. 48
- *Die Zeit* 13, 21. 3. 1997, S. 48
- *Süddeutsche Zeitung*, 21. 3. 1997, S. 10
- Leserbrief von U. Höppner, *Die Zeit* Nr. 13, 21. 3. 1997, S. 72
- Daniel J. Goldhagen, amerikanischer Politologe, Autor des Buches *Hitlers willige Vollstrecker*, Berlin (Siedler) 1996
- Jan Ph. Reemtsma, Gründer des Hamburger Instituts für Sozialforschung, das die Ausstellung konzipiert hat, ist allerdings nicht Soziologe, sondern Germanist.
- Theo Sommer, Mitherausgeber der *Zeit*
- *Die Zeit* Nr. 13, 21. 3. 1997, S. 72

Register

Erstellt von Dr. Barbara Gerber

Abkapselung von Kindern Traumatisierter 312
Abneigung gegen Nähe und Zärtlichkeit 92, 93
Abraham, Karl 180
Abstinenzverletzungen, sexuelle 235
Abtreibung und Waschzwang 216, 217
Abwehrmechanismen 298
Abwehrmechanismen, normale 23
Abwehrstrukturen, posttraumatische 71
Aggression der Umwelt 96
Aggressionsproblem in der Verarbeitung des Not-Matriarchats 263, 264
Aggressionsunterdrückung 92
Aggressiv-gereizte Verstimmung 104
Agoraphobie 99
Alkohol 245
Alterungsprozeß, normaler 124
Alterungsprozeß, psychischer 52
Ambivalenz der Elternbeziehung 132, 134
Ambivalenz des sozialen Fortschritts 85
Améry, Jean 118
Amphetamine 246
Anders, Günter 146
Angehörige der «zweiten Generation» 25
Angst vor Entwertung 10
Angstzustände 11, 106
Ängste und Depressionen, posttraumatische 84

Anpassung, fixierte, an die Alarmreaktionen der Kampfsituation 92
Antikriegsromane 64
Antikriegsromane 64
Apathie und Hemmung 104
Aphonie, hysterische 141
Arbeitswut 283
Asymmetrie in der Heilung körperlicher und seelischer Traumatisierungen 85
Atrophie 67, 68
Aufgabe einer analytischen Therapie 46
Aufmerksamkeit, überhitzte 13
Ausbildung, militärische 161, 164
Ausgebranntsein bei traumatisierten Individuen 101
Auslösbarkeit traumatischer Zwangs-Erinnerungen 99
Ausmaß der traumatischen Schäden 112, 113
Äußerung von Gefühlen, behinderte 93
Ausstellung über «Verbrechen und Wehrmacht» 308, 315
Autisten 100
Autonomie, verfrühte 202

Baeyer, Walter von 66
Bagatellisierung des Traumas 181, 182, 183
Bastian, Till 141
Bauer, Franz J. 205
Begegnung mit Tod, Krankheit und Behinderung 124

Begeisterung 13
Behandlung, lieblose, traumatisierter Kinder 82
Belagerungsmentalität 92
Ben Akiba 147
Berlin, Irving 136
Bernfeld, Siegfried 179
Beschleunigung des normalen Alterungsprozesses bei Kriegsopfern 125, 126
Beschwerden, diffuse vegetative 283
Betäubungs- und Ablenkungszwänge 71
Bettelheim, Bruno 125
Bewältigung körperlicher Traumen 72
Bewältigungsform des Traumas mit Elementen einer Regression 194, 195, 196, 200, 201
Bewunderung 13
Bilden, Helga 188
Bilder, traumatische 99
Boorda, Jeremy 90, 91
Borderline-Persönlichkeitsstörung 73, 199, 226, 228, 229, 230, 231
«Böser Blick» 295, 296
Botulismus 170
Breuer, Stefan 151, 152, 153, 154
Brockhaus, Gudrun 157, 188, 241
Buddhist 28

Carnegie, Dale 256
Chomaini, Ajatollah 168
CIA 167
Cronin, A. J. 67

Dämonisierung Hitlers 311
Darstellungen des Krieges, literarische 61, 62, 63, 64
Deformation, militärische, der Persönlichkeit 87
Denken, adoleszentes 326
Depression, Modell der 72
Depressionen 11
Depressionen der Mutter 33, 34
Depressionen und Angstzustände bei Opfern der NS-Verfolgung 284
Deserteure 184, 185, 318, 319, 324

Desidentifizierung 271
Diagnostic and Statistical Manual of Mental Disorders (DSM) 97
Dialektik der narzisstischen Selbstjustiz 74
Dietrich 28
Dissidenz, provokante 271
DP (Displaced Persons)-Lager 131
Dregger, Alfred 316, 318
Duesburg, R. 49
Durchbrüche, sadistische, im Verhalten Traumatisierter 307, 308
Dürer, Albrecht 27

Ehlert-Balzer, M. 291, 294
Einfühlung Dritter bei der Trauma-Bewältigung 76
Einfühlungsarmut unter dem Druck von Not-Matriarchat und Traumatisierung 256, 257
Einkapselung der Vergangenheit 93
Einseitigkeit des klinischen Blicks 24
Eissler, Kurt 165, 285, 286
Eksteins, Modris 53, 54, 58, 63, 175, 178
Elektro-Therapie 141
Elemente, regressive, beim Militär 86
Endorphine 100
Entdifferenzierung des Denkens 323
Entfremdungen, traumatische 163
Entidealisierungsprozesse der Pubertät 312, 314
Entwertungshaltungen 248
Epstein, Helen 129, 134, 137, 228
Erdheim, Mario 88
Ereignis, traumatisches 98
Erfahrungen, traumatische, mit traumatisierten Vätern 44
Erikson, Erik H. 154
Erinnern oder Vergessen der traumatischen Erfahrungen 121, 122
Erinnerung des KZ-Überlebenden 23
Erregbarkeit, übermäßige 100
Ersatzpartner (Partnerersatz) 15, 204
Erschöpfungsdepression 51
Erschöpfungssyndrom 51
Es-Projektionen 44

Familien, beschädigte 253, 254, 255
Familien der Kriegsheimkehrer 71
Faschismus, Faszination des 156, 157
Faschismus, Folgen des 225, 226
Feminisierung, untergründige 89
Ferenczi, Sándor 60, 175, 176, 182, 186
Finke, Karl 299
Fisher, H. A. L. 63
Fixierung an die Mutter 201
«flashbacks» 71, 92, 99
«Flensburger Urteil» 297, 298
Folgen, psychische, bei extrem Traumatisierten 103, 104, 105
Folter 118
Frank, Niklas 22
Frau, selbstunsichere (vaterdeprivierte) 235, 236
Freud, Sigmund 73, 85, 126, 138, 140, 142, 173, 174, 175, 176, 177, 178, 180, 181, 182, 186, 187, 234, 243
Friedman, Matthew 98, 99
«friendly fire» 160, 171
Frontkoller 61
Führung, doppelte, der zwangsverpflichteten Soldaten 142

Ganghofer, Ludwig 177
Geduld 92
Gegenübertragung 289, 290, 291, 292, 293, 294, 301
Genozid der Roten Khmer 98, 101
Gesellschaften, urtümliche 158
Gesprächsführung mit Traumatisierten, Regeln zur 325, 326, 327, 328, 329
Gestapo 118, 270
Gläser, Gudrun 233
Goldhagen, Daniel Jonah 322
Golfkrieg 160, 168, 169, 171, 190
«Golfkriegs-Syndrom» 170
Grabenkrieg 160
«Grabenschock» 73
Grenzüberschreitungen des Soldaten 86
Grenzziehung zwischen Krankheit und Gesundheit 72, 73

Grinker, Roy R. 227
Größenphantasie 71
Grundausbildung der Marines 89, 90
Grundlage, sozialpsychologische, der Traumatisierungen moderner Kriege 174, 175

Häfner, Heinz 66
Halluzinogene 219
Haltung, gereizt-mißmutige 71
Haltung zum Traumatisierten 302
Haschisch 246
Haß, späterer 13
Heer, Hannes 272
Heimatverlust 81
Heimkehrer 12, 51, 87, 92, 93, 100, 153, 154, 172, 173, 190
Heimkehrerehe 191, 192, 197, 202, 203, 210, 212, 213
Heraklit 9
Hitler, Adolf 154, 155, 156, 182, 270
Holocaust 21, 98, 269
Höppner, U. 320
Höß, Rudolf 117
Hug, Brigitta 89
Hussein, Saddam 168
Huxley, Aldous 220
Hypnose, analytisch-katharthische 186, 187

Ichkonflikt bei Kriegsneurosen 174, 175, 176, 178
Idealisierung 10, 134, 198, 226, 237, 283, 312, 324
Idealisierung von Krieg und Kampf 71, 144, 145, 146, 147, 149, 150, 151, 156
Idealisierung des Vaterlandes 179
Identifikation mit dem Aggressor 89, 96, 153, 222, 269, 306
Identifikation mit Täter und Opfer 272
Identifizierung, instabile 14
Impulse, sadistische 47, 48
Integration des Traumatisierten 71
International Statistical Classification of Diseases and Related Health Problems (ICD) 97

Jack, Oberstleutnant 58
Jaranson, James 98, 99
Jauregg, Julius Ritter Wagner von 141
Jeremias 129
Jesus 109
Jones, Ernest 176, 183, 186
Juelich, Dirk 282
Jünger, Ernst 54, 60, 62, 123, 124, 144, 145, 146, 147, 148, 149, 150, 151, 152, 154
Jünger, Friedrich Georg 152

Kampf als «inneres Erlebnis» 147, 148
Kampf, ritterlicher 158, 159
Kampf-Anpassung, verselbständigte 92, 93
Kampfgrundausbildung 88
Kämpfe zwischen den Generationen 314, 315
Kapitulation im Krieg 162
Kapos 109
Keegan, John 43, 140, 159, 163, 166, 175
Keilson, Hans 280
Kernberg, Otto F. 227
Kestenberg, Judith 269
Keupp, Heiner 188
«Kinder des Holocaust» 22
Kinder, mißbrauchte 74
Kinder der KZ-Überlebenden 129, 130, 131, 132, 133, 134, 135, 136, 137, 228
Kinder traumatisierter Eltern 288, 289
Kinder der Soldaten der Wehrmacht 129, 130
Kinder der Täter 22, 138
Kinder der zweiten und dritten Generation 46
Kindheitssituation 15
Kisker, Karl Peter 66
Kister, Kurt 91
Kontaktprobleme 11
«konservative Revolution» 151, 152, 153
Konversionssymptome 140
Köppen, Edlef 62

Kränkung, brutale 13
Kreisler, Fritz 61
Kreisman, Jerold J. 227
Krieg zwischen Irak und Iran 167, 168
Kriege, industrialisierte 159, 162
Kriegsbegeisterung 179, 180
Kriegsfolgen 15
Kriegsneurotiker, rücksichtslose Behandlung der 141
Kriegsneurosen, veränderte Einstellung zu den 143
Kriegstrauma 15, 55, 56, 155
Kritik, bösartige 13
KZ-Mörder / Täter 22, 23, 116, 117
KZ-Überlebende / Opfer 23, 74, 84, 103, 104, 105, 107, 108, 109, 110, 111, 112, 113, 114, 115, 116, 118, 119, 120, 121, 310
KZ-«Unternehmer» 22

Lawrence, T. E. 189
Lebensgefühl der vorindividualistischen Zeit 84
Lebenslust, provozierende 14
Leed, Eric 153
Leere, innere 73
Leerstelle als Folge väterlicher Traumatisierung 44
Lempp, Reinhard 282, 283, 284
Levi, Primo 20, 61, 107, 108, 111, 112, 115, 116, 117, 118, 119, 120, 123
Lifton, Robert 100
Lofty Kind 165
Loslösungsversuche, manische 135
LSD 219, 246
Lukas 109

Malaria-Therapie bei Spätsyphilis 141
Mandelbaum-Reiner, Françoise 273, 274, 275, 279
Mängel im männlichen Selbstbewußtsein 201
Mann, Thomas 64
Markus 109
Marsella, Anthony J. 99, 101, 102

Marshal, S. L. A. 142
Matthäus 109
Matussek, Paul 70, 99, 103, 105, 111, 130
Meskalin 219
Miller, Alice 154
Milzbrand 170
Modena, E. 181, 187
Moischl 114
Mollica, R. 101
Mosnaim, A. 100
Müller-Braunschweig 187
«Muselmann» 19, 69, 109, 110, 112, 128
Mussolini, Benito 270
Mythologie des «Dolchstoßes» 151, 156
Mythos von der «anständigen» Wehrmacht 272

Näheangst 11, 12, 13
Näheangst-Syndrom 282
Naturgesetz der Reizsumme 48
Naumann, Klaus 272
Neid 294, 295, 299, 300
Neuinszenierung der Vater-Tochter-Beziehung 15
Nickels, Christa 308, 324
Niederland, William G. 286, 287
Niekisch, Ernst 152
Not-Matriarchat 253, 256, 258, 259
NSDAP 313, 318

Ödipus-Komplex 254
Ödipus-Mythos 165
Omnipotenz, überlastete, der Mutter 19
Opfer von Folter und Vergewaltigung 74
Orden 91

Papke, Sven 180
paranoid 100, 172
Pasett, P. 181, 187
Patton, General 142, 143
Pavolini, Paulo 270
«Pelzkragen-Geschichte» 26, 27, 44, 45

Persönlichkeitsstruktur, veränderte 45
Peukert, Detlev 117
Phantasieverlust 69
Phase, ödipale 79
Phobie 80
Pius XII. 270
Posttraumatic Stress Disorder (PTSD) 51, 97, 98, 100, 101
Prantl, Heribert 272
Primärpersönlichkeit, labile 156
Projektion 298
Pross, Christian 285
Pseudomännlichkeit 87, 88, 89
Psychoanalyse 11, 13
Psychoanalyse und Krieg 180, 181, 182, 183
Psychoanalyse und Nationalsozialismus 187, 188
Pyridostigminbromid 170
Pythagoreer 28

Qualitäten des Soldaten 320, 321

Radć, Sándor 181
Rakoff, Vivian 130
Ranke-Graves, Robert von 54, 55, 56, 57, 58, 61, 62, 87, 92, 127, 145, 150, 175, 189, 220
Read 175
Reagan, Ronald 309
Reaktionsbildungen und Krieg 156
Realitätsprinzip, militärisches 90
Reemtsma, Jan Philipp 322
Regression 77
Reichel, Peter 117
Reichmayr, Johannes 181, 185
Rein, Hermann 50
Reinszenierung des Traumas zur Wiederherstellung des Selbstgefühls 127
Reizbarkeit, erhöhte 210
Remarque, Erich Maria 61, 62
Renn Ludwig 59, 60, 62
«Rentenneurose» 66, 67, 68
Resignation und Verzweiflung 103
Retraumatisierung 303
Reulecke, Jürgen 117

Riedl, Joachim 273
Risikogruppen für psychische Erkrankungen und Selbstmord 74
Rockefeller, John D. 171
Roheit 14, 60, 80, 231
Rotfront 313
Rothschild-Phänomen 301
Rückkehr des Vaters aus dem Krieg 29, 30, 31, 32
Rücksichtslosigkeit 71
Rücksichtslosigkeit, phallische 210
Rückzug, sozialer 71
Rüstungsindustrie 163, 164

SA 313
Sadismus, verborgener 13
Sarin 171
Sassoon 175
Scheidt, Jürgen von 220
Schepschel 114
Schiller, Friedrich von 84
Schlaflosigkeit 283
Schlafstörungen und nächtliche Alpträume 71
«Schliff», militärischer 86, 87
Schönhuber, Franz 318
Schmerz, blockierter 94
Schneider, Max 50
Schroeder, W. 49
Schuldgefühl, geheimes 14
Schuldgefühl des KZ-Überlebenden 23
Schultz, Johannes Heinrich 183
Schweigen 46, 71, 328, 329
Schwelien, Michael 171
SD 315
Selbständigkeit, verfrühte 14
Selbstbezichtigung Depressiver 67
Selbstgefühl, weibliches und Bemutterung 258
Selbstkontrolle 92
Selbstüberschätzung, hemmungslose 71
Selbstverletzungen 73, 75
Selektion 118, 119, 120
Semprún, Jorge 114, 115
Senfgas 171
«sequentielles Trauma» 281

Shatain, Chaim F. 87, 88, 89, 90, 92, 93, 94, 187
Shaw, Henry 137
Shay, Jonathan 190
«shellshock» 140
Shoah 136, 156
Shorter, Edward 169, 170
Sicherheits- und Leistungsanforderungen, zwanghafte 246
Siegfried 28
Sigal, John 130
Simmel, Ernst 185, 186, 187
Sinn in Leid und Verlust 72
Sofsky, Wolfgang 119
Soldaten im industrialisierten Krieg 74
Soman 170
Sommer, Theo 322
Spannung, unerträgliche 18
Spannung, verborgene aggressive 296
Spengler, Oswald 152
SS 22, 65, 110, 130, 261, 272, 315, 318
Stalin, Jossif 315
Stallone, Sylvester 190
Steigerung, diffuse, der Reizempfindlichkeit bei chronischer Traumatisierung 221
Steinthal, Hugo 178
Störungen in der Familie 19
Störungen narzißtische 11
Straus, Hal 227
Stützen, narzißtische 15
Suizidalität 135
Symbiose und Symbiosebruch 328
Symptomatik psychosomatischer Erkrankungen 169

Taubheit, psychische («psychic numbing») 100
Tausk, Victor 183, 184, 185
Thoma, Ludwig 177
Tierschützer 28
Todestrieb 173
Tolkien J. R. R. 19, 51
Totschlag, verbaler 324
Tradition der Kleinfamilie 43

345

Tradition des Opfers der Söhne durch die alten Männer 165
Trauerarbeit 318
Trauerreaktion 11
Traum und Traumdeutung 289, 290, 292, 293
Trauma bei Vergewaltigung 80, 81
Trauma, seelisches, Kriterien für ein 98
Traumatisierung 68, 70, 288, 289
Traumatisierung, chronische 70
Traumatisierung im KZ 122, 123
Traumatisierung, Verursacher und Opfer der 65
Traumatisierung von Kindern 21
Traumatisierung der Opfer 23
Traumatisierung der Töchter von Heimkehrern 214
Traumatisierungen durch den Ersten Weltkrieg 16
Traumatisierungen, reversible 78
Traumatisierungen der Väter und Folgen für die Töchter 12
Traumatisierte, verstummte, zugemauerte 17
Traumen, psychische, im Vergleich zu physischen 74, 75, 76
Trossmann, Bernd 134

Überanpassung an Leistungsforderungen 14, 15
Überbesetzung der materiellen Welt 96
Überich-Leistungen 88
Überich-Projektionen 44
Überich-Zwänge 89
«Überlebenden-Syndrom» 136
Umfeld, soziales, der Familie von Kriegsheimkehrern 71
Umgang vaterdeprivierter Frauen mit ihren Söhnen 236, 240
Unlustzustände, diffuse 72, 73
Unterschied zwischen Front und KZ-Gefangenschaft 123, 124
Unterschied zwischen traumatischen Neurosen im Krieg und im Frieden 176
Unterschiede, interkulturelle, in der Traumaverarbeitung 100, 101, 102
Untersuchung, psychoanalytische, als Gegensatz zu jeder Ideologiebildung 19
Uran-Geschosse 171
«Urszene» 242, 243

Vater, verwöhnender 237
Vaterbeziehung, zärtliche 14
Vaterdeprivation 233, 234
Vaterdeprivation, Verarbeitung der 242
Vaterübertragung 248, 249
Vegetarier 28
Verbindung von Vater und Krieg 9
Verbindung zwischen Kampf und Rausch 166, 167
Verdrängung 23, 71
Verdrängungstabu 329
Verehrung, frühe 13
«Verfolgten-Syndrom» 286
Verfolgung, nazistische 137, 138, 139
«Verfolgungssyndrom» 283
Verfolgungsvorstellungen 278, 279
Verführung zu großer Nähe 13
Verleugnung 23, 323
Verleugnung der Traumata des Krieges 189
Verlusterlebnisse 94
Vermeidungen 80
Vermeidungs- oder Betäubungsverhalten 99
Vermeidungshaltungen und Phobien 134
Verminderung, traumatische, der Einfühlung 198
Verrohung 19
Verstummen der Traumatisierten 310, 313
Vertreibung 35, 40, 279
Vertriebene und Flüchtlinge 71
Verwandlung von Mitleid in (latente) Aggression 298, 299, 300
Verwöhnung 230, 237
Verwöhnung und Trauma 302, 304

Verwundbarkeit, extreme, für aggressive Äußerungen 276
Vogt-Heyer, Barbara 285
Vorbehalt der Mutter 14
Vorleistungen 235, 238
Vorsokratiker 9

Waffensysteme und Soldat 143, 144
Wahrnehmung, paranoid geschärfte 92
Wandlung der Freudschen Theorie 176, 177, 178
Wayne, John 94
Wehrmacht, Idealisierung der 316
«Weimarer Republik» 154
Westernhagen, Dörte von 311
«Wiedergutmachung», Folge-Traumen der 284, 285, 286
Winnicott, Donald W. 242
Wirkungen, körperliche, von PTSD 100
Witkop, Philipp 178
Woolf, M. 100
Wunden, Funktion von 73
Wunsch nach Eigenständigkeit 14

Zärtlichkeit 13
Zentralisation bei Frontsoldaten 53, 54, 56, 57, 58, 321
Zentralisation in der Beschreibung Fritz Kreislers 60, 61
Zentralisation in der Beschreibung Ludwig Renns 59, 60
Zentralisation in der Unfallmedizin / Physiologie 49, 50
Zentralisation, psychische 50, 51, 52, 69, 117, 199, 229, 301, 317, 326, 328
Zentralisation und NS-Ideologie 155, 318
Zentralisationsfolgen traumatisierter Kriegsteilnehmer als besonders krasse Formen zeittypischer Beschädigungen 231, 232
Zerstörung als Zeugungsmacht 9
Zuckmayer, Carl 318
Züge, sadomasochistische 14
Zuschauer am Rand der Schlacht 160, 161
Zuwendungserlebnisse bei traumatisierten Kindern 83
Zynismus 13

Wolfgang Schmidbauer

Die Buchveröffentlichungen
in zeitlicher Reihenfolge

1970 Mythos und Psychologie.
Methodische Probleme, aufgezeigt an der Ödipussage
1971 Seele als Patient.
Eine Aufklärung für Gesunde und Gefährdete
1971 Psychotherapie.
Ihr Weg von der Magie zur Wissenschaft
1972 Die sogenannte Aggression.
Die kulturelle Evolution und das Böse
1972 Verwundbare Kindheit
1972 Erziehung ohne Angst.
Eine Orientierungshilfe für Eltern
1972 Homo consumens.
Der Kult des Überflusses
1973 Biologie und Ideologie.
Kritik der Humanethologie
1973 Jäger und Sammler.
Als sich die Evolution zum Menschen entschied
1974 Psychosomatik
1975 Heilungschancen durch Psychotherapie
1975 Vom Es zum Ich.
Evolutionstheorie und Psychoanalyse
1976 Jugendlexikon Psychologie.

1977 Die hilflosen Helfer.
Über die seelische Problematik der helfenden Berufe
1980 Alles oder nichts.
Über die Destruktivität von Idealen
1981 Die Ohnmacht des Helden.
Unser alltäglicher Narzißmus
1982 Im Körper zu Hause.
Alternativen für die Psychotherapie
1983 Helfen als Beruf.
Die Ware Nächstenliebe
1985 Die Angst vor Nähe
1985 Tapirkind und Sonnensohn
1986 Die subjektive Krankheit.
Kritik der Psychosomatik
1986 Ist Macht heilbar?
Therapie und Politik
1987 Eine Kindheit in Niederbayern
1988 Liebeserklärung an die Psychoanalyse
1990 Ein Haus in der Toscana.
Reisen in ein verlorenes Land
1991 «Du verstehst mich nicht!»
Die Semantik der Geschlechter
1991 Partner ohne Rollen.
Die Risiken der Emanzipation
1992 Wie Gruppen uns verändern.
Selbsterfahrung, Therapie und Supervision
1992 Weniger ist manchmal mehr.
Die Psychologie des Konsumverzichts
1993 Einsame Freiheit.
Therapiegespräche mit Frauen

1994 Mit dem Moped nach Ravenna.
Eine Jugend im Wirtschaftswunder
1995 Jetzt haben, später zahlen.
Die seelischen Folgen der Konsumgesellschaft
1996 Die Kentaurin.
Die Geschichte einer ungewöhnlichen Frau.
Erzählung
1997 Wenn Helfer Fehler machen.
Liebe, Mißbrauch und Narzißmus
1998 «Ich wußte nie, was mit Vater ist».
Das Trauma des Krieges